KB275455

불교 초보 탈출

불광출판사

불교 초보 탈출
100문 100답

© 김성철, 2009

2009년 8월 31일 초판 1쇄 발행
2025년 4월 30일 초판 12쇄 발행

지은이 김성철
발행인 박상근(至弘) • 편집인 류지호 • 편집이사 양동민
편집 김재호, 양민호, 김소영, 최호승, 정유리 • 디자인 쿠담디자인
제작 김명환 • 마케팅 김대현, 김대우, 이선호, 류지수 • 관리 윤정안
콘텐츠국 유권준, 김희준
펴낸 곳 불광출판사 (03169) 서울시 종로구 사직로 10길 17 인왕빌딩 301호
        대표전화 02) 420-3200 편집부 02) 420-3300 팩시밀리 02) 420-3400
        출판등록 제300-2009-130호(1979. 10. 10.)

ISBN 978-89-7479-565-8 (03220)

값 20,000원

불교 초보 탈출

I · 수행

Ⅱ · 교리

Ⅲ · 생로병사와 윤리

Ⅳ · 불교와 이웃종교

<u>책 머 리 에</u>

동국대 경주캠퍼스에 부임하기 전까지 필자는 인터넷에 무지했다. 컴퓨터라면 오직 한글 프로그램을 이용하여 원고를 작성하는 데 활용할 뿐이었다. 그 이외의 용도로 컴퓨터를 사용하는 것은 시간낭비일 것이라고 생각했기 때문이었다. 그러던 중 2001년 법학과 김재문 교수님께서 경주캠퍼스 부총장 소임을 맡으면서, 학생들과의 소통을 위해 모든 교수들에게 개인 홈페이지를 만들어 주셨다. 학교의 강요(?)에 의해 홈페이지를 이용하던 중, 홈페이지란 것이 참으로 많은 용도로 활용될 수 있겠다는 생각이 들었고, 우리나라 불교정보화의 선각자라고 부를 수 있는 천불동[www.buddhasite.net]의 이승훈 선생님의 도움으로, 2003년 1월에 개인 홈페이지를 만들게 되었다.

처음에는 새로 담당하게 된 〈불교와 정보환경론〉이라는 전공강의의 보조수단으로 홈페이지를 활용할 뿐이었는데, 개설 후 만 2년이 지났을 때부터 방명록에 불교와 관련한 일반 불자들의 질문이 하나 둘 올라오기 시작했다. 기발하지만 답하기 쉽지 않은 질문들이 많았다. 그 모든 질문들에 대해 차근차근 답을 하다 보니 어느 새 문답이 200여 회를 넘었다. 그러던 중 작년 7월 모 출판사로부터 "내용 불문하고 신간을 집필해 달라."는 '백지 원고' 청탁을 받았다. 수년 전에 시작한 개인적 연구(고구려 승랑 연구)가 아직 마무리 되지 않았기에 선뜻 응하지 못하다가 필자 홈페이지 〈자유게시판〉의 문답이 떠올랐다. 그렇지 않아도 주변의 권유도 있고 해서 문답이 어느 정도 쌓이면 언젠가는 책으로 묶을 예정이었는데 그 시기가 되었다는 생각이 들었다. 그래서 2005년 1월부터 2008년 6월까지 만 3년 반 동안 있었던 문답 가운데 절반 정도를 추린 후 주제별로 묶어 이렇게 단행본으로 꾸미게 된 것이다. 몇 가지에 대해서는 문답의 완성도를 높이기 위해 내용을 보완하였지만 대부분 게시판의 문답을 그대로 옮겨 실었다.

본서에는 '체계불학'이라는 부제가 붙어 있는데 이에 대한 설명이 필요할 것 같다. 체계불학(體系佛學: Systematic Buddhology)은 수년 전 불교학 방법론을 모색하는 논문을 쓰면서 필자가 고안했던 신조어다. 체계[System]란 용어는 초기불교에서 대소승, 그리고 밀교와 정토, 화엄과 선에 이르기까지 모든 불교사상을 수미일관한 체계로 해석한다는 의미이고, 불학[Buddhology]은 기독교의 신학[Theology]에 대응하는 용어다. 굳이 정의한다면 '현대의 문헌학적 연구성과에 토대를 두고 불전의 가르침을 유기적으로 조직함으로써 수미일관한 하나의 신행체계로 구성해 내는 불교학'이 체계불학이다.

근대 이후 서구를 중심으로 불전에 대한 문헌학적 연구, 인문학적 연구가 시작되었다. 제국주의시대에 식민지 경영을 위한 학문적 보조수단인 지역학, 언어학, 종교학 분야에서 불교가 연구되었는데, 서구 인문주의 전통의 객관성과 과학성, 합리성을 방법론으로 삼았다는 데 그 특징이 있다. 이러한 인문학적 불교 연구는 불교에 대한 인습적 오해를 시정한다는 점에서 큰 가치를 갖지만, 마치 실험동물을 다루듯이 불교를 해부하다 보니 불교의 종교성이 망실되기 쉽다. 갖가지 이설異說들이 난무한다. "십이연기설에 대한 태생학적 해석은 후대에 삽입된 것이다." "여래장 사상은 우빠니샤드적인 아뜨만 이론의 재판再版이다." "천태의 오시교판은 허구다." "『능엄경』과 『원각경』은 중국에서 찬술된 위경이다." … 이를 접한 불자들은 당혹스럽지 않을 수 없다.

기독교의 경우도 근대 이후 인문학적 연구의 메스가 가해지긴 했지만, 신구약의 가르침을 체계화한 '조직신학[Systematic Theology]'이 신앙의 좌표 역할을 했기에 그 종교성은 크게 훼손되지 않았다. 문헌학을 포함한 인문학적 기독교 연구는 조직신학의 주변부에 기생하는 벌레 정도로 치부되었다. 그러나 근대화가 곧 서구화를 의미했던 아시아에서는 근대화의 위세를 등에 업은 인문학적 불교학이 불교신행의 중심을 차지하면서 불교의 종교성이 흔들리기 시작했다. 물론 불교에 대한 객관적, 과학적, 합리적 연구는 중요하며 '인문정신의 극한에서 발견된 진리'가 바로 불교라고 말할 수 있을 것이다. 그러나 불교에 대한 연구가 오로지 문헌학적, 인문학적으로만 이루어질 경우 불전은, 종교 성전의 지위를 잃고 『희랍신화』나 『논어』, 『맹자』, 『장자』와 같이 인문교양도서로 전락하는 비극적 운명을 맞을지도 모른다.

대부분의 신학이 '계시의 학문' 또는 '접신接神의 학문'이라면, 불교학을 포괄하는 불학은 '깨달음의 학문', 즉 '각학覺學'이다. 그 방향이 상반된다. 공간적 언어로 표현하여, 하늘에서 내려오는 진리에 대해 연구하는 것이 신학이라면 마음에서 올라오는 깨달음에 대해 연구하는 것이 각학이고 불학이다. 최근 들어 서구의 불교학자들 사이에서도 기존의 불교연구방법에 대한 반성이 일기 시작하였고, 새로운 연구방법을 모색하면서 그에 대한 논문집이 『Buddhist Theology』(2000)이라는 이름으로 발간된 바 있지만, 제목에서 보듯이 그 '발상發想'에서조차 신학의 옷을 벗지 못하고 있다.

삼계설의 천신天神 비판에서 알 수 있듯이, 불교적 견지에서는 불학의 하위 분과에 '접신의 학문'으로서의 '신학'을 위치시키는 것이 옳을 것이다. 그러나 이상과 같이 기독교 신학의 사고방식이 인문학 전반에 깊이 뿌리내린 지금의 학문 풍토에서는, 신학을 하위 분과로 거느리는 불학의 건립은 요원한 일일 것이다. 그런 요원한 목표를 지향한다고 해도 전략적으로 볼 때 우선 불학을 신학과 대등하게라도 자리매김해 주는 작업이 필요하다.

이런 문제의식에서 필자는 기독교의 '조직신학'에 비견되는 '체계불학'의 필요성을 절감하였고, 티벳의 대학장大學匠 쫑카빠(Tsong kha pa: 1357~1419) 스님의 『보리도차제론菩提道次第論』이 그 전범典範이라고 생각되어 십여 년 전부터 강의나 글을 통해 이를 적극 소개해왔다. 그러던 중 필자의 생각에 공감하는 몇몇 분들이 '현대적 체계불학' 또는 '한국적 체계불학'을 구성해 보라고 권유하였다. 그러나 불전의 양은 다른 종교성전과 비교가 되지 않을 정도로 방대할 뿐만 아니라, 그에 대한 현대불교학의 인문학적 연구 성과를 취합한 후 옥석玉石을 감별하여 수미일관한 신행체계로 구성해 내는 일은 필자의 능력 밖의 일로 생각되어 감히 엄두를 낼 수 없었다. 앞으로 눈 밝은 후학에 의해 그 작업이 완수되기를 바랄 뿐이다. 그럼에도 불구하고 필자는 본서에 대해 감히 체계불학이라는 부제를 사용하였다. 본서에 불전 전체, 인문학적 불교학의 연구 성과 전체가 모두 망라되어 있지는 않지만 하나하나의 질문에 답하면서 모든 답변들이 수미일관한 불학 체계의 한 부분이 되도록 노력하였다.

　　머리글을 마무리하면서 몇몇 분에게 감사의 마음을 전하지 않을 수 없다. 먼저 포항공대 수학과의 강병균 교수님께 감사드린다. 누구든 홈페이지를 운영할 경우 게시판에 올라오는 질문에 답글을 다는 것은 '귀찮은 일'일 수 있다. 필자 역시 매번 질문이 올라올 때마다 자판을 두드리기가 망설여진다. 그런데 기발한 질문, 쟁점이 될 만한 질문, 진지한 질문이 올라오면 만사 제쳐두고 컴퓨터 앞에 앉게 된다. 몇 줄 정도의 답글을 달려고 자리에 앉지만 자판을 두드리다 보면 어느 새 서너 시간이 훌쩍 지나가 장문의 답글이 만들어지고 만다. 필자가 '답글 삼매'에 빠지는 것은 오로지 질문의 '기발함'과 '진지함' 때문이었다. 개설 후 만 2년간 적막 속에 있었던 방명록 겸용의 게시판이었는데, 게시판을 활성화해 주신 분이 바로 강 교수님이었다. 필자의 저서에서 발견되는 오류도 지적해 주셨을 뿐만 아니라, '답하기 곤란한 비판적 질문'들을 주로 올림으로써 필자의 탐구심을 자극하셨다. 강 교수님의 참여 덕분에 단순한 방명록이 〈불교문답 게시판〉으로 변모하였고, 현재 열려 있는 〈자유게시판〉으로 정착할 수 있었다.

　　서두에서 소개했던 천불동의 이승훈 선생님께 감사드린다. 십 수년 전 출간되었던 필자의 번역서 『불교의 중심철학』(무르띠 저, 경서원 간)의 편집 담당자로서 처음 만나 뵌 이후 불교정보화와 관련하여 이 선생님으로부터 참으로 많은 도움을 받았다. 모뎀을 이용해 인터넷에 접속하던 시절 '천리안불교동호회'로 시작한 천불동은 그야말로 세계 최대의 불교학 자료실이 되었다. 불교학자들이 채 따라가지 못할 정도로 불교

정보화와 관련한 최신 자료들이 계속 제공되고 있다. 말레이시아의 불자가수 이메이 우이[Imei Ooi]의 〈자비송[The Chant of Mettal]〉을 처음 발견하여 그 가사를 손수 번역한 후 우리 불교계에 보급시킨 분 역시 이 선생님이었다. 필자가 천리안에서 제공하는 개인 홈페이지 서비스를 활용하면서 자문을 구하던 중 이 선생님께서는 보다 큰 규모의 홈페이지를 운영할 것을 권유하셨고, 이 선생님의 배려로 필자의 홈페이지는 현재 천불동 서버에 입주해 있다.

필자의 홈페이지 게시판에 질문을 올려주신 모든 분들께 감사드린다. 신오유, 정광윤, 유성열, 최명호, 김영목, 전일원, 김종철, 김일룡, 우종인, 이상욱, 박연숙 … dendub, 用花, 탐진치, 길벗, 공유, 무명, 백당시기…. 대부분 직접 만나 뵌 적은 없지만 지금 우리 사회의 어두운 구석을 밝히는 잔잔한 등불의 역할을 하고 계실 것이다.

불교에 대한 기초지식을 갖춘 분들과의 문답을 모은 대중성이 떨어지는 원고였기에 애초에 출간을 의뢰했던 출판사에서 원고를 검토한 후 몇 달 후 되돌려주셨다. 새롭게 출판사를 찾던 중 불광출판사 류지호 주간께 문의하였고 며칠 후 흔쾌히 출간을 수락해 주셨다. '경제논리'에 역행하는 불광출판사의 '인문정신'에 감사할 뿐이다. 아울러 산만한 문답들을 재정리하고 편집해 주신 첫 독자, 출판사의 이상근 선생님께 감사드린다.

불기 2553년(2009) 8월 17일
도남圖南 김성철金星喆 합장

홈페이지 _ www.kimsch.net

0.1.6.

I.

수행

001 불교의 신행 목표는 무엇이고 거기에 도달하기 위해서 어떻게 해야 합니까?

● 불교의 수행 목적은 무엇입니까? 그리고 그 목적을 달성하기 위해서는 어떻게 해야 합니까?

○ 만일 부처님의 가르침이 없었다면, 이 세상은 온통 모순과 혼돈뿐일 겁니다. 태어난 존재가 왜 죽어야 하는지, 어째서 누구는 잘나서 거들먹거리며 살고 어째서 누구는 못나서 눈치만 보고 두려움 속에서 사는지, 참으로 희한한 것이 이 세상일 겁니다. 여기서 '태어난 존재'라든지, '누구'라는 호칭의 대상은 우리 인간을 포함하여 짐승, 천신 등 살아 있는 모든 것, 즉 중생을 의미합니다. 우리 인간이야 그렇다고 쳐도, 우리 인간의 행복을 위해 사육되고 살해당하는 가축, 들판에서 약육강식의 공포 속에 사는 짐승의 삶은 비참하기 짝이 없습니다. 서양의 실존주의 철학에서는 이 세상의 이런 엉망진창인 모습을 '부조리'라고 표현합니다. 물론 서양철학, 서양종교는 우물 안 개구리와 같이, 인간중심적이기 때문에 짐승의 불행에 대해서는 크게 문제 삼지 않았습니다.

부처님께서는 이런 부조리를 해결하기 위해 출가하여 수행하셨고 드디어 모든 것을 알게 되셨습니다. 보리수 아래 자리를 깔고 앉

●

아 마음을 고요히 가라앉히고 이 세상을 있는 그대로 관찰하자(이런 관찰을 불교 전문용어로 '정혜쌍수定慧雙修' 라고 합니다.) 모든 생명체의 삶과 죽음, 전생과 현생을 모두 알게 되신 것입니다. 당신의 전생을 모두 기억해 내셨을 뿐만 아니라, 다른 생명체의 전생과 현생의 관계, 현생과 내생의 관계까지 모두 명약관화하게 알게 되신 것입니다.

그 결과 알게 되신 진리는 '우리가 사는 생명의 세계는 궁극적으로 고통스러운 곳' 이란 점입니다. 부처님의 가르침 가운데 '삼법인三法印' 이란 것이 있는데, '세 가지 절대적 진리' 라는 뜻입니다. 그 가운데 '일체개고一切皆苦' 라는 선언이 있습니다. '모든 현상은 궁극적으로 괴로움일 뿐' 이란 의미입니다. 생태계에서 최상위의 포식자인 우리 인간에게, 또 지구상에 사는 인간 가운데 한국이라는 부유한 나라에 사는 사람에게는 '일체개고' 라는 말이 현실감 있게 느껴지지 않을 겁니다. 왜냐하면 우리는 '김치 반찬 하나에 물에 말은 밥' 이라고 하더라도 세 끼를 다 채워서 먹을 수 있으며 '남이 나를 살해할 것이라는 공포' 없이 그럭저럭 세상을 살아갈 수 있는 '특혜' 를 누리고 있기 때문입니다. 그러나 부처님께서 깨달은 바에 의하면 이런 행복은 지극히 드문 일이며 그것도 현생의 70, 80년 동안 잠깐뿐입니다. 우리는 죽은 후 내생에 대부분 삼악도三惡道, 즉 아귀, 짐승, 지옥의 세 가지 나쁜 세상 중 어느 한 곳에 태어납니다. 다시 지금과 같은 인간으로 태어나기 위해서는 수천 년의 세월이 흘러야 할 것입니다. 이렇게 비정한 곳이 바로 윤회의 세계이며, 이런 비정함[苦]과 그 탈출 방법[八正道]을 깨달은 분이 바로 부처님이십니다.

그래서 가장 바람직한 것은 다시는 이 윤회의 세계에 태어나지 않는 것입니다[滅]. 윤회의 세계에는 천신들이 사는 하늘나라도 포함됩니다. 이 윤회의 세계에 태어나지 않으려면 우리 마음속의 번뇌[集]를 제거해야 합니다. 불교에서는 내생에 하늘나라에 태어나는 것도 궁극적 목표로 삼지 않습니다. 물론 짐승으로 태어나거나 아귀로 태어나거나 지옥에 가는 것보다야 낫겠지마는 하늘나라에 태어나도 언젠가 다시 아래로 떨어지기에 불교에서는 하늘나라조차 아예 태어나지 않는 것을 목표로 삼습니다. "육도윤회에서 벗어난다."는 것이 이를 의미합니다. '육도六道'란 하늘나라, 아수라천, 인간, 아귀, 짐승, 지옥의 여섯 세계입니다. '육도윤회'에서 벗어나기 위해서는 불교에서 말하는 '열반'을 체득해야 합니다. '열반'에는 두 가지 종류가 있습니다. 하나는, 다시는 육도윤회의 세계에 태어나지 않게 되었는데 아직 목숨은 붙어 있는 상태의 열반으로 '유여의有餘依 열반'이라고 부릅니다. 흔히 말하는 '깨달음'입니다. 마음속 번뇌가 다 사라진 상태입니다. 다른 하나는 '무여의無餘依열반'이라고 부르는데, '유여의열반'에 도달한 분이 수명이 다하여 돌아가신 것을 의미합니다. 마음속 번뇌도 사라졌지만, 몸도 사라지기에 이제 윤회의 세계에서 완전히 벗어난 것입니다. 부처님께서 35세에 보리수 아래서 체득한 깨달음이 '유여의 열반'이고 80세에 사라쌍수 아래서 돌아가신 것이 '무여의열반'입니다.

이렇게 '열반'을 얻기 위해서는, 우리 마음속 번뇌를 모두 제거해야 합니다. 번뇌 가운데 대표적인 것이 '탐욕, 분노, 어리석음'

입니다. 흔히 탐진치貪瞋癡 삼독三毒이라고 부르는 것입니다. 탐진치 란 탐욕貪欲, 진에瞋恚, 우치愚癡입니다. 이성에 대한 음욕, 음식에 대 한 식욕, 명예욕, 재물욕, 잠자고 싶은 수면욕 등 오욕五慾과 내생에 어딘가 다시 태어나서 존재하고 싶은 '유애(有愛: 존재하고 싶은 욕망)' 등이 탐욕에 해당하며, 분노하는 것, 화내는 것, 질투하는 것 등이 진 에에 해당하며 불교 이외의 종교에서 가르치는 내용을 진리라고 착 각하는 것, 이 세상에 '나'도 존재하고 '여러 사물들'도 존재한다고 생각하는 것 등(= 空을 모르는 것)이 우치에 해당합니다. 이런 삼독심이 있는 사람의 경우 죽은 후, 그 귀신(중음신, 식識, 간다르바)이 다시 어미 의 자궁에 부착됩니다. 그 어미가 인간이든 짐승이든 천신이든…. 그 러나 수행을 통해 이런 삼독심을 완전히 제거한 성자의 경우 죽은 후 다시는 자궁에 달라붙지 않습니다. '맺힌 한恨'이 없기 때문입니다. 모든 생명체는 자신에게 맺힌 한이 있는 경우, 풀지 못한 한이 남아 있는 경우 이 윤회의 세계에 다시 태어납니다. 그런 '한'이 바로 삼 독의 번뇌입니다. 그러나 탐욕, 분노, 어리석음이라는 삼독의 번뇌를 완전히 제거한 성자, 아라한이나 부처님은 다시는 이 윤회의 세계에 태어나지 않습니다. '완전히 사라지는 것[寂滅]'입니다. 이것이 불교 수행의 궁극적 목표인 '열반'의 진정한 의미입니다.

　　마음속에 아직 욕망이 남아 있는 사람, 윤회의 비정함에 대해 무지한 사람, 우물 안 개구리와 같이 살아가는 인간에게는 이런 열반 이 '공포스럽게' 느껴진다고 합니다. 그래서 부처님께서 이런 이치 를 깨달으신 후에 사람들에게 이를 전하지 않으려 하셨다고 합니다.

'완전한 사라짐', 즉 '열반' 이라는 불교의 목표를 수용하고 감당할 사람이 있을 것 같지 않았기 때문입니다. 그러나 브라만 천신의 간곡한 권청에 의해 드디어 자리에서 일어나 설법을 시작하십니다. 45년 간의 설법을….

우리 인간은 수행을 통해 번뇌를 완전히 제거하지 못한 이상 죽은 후 반드시 다시 태어납니다. 지긋지긋하게 태어납니다. 지금의 삶이 있기까지도 우리는 지긋지긋하게 태어났습니다. 무수한 전생에 우리는 하늘나라에도 수도 없이 태어나 보았고 지옥에도 수도 없이 태어나 보았습니다. 앞으로 복을 쌓으며 착하게 살아서 내생에 혹시 하늘나라에 태어나게 되어도 그 하늘나라에서 행복을 누리면서 과거에 지었던 복을 모두 까먹게 되므로, 하늘나라에서 죽으면 다시 아귀나 짐승으로 태어난다고 합니다. 윤회세계의 이런 비정함을 진정으로 자각한 사람만이, 열반을 추구하는 진정한 불교 수행자가 될 수 있습니다.

지금까지는 불교의 궁극적 목표에 대해 설명하였습니다. 그러나 현재 지구상에 살고 있는 사람들 가운데 이런 궁극적 목표에 도달하는 사람은 불과 몇 명에 불과할 겁니다. 불교 신자는 '열반' 을 궁극적 목표로 삼아야 하겠지만, 그것이 안 될 경우에는 내생에 '인간계'나 '하늘나라' 에 태어나는 정도라도 목표로 삼아야 할 것입니다. 그것도 무척 힘든 일이기 때문입니다. 그래서 부처님께서는 내생에 '하늘나라' 와 같이 좋은 곳에 태어나려면 "남에게 많이 베풀고, 지극히 윤리적으로 살아야 한다."고 가르치십니다. 이것이 재가불자를 위한 설법으로, '보시, 지계, 생천'의 '차제次第설법'입니다. 피치 못하게 악행을 해야 하는, 세파 속에 살아가는 재가자의 경우 대부분 짐승세계나 아귀세계 지옥과 같은 험한 곳에 태어납니다.

악행 가운데 대표적인 것 열 가지는 살생(모기라도 죽이는 것 등), 도둑질(적은 노력으로 큰 이윤을 남기는 것도 포함됨), 삿된 음행, 거짓말, 욕설, 이간질, 꾸밈말, 탐욕심, 분노심, 불교 이외의 잘못된 종교관을 갖는 것입니다. 이를 십불선十不善이라고 부릅니다. 이 가운데 어느 하나라도 크게 범한 적이 있는 사람의 경우 내생에 우선 지옥에 태어난다고 합니다. 내생에는 '무거운 업[惡業]'의 과보부터 받기 때문입니다.

불교는 냉혹합니다. 이 세상이 돌아가는 이치에 대해 '있는 그대로' 가르칩니다. 그러나 '종교적 환상 속에서 헛짚고 살아가는 다른 종교인들'이 가는 길과 비교할 때 너무나 정확하고 빠른 길을 제시해 주는 것이 바로 불교입니다. 저는 열반에 대해 강의할 때마다 '열반'을 두려워하는 사람을 위해서 다음과 같은 얘기를 덧붙입니다.

"열반을 추구하면서 번뇌를 정화하는 수행을 하며 살아가다가, 수행이 잘 되어서 열반에 가까워졌을 때 혹시 내생에 다시 태어나지 않는 것이 아쉽거나 두려우면 살짝 번뇌를 일으키면 됩니다. 그러면 내생에는 현생과 비교가 되지 않을 정도의 어마어마한 존재로 다시 태어납니다."

002 수행자는 무엇을 얻고자 멸진정滅盡定에 드는 것입니까?

● 수행자가 멸진정에 들어가는 이유는 무엇인가요? 멸진정에 들어가면 모든 감각이 끊어지고 생각도 끊어진다는데 무엇을 얻고자 멸진정에 드는지요? 자기도 어쩔 수 없이 드는 경우가 아니라 스스로 기한을 정하고 멸진정에 든다면 멸진정에 드는 목적이 있을 것이고 유익한 점이 있을 것 아닙니까?

○ 멸진정은 상수멸정想受滅定과 동의어로 문자 그대로 생각[想]과 느낌[受]이 모두 사라진 삼매입니다.

『청정도론』에서 수행자가 멸진정에 드는 이유에 대해 설명합니다. 우선, 번뇌를 제거하는 보조 수단으로 사용한다고 합니다. 이는 아직 미세한 번뇌가 남아 있는 불환과不還果의 성자에 해당하는 얘기입니다. 그리고 아라한의 경우에는, 사후死後에 무여의열반無餘依涅槃에 들어갔을 때, 그것이 어떤 상태인지 미리 체험하기 위해서 멸진정에 들어가 본다고 합니다.

'일체개고'라는 가르침이 있습니다. 모든 것이 고통이라는 '고성제'의 가르침입니다. 불교수행자가 열반을 추구하는 이유는 윤회하는 삶 자체가 고이기 때문입니다. 내생에 짐승이나 아귀, 지옥중생으로 태어나는 경우는 말할 것도 없지만, 인간으로 태어나거나 천신으로 하늘나라에 태어나도 궁극적으로는 모두 다 고苦임을 자각하는 것이 '고성제'에 대한 자각입니다. 이를 철저히 알 때 다시는 태어나지 않는 열반을 희구하게 됩니다. 멸진정에 들어갈 경우 아직 사망하지 않은 상태에서 '열반'이 무엇인지 체험할 수 있다고 합니다.

다시 정리하면, '①미세번뇌를 없애기 위해, ②무여의열반이 어떤 상태인지 알기 위해' 멸진정에 든다고 합니다

열반하여 윤회의 고리를 끊었다면 그 이후의 상태는 무엇인지요?

● 열반하여 윤회의 고리를 끊었다면 그 이후의 상태는 무엇인지요?

○ 이에 대해서는 두 가지로 답할 수 있습니다. 먼저 불전을 보면 이런 물음에 대해 부처님께서는 침묵으로 답하십니다. 이를 무기설無記說, 또는 치답値答이라고 합니다. "아무 대답도 하지 않았다." 또는 '물음을 방치한 대답'이라는 의미입니다. 그러나 "여래 사후에 존재하는가, 존재하지 않는가?"라는 물음에 대해 그냥 침묵만 하신 게 아니라 침묵 후에 12연기나 삼법인의 교설을 베푸십니다. 왜냐하면 그런 물음은 '연기緣起'에 대한 무지로 인해 발생한 허구의 의문이기 때문에, 연기의 진상을 자각함으로써 그런 의문이 해소될 수 있기 때문입니다. 『대지도론』에서는 그런 물음을 애기 못 낳는 여자인 석녀石女를 보고서, "저 여인의 아이는 피부가 흴까, 검을까?"라고 의문을 품는 것, "소의 뿔을 쥐어짜면 우유가 몇 말이 나올까?"라고 의문을 품는 것에 비유합니다. 의문 자체가 잘못되었다는 겁니다. 상대방이 유有와 무無의 이분법에서 벗어나지 못한 사람인 경우에는 이런 식으로 가르침을 베푸십니다.

그러나 이를 묻는 질문자가 유와 무의 이분법에서 벗어난 사람이라면, 다음과 같이 답할 수 있습니다. 열반한 후 윤회의 고리를 끊은 분들은 아라한이나 부처인데, 다시는 존재의 세계에 들어오지 않습니다. 다시 말해 완전히 사라집니다. '적멸'로 번역되는 열반은 '완전한 사라짐'입니다. 일체개고一切皆苦라는 고성제를 아직 모를 경우, 이런 열반에 대해 들으면 공포심이 든다고 합니다. 그러나 '하늘나라든, 인간계든, 축생계든 윤회의 세계 전체'가 '궁극적으로 고苦' 임을 아는 사람은 이런 사라짐이 기쁨으로 느껴진다고 합니다. 거의 모든 중생은 무한 겁 동안 지긋지긋하게 삼계 속에 태어나는데 모든 번뇌를 제거한 아라한만이 완전히 사라지는 열반에 듭니다. 열반은 아라한에게만 주어진 절대적 축복입니다. 아라한의 열반, 즉 사라짐은 시커먼 암흑의 사라짐이 아니라 '찬란한 총천연색의 사라짐'입니다.

도대체 무엇이 도를 닦는 것입니까?

● 마음이 도를 닦는다고 하면 뭔가 좀 틀린 것 같습니다. 마음이라 하면 좋은 마음부터 아주 나쁜 마음까지 있다고 봅니다. 마음이 닦는다 하면 살인 하고픈 마음이 닦나요? 아니면 선한 마음이 닦나요? 악한 마음이 닦나요? 초심자인 저로선 도대체 알 수가 없습니다. 교수님은 『원각경』「보안보살장」을 누구보다 잘 아실 겁니다. 도대체 무엇을 무엇이 닦는지 속 후련하게 답변해 주십시오.

○ 너무 어려운 질문입니다. '겉모습의 도'는 악한 마음으로도 닦을 수 있고, 선한 마음으로도 닦을 수 있다고 생각합니다. 누군가의 겉모습이 도를 닦는 것 같아 보이고, 종교인으로 살아가는 것 같아 보여도, 그 동기가 진정한 종교심이 아니고, 세속적 마음일 경우도 있을 겁니다.

'진정한 종교심'이란 스님들의 출가 동기와 같은 '구도求道의 마음'입니다. '세속적 마음'이란, '잘난 체하고 싶은 마음', '돈을 벌고 싶은 마음', '종교인의 직업을 갖고서 안정된 생활을 하고 싶은 마음' 등등입니다. 더 나아가 '내생에 좋은 곳에 태어나고 싶은 마음'도 '세속적 마음'에 속합니다. 부처님 가르침 가운데 12연기설의 애지분愛支分에서는 이를 '유애有愛'라고 부릅니다. 즉, '존재하고 싶은 욕망’입니다.

따라서 겉으로는 도를 닦는 것 같아 보이고, 겉으로는 종교지도자의 역할을 하는 것 같아 보여도 그 속마음은 ‘도’나 ‘종교’와 별로 관계없는 분들도 많이 계실 겁니다. 이와 달리 ‘선한 마음’으로 닦는 ‘도’는 ‘진정한 구도심’으로 닦는 ‘도’입니다. 부처님의 출가 동기와 같은 ‘진정한 구도심’이 선한 마음입니다. 진정한 구도심은 겉모습이나 직업, 사회적 지위와 무관합니다.

제행무상諸行無常이라고 하듯이 사람의 마음이 시시각각 변하기 때문에 선할 때도 있고 악할 때도 있을 겁니다. 그러나 진정한 도를 닦는 마음은 선한 마음입니다. 질문 중에서 선한 마음과 악한 마음을 구분하셨기에 저 역시 그런 구분에 의거하여 먼저 답해 보았습니다.

그런데 원래 묻고자 했던 것은 이보다 더 깊은 데 있는 것 같습니다. “마음이 없는데, 무슨 마음으로 도를 닦는가?”라는 질문이고 의문인 것 같습니다. 선종의 전설에서 달마대사께서 혜가 스님에게 내리신 안심법문安心法門을 역逆으로 물으신 것 같습니다. 안심법문은 다음과 같습니다.

달마대사가 9년의 면벽에 들어 있던 어느날 신광神光이라는 스님이
찾아와 말했다.
“제자는 마음의 평화를 얻지 못했습니다. 조사께서는 부디 불안한
제 마음을 풀어 주십시오.”

"그대의 불안한 마음을 내게 가져오너라. 마음의 평화를 주리라."

달마의 이 같은 응대에 신광은 다시 말했다.

"마음을 아무리 찾으려 해도 찾을 수가 없습니다."

"찾을 수 있다면 어찌 그것이 그대의 마음이겠는가. 나는 이미 그대에게 마음의 평화를 주었느니라."

신광은 이 말에 크게 깨우쳤다. 그가 훗날 달마의 법을 이은 중국 선종의 2조 혜가慧可대사다.

이런 일화의 교훈을 뒤집으면 우리는 다음과 같이 물을 수 있습니다. "일반적으로 마음으로 도를 닦는다, 또는 번뇌로 물든 마음을 닦는다고 하지만 아무리 마음을 찾으려 해도 찾을 수가 없는데 무슨 마음으로 도를 닦는가?" 애초에 질문을 올리신 근본 취지는 이와 같은 것이리라고 짐작됩니다.

그리고 "초심자인 저로선 도대체 알 수가 없습니다."고 쓰셨습니다. 그런데 이런 '알 수 없음의 상태'가 바로 모든 존재의 참모습입니다. "마음을 잡을 수 없는데, 잡을 수 없는 마음으로 도를 닦는다."는 '역설逆說의 경지'를 자각하신 것이라고 볼 수 있습니다.

서구인들에게 우리의 선불교를 보급하셨던 숭산 행원 큰스님께서는 이런 '역설의 자리'를 'Only Don't Know'라고 표현하였습니다. '오직 모를 뿐'이라고 번역하십니다. 질문 중에 쓰신 "알 수 없습니다."라는 토로吐露는, 이런 '오직 모름'의 자리를 발견하신 소회所懷로 볼 수도 있습니다. '오직 모름'의 자리는 '사구四句가 모두 막히는 역설의 자리'입니다. '사구'란 우리의 머리가 만들어내는 '네 가지 판단 형식'으로 다음과 같이 정리됩니다.

> 제1구: 그것은 A이다.
> 제2구: 그것은 A가 아니다.
> 제3구: 그것은 A이면서 A가 아니다.
> 제4구: 그것은 A도 아니고 A가 아닌 것도 아니다.

우리가 어떤 사태에 대해 단안을 내리기 위해서 머리를 굴려보았자, 그 단안은 이런 네 가지 형식의 판단 가운에 어느 하나로 떨어집니다. 그런데 이런 네 가지 판단 모두 논리적 오류를 범합니다. 그 이유에 대한 자세한 설명은 졸저拙著『중관사상』을 참조하시기 바랍니다.

이렇게 우리의 생각이 만든 '네 가지 판단' 모두 옳지 않다는 점을 철저하게 자각하는 것이 바로 중도中道에 대한 자각입니다. 중도란 '가운데'를 의미하는 것이 아니라, '극단에 대한 비판'을 의미합니다. 그래서 '사고思考의 극단성二邊에 대한 비판', '사고가 만든 사구四句 판단에 대한 비판'이 중도인 것입니다. 이렇게 중도에 대한 자각이 생길 때 생각의 네 가지 출구가 모두 막히는 것입니다. 질문하신 대로 '도대체 알 수 없는 상태'가 됩니다. 그리고 이것은 숭산 스님께서 가르치신 'Only Don't Know', '오직 모를 뿐'의 자리입니다.

"선한 마음이 도를 닦는지, 악한 마음이 도를 닦는지 도대체 알 수 없다."는 질문에서 너무나 순수한 '종교심', '도심道心' 이 느껴져서 정성껏 답해 보았습니다. 혹, 제가 나중에 올린 답이, "너무 멀리 나간 것은 아닌가?"라고 의아해 하는 분이 계실지도 모릅니다. 그러나 '역설[Paradox]의 궁지' 에 떨어진 마음, '도대체 알 수 없다' 는 마음은 아무에게나 드는 것이 아닙니다. 그리고 그런 '알 수 없음' 의 마음이 순직純直한 마음일 때, 그것 그대로 '도심道心' 입니다. 숭산 스님께서 가르치신 '오직 모를 뿐' 의 자리이고 중관학에서 가르치는 '사구四句에서 벗어난 중도의 마음' 이며 사구의 형식으로 물어오는 '형이상학적 난문' 에 대해 침묵하신 부처님의 마음입니다.

그런데 이런 'Only Don't Know' 에 대한 자각으로 모든 수행이 끝나는 것이 아닙니다. 이런 인지적認知的 자각은 우리를 종교적 의문, 형이상학적 의문에서 해방되게 만들어 줄 뿐입니다. 불교수행자의 경우, 이런 인지 수행과 아울러 감성 수행을 겸해야 합니다. 감성 수행이란, '세속적 욕망과 분노와 교만심에서 벗어나게 해 주는 수행' 으로 부정관不淨觀, 지계행 등이 이에 속합니다.

계율을 바라제목차라고 부르는데, 이는 쁘라띠목샤Pratimokṣa의 음역어입니다. 쁘라띠목샤[別解脫]란 '벗어나게 해 주는 낱낱의 조항' 이란 의미입니다. 세속적 감성에서 벗어나게 해 주는 '윤리 지침' 들이 바로 계율입니다. 'Only Don't Know' 의 자각과 같은 인지적 조망도 중요하지만 우리는 부정관과 지계행을 통해 세속에서 벗어나고 싶은 마음인 출리심出離心, 염리심厭離心을 키워야 합니다.

또, 이와 아울러 '모든 생명체에 대한 자비심' 을 훈련해야 합니다. 자비심은 자비관 수행을 통해 이룩됩니다. 자비심 수행이 대승 불교에만 해당되는 것은 아닙니다. 부처님께서는 초기불전 도처에서 자, 비, 희, 사의 사무량심四無量心 수행의 중요성을 역설하십니다.

자慈: 남에게 행복을 주고자 하는 마음
비悲: 남의 고통을 제거해 주고자 하는 마음
희喜: 남의 행복과 선행善行을 기뻐하는 마음
사捨: 이상과 같은 마음을 내되, 원친遠親을 차별하지 않고 평등
　　 하게 대하는 마음

이렇게 지계행, 부정관, 자비관 등을 통한 감성의 정화淨化가 앞에서 설명했던 인지의 정화와 함께할 때, 수행자의 마음은 진정한 평화를 찾게 되고, 마음에 맺혔던 한恨이 모두 사라지기에 죽은 후 내생에 다시는 이 윤회의 세계에 태어나지 않는 성자, 아라한이 될 수 있습니다.

불교 수행을 하지 않아도 깨달음을 얻을 수 있습니까?

● 불교에서는 정혜를 강조하지만, 셈족의 종교는 기도를, 유교는 정좌를 가르치는데 공자가 말하는 배움과 같이 선정과 지혜 이외의 방법을 통해서는 깨달음과 궁극적 열반이 불가능한 것인지요?

○ 초기불전을 보면 선정과 지혜를 닦지 않은 사람인데도 부처님의 몇 마디 말씀만 듣고 아라한이 된 분들이 많이 등장합니다. 따라서 불전에 제시된 방식으로 선정과 지혜를 닦지 않아도 아라한이 될 수 있습니다. 또, 불교를 몰라도 아라한과 같이 될 수 있습니다. 이런 분들을 독각獨覺 또는 연각緣覺이라고 부릅니다. 독각이나 연각은 범어 쁘라띠에까붓다Pratyekabuddha의 번역어로 이를 그대로 음역하여 '벽지불'이라고 부르기도 합니다. 그런데 독각이나 연각이 되려면 이 세상의 모습에 대해 곰곰이 관찰해야 합니다. 부처님의 외형적 가르침이 없는 시대나 장소에서는 이런 독각들이 나타나 불교를 가르친다고 합니다.

그런데 이런 독각이 되는 것은 쉬운 일이 아닙니다. 서양 철학자들의 경우 이런 독각의 길을 추구한 사람들이라고 볼 수 있습니다.

공자나 노자도 마찬가지로 이런 독각의 길을 추구한 분들이라고 볼 수 있습니다. 그래서 이 분들의 사상에서 불교와 유사한 가르침이 발견되기도 하지만, '잘 나가다가 삼천포로 빠지는 격'으로 부처님께서 발견하신 '윤회와 연기와 공'의 궁극적 진리까지 발견한 분들은 없습니다.

기독교의 경우 그에 소속된 분이 '이 세상을 있는 그대로 보는 수행'을 한다면 몰라도 어떤 도그마적 전제 위에서 기도를 할 경우 결코 불교의 깨달음을 얻지 못합니다. 기독교의 도그마에 입각한 기도의 경우 궁극적 경지는 '접신接神'일 뿐입니다. 마치 샤먼Shaman들이 접신하듯이….

물론 기독교인들 가운데에도 '기독교 근본주의'의 '샤머니즘적인 접신과 계시의 신앙'을 비판하고 『성경』을 대승불교와 같은 '방편적 가르침'으로 수용하면서, 이 세계의 실상을 있는 그대로 관찰하려고 노력하는 분들이 있습니다. 이 분들의 사상은 불교와 유사합니다. 그러나 기독교 전통에서 이런 분들은 '이단'이라는 이름으로 제거되어 왔습니다. 물론 현대에 와서는 기독교 역시 과거의 미망에서 깨어나 바른 종교의 길로 들어서고 있는 모습이 보이긴 합니다. 자비, 사랑, 명상, 선정, 기도 등은 모든 종교에서 가르치는 것입니다. 그러나 불교에서는 이에 덧붙여 '연기'의 지혜를 가르칩니다. 아무리 그 어떤 종교인이 멋진 말을 구사하고, 착하게 살아도 아무리 그 어떤 종교인이 자비심이 넘치고 명상수행을 하며 살아도 그런 덕목들에 덧붙여 '연기의 지혜'를 자각하지 않으면 불교의 깨달음과 거리가 멉니다.

계, 정, 혜 삼학은 무엇입니까?

● 재가자로서 계, 정, 혜를 순차적으로 수행할 경우 스승님을 모시고 해야 하나요? 요즘 까말라씰라의 『수습차제』를 읽고 있는데 계에 대한 강조보다는 정과 혜에 대한 부분이 대부분이라서 여쭈어 보는 것입니다.

○ 스스로 계(윤리, 도덕)를 지키고, 스스로 정[三昧]에 들 수 있고 스스로 지혜(연기와 공)를 닦을 수 있는 근기의 수행자라면 굳이 스승을 모시지 않아도 될 것입니다. 그런데 '계'가 무엇인지, '정'이 무엇인지, '혜'가 무엇인지 정확히 알아야 계정혜 삼학을 닦을 수 있는 것이기에 반드시 불전에 의지하여 계, 정, 혜에 대해 정확히 알아야 할 것입니다.

깨달은 스승의 지도를 받아 알게 되든지, 스스로 불전을 독해하여 알게 되든지 계, 정, 혜 삼학 각각의 의미를 정확히 아는 것이 선행되어야 하는데, 이를 문혜聞慧라고 합니다. 그렇게 삼학에 대한 지식이 습득된 후에는 그것이 올바른 것인지 스스로 따져 보아야 하는데, 이를 사혜思慧라고 부릅니다. 그 후에 실제로 계정혜 삼학의 수행을 함으로써 궁극적으로 연기와 공의 지혜를 체득하여 모든 번뇌를 멸하게 되는데, 이를 수혜修慧라고 부릅니다.

소승이든, 대승이든, 금강승이든 여법한 불교적 수행이 되기 위해서는 이렇게 문, 사, 수 삼혜三慧의 과정을 거쳐야 합니다. 그냥 삶과 죽음, 인생과 우주, 나와 세계 등에 대한 의심만 품고 수행을 할 경우 외견은 수행처럼 보여도 여법한 불교적 수행이 될 수 없습니다. 인류 역사에서 동서양의 수많은 종교인, 철학자들이 모두 그런 의심을 품고 그것을 풀기 위해서 목숨을 걸고 매달렸지만 제대로 된 답을 내지 못했습니다. 그 의심을 완전히 해결한 분은 오직 석가모니 부처님뿐입니다. 그리고 부처님의 가르침이 불전으로 기록되어 지금까지 전승되기에 불교 수행자들은 부처님의 깨달음을 재생산할 수 있는 겁니다. 부처님의 은혜는 '가르침을 남기신 은혜' 입니다. 불전에 의지하지 않고 '삶과 죽음에 대한 의심' 만 갖고 수행을 할 경우 엇나가기 쉽습니다.

그리고 까말라씰라 스님의 『수습차제』에서 계를 강조하지 않는 것은 불필요하기 때문이 아니라 너무나 당연한 기본적 수행이기 때문입니다. '계를 지키는 것을 기본으로 삼는 스님들' 을 위해 저술한 책이며, 계는 사상이 아니라 실천이기 때문에 다루지 않은 것으로 보아야 합니다. 과거의 동아시아 불교계에서도 '정혜쌍수' 라고 하면서 계를 거론하지 않았던 것 역시 지계의 수행이 너무나 당연한 기본 전제이기 때문입니다. 아직 계를 모르는 수행자에게는 '정혜 쌍수雙修' 가 아니라 '계정혜 삼수三修' 를 권해야 할 것입니다.

결혼 생활을 하는 재가자가 출가자와 다른 점은 "성욕에서조차 벗어나지 못했다."는 점입니다. 따라서 성생활을 하는 재가자의 경우 아나함이나 아라한과 같은 성자가 되는 것은 불가능합니다. 현생 성불은 말할 것도 없겠지요. 그러나 아함경에서는 성생활을 하는 재가자라고 하더라도 탐욕, 분노, 무명, 교만, 의심, 유신견, 변집견, 견취견, 계금취견, 사견 등의 열 가지 근본 번뇌 가운데 '유신견, 계금취견, 의심'의 세 가지 번뇌를 완전히 제거했다면 수다원(예류과) 성자가 된다고 합니다. 유신견을 끊는 것은 무아를 체득함을 의미하며, 계금취견을 끊는 것은 다른 종교의식에 현혹되지 않는 것을 의미하며, 의심을 끊는 것은 불전의 가르침에 대해 조금도 의심하지 않는 것을 의미합니다. 이를 종합하면, '무아를 체득하여 자비심이 넘치고 불교에 대해 절대적 믿음을 갖는 분'이 바로 수다원이란 의미입니다.

이성異性에 대한 관심을 끊지 못한 재가자가 올라갈 수 있는 최고의 경지는 일래과一來果로 번역되는 사다함입니다. 그러나 사다함의 경우 "내생에는 반드시 출가하여 독신수행하는 스님이 되겠다."는 강력한 서원이 있어야 합니다. 현생에 불교수행을 철저히 하여 많은 번뇌를 제거했어도 이성에 대한 관심을 완전히 버리지 못했기에 내생에 다시 '성性'이 있는 욕계에 한 번 더 태어나게 됩니다. 그래서 일래(一來: 내생에 욕계에 한 번 더 옴)라고 부릅니다. 그러나 출가수행자가 되어 독신수행을 함으로써 성에 대한 욕망을 끊을 것이 분명하기에 그 다음 생에는 '성'을 초월한 색계 이상의 하늘나라에 태어나는 아나함 이상의 성자가 될 수 있는 것입니다. 재가불자로서 '확철대오'와 같은 깨달음을 얻는 것은 불가능합니다. 왜냐하면 '깨달음'이란 지성뿐만 아니라 감성까지 정화하는 것이기 때문입니다. 실질적 성욕이든, 플라토닉 러브든 모두 이성에 대한 관심이며, 이를 끊지 못할 경우 내생에 다시 욕계에 태어납니다. 플라토닉 러브를 끊지 못한 분의 경우 욕계천 가운데 위의 네 군데인 야마천, 도솔천, 낙변화천, 타화자재천 가운데 어느 한 곳에 태어납니다. 왜냐하면 이곳은 남신과 여신이 교미하지 않고서 2세를 출산하는 곳이기 때문입니다. 어쨌든 재가불자라고 해서 불교수행의 길을 갈 수 없는 것은 아닙니다. 그러나 욕망을 완전히 끊을 수도 없고, 끊어서도 안 되는 재가불자의 경우 그 수행 목표를 낮추어야 합니다. 아라한이나 부처가 아니라 수다원이나 초지보살정도로 수행 목표를 낮출 경우 가정생활도 충실히 하면서 편안하게 불교신행을 할 수 있을 겁니다.

계, 정, 혜를 어떻게 닦아야 하나요?

● 십이연기설의 행지분에서 복행福行은 선업善業, 비복행非福行은 악업惡業, 부동행不動行은 참선 수행이라고 생각하면 되겠지요. 사람의 근기에 따라 다양한 수행 방법이 제시될 수 있겠지만 욕계 6천까지, 거기서 색계 제4선까지, 그리고 색계 제4선에서 연기를 직관할 수 있을 때까지 단계별로 구체적인 수행법이 제시되었으면 좋겠다는 생각을 해봅니다. 조계종에서는 의심이 일어나지 않는 사람에게도 간화선을 고집해서 혼란스러울 때가 있거든요. 간화선 수행은 기본 예비 수행이 갖춰져야 들어갈 수 있는 고급 수행법이라는 생각이 드는데 어쨌든 수행의 체계가 구체적이고 명확하게 설정돼 자신의 수준과 역량에 맞는 단계를 선택해 들어갈 수 있다면 좋겠다고 생각합니다. 교수님께서는 『보리도차제론』을 대안으로 제시하셨는데 한국불교 수행자에게 맞는 수행체계는 어떻게 정립할 수 있을까요?

○ 어느 시대 어느 나라의 수행이든 그것이 불교라면 부처님께서 가르치신 '계戒, 정定, 혜慧' 삼학三學의 수행체계에서 벗어나서는 안 될 것입니다. 삼계 중 색계의 경지에서 깨달음이 가능하다는 부처님의 가르침은 '계, 정, 혜' 수행체계와 밀접하게 연

관되어 있습니다. 지계수행을 철저히 할 경우 수행자는 욕계천의 정상에 태어납니다. 그러나 선정수행 없이 지계만 닦을 경우 결코 색계천에 태어나지는 못합니다. (물론 '자慈, 비悲, 희喜, 사捨'의 사무량심을 철저히 닦은 수행자의 경우도 색계천에 태어납니다. 그래서 사무량심을 '사범주四梵住'라고 부르기도 합니다. 범천의 세계(색계 초선천) 이상에 태어나 살게 만드는 네 가지 수행이란 의미입니다. 그런데 사무량심 역시 초선, 2선, 3선, 4선의 색계선과 관계됩니다. 가부좌 틀고 앉아서 자관, 비관, 희관, 사관을 하는 것인데 희심에서 사심으로 가기 위해서는 색계 제3선을 완성하고 있어야 하기 때문입니다. 자세한 내용은 『청정도론』을 참조하시기 바랍니다.) 지계수행이 철저한 수행자, 다시 말해 '욕계를 벗어날 자격을 얻은 수행자'만이 참된 선정 수행에 들어갈 수 있습니다. 욕계 위에 있는 것이 색계이고 색계에서 깨달음이 열리기 때문입니다. 지계수행이 없는 경우는 결코 색계선을 체득할 수 없습니다. 그 겉모습만 가부좌 튼 수행자이고, 혹 그가 묘한 즐거움을 느낀다면 그것은 다만 욕계의 '산정(散定: 산만한 삼매)'에서 얻어진 느낌일 뿐입니다.

물론 색계선을 체득했다고 해서 그것이 불교의 깨달음인 것은 아닙니다. 초선, 2선, 3선, 4선 등 색계선을 체득한 수행자는 죽은 후 색계천의 천신으로 살 뿐입니다. 아직 지혜는 열리지 않고 색계의 선정만 완성한 사람이기 때문입니다. 색계선의 토대 위에서 다시 수행하여 지혜를 닦아야 아라한이 됩니다. 여기서 말하는 지혜는 부처님께서 발견하신 '연기緣起의 지혜'입니다. 이런 '연기-공'의 지혜가 열려야 수행자는 윤회의 세계, 즉 삼계의 세계에서 탈출할 수 있습니다. 해탈,

열반을 하는 것입니다. 삼계의 탈출구는 바로 '색계'에 있습니다.

비유한다면, 항아리에 담긴 물에 달그림자가 비칠 때, 물결이 출렁이면 달그림자가 이지러집니다. 물이 잔잔해져야 달그림자가 그대로 비칩니다. 이 때 물결이 잔잔해지는 것이 '선정'에 해당하고 달그림자의 모습이 그대로 비치는 것이 '지혜'에 해당합니다. 그리고 물을 담고 있는 항아리는 '지계'에 해당합니다. 물이 잔잔해져야 달그림자가 제대로 비치지만, 항아리가 깨지면 아예 물을 담을 수도 없습니다. 여기서 항아리는 지계에 해당합니다.

'계, 정, 혜' 삼학은 복잡하거나 난해한 수행체계가 아니라, '곰곰이 생각하는 것'에 다름 아닙니다. 우리는 일상생활 속에서 어떤 문제의 답을 알고자 할 때 '곰곰이 생각' 합니다. 여기서 '곰곰이'는 정定에 해당하고 '생각'은 혜慧에 해당합니다. 정혜定慧를 쌍수雙修하라는 것은 곰곰이 생각하라는 의미입니다. 그런데 '곰곰이'만 너무 심해지면 혜가 열리지 못합니다. 다시 말해 정이 너무 깊어지면 혜가 열리지 못합니다. 이런 정이 바로 삼계 중 무색계에 이르게 하는 정입니다. 비유한다면 항아리 속의 물이 잔잔해지다 못해 얼어버린 것이라고 말할 수 있습니다. 얼어버리면 달그림자가 아예 비치지 않습니다.

삼계의 탈출구가 바로 색계에 있기에 '계, 정, 혜' 삼학을 단계적으로 거쳐야 깨달음을 얻을 수 있습니다. 계가 완성되어야 욕계의 정상으로 올라가 색계에 진입할 자격을 얻으며, 정을 닦아야 색계에 발을 들여놓을 수 있으며, 지금까지 닦아온 계와 정의 토대 위에서 혜를 닦아야 비로소 색계에서 탈출하는 열반을 얻을 수 있습니다.

물론 계나 정을 별로 닦지 않고도 깨닫는 분이 있습니다. 전생에 많은 수행을 했기에 태어날 때부터 계와 정을 갖춘 사람의 경우 혜만 닦아도 단박에 깨달음이 열릴 수 있습니다. 공자님 말씀하신 '생이지지生而知之'한 사람, 다시 말해 '태어날 때부터 그 심성이 너무 착하고 집중력이 강한 사람'의 경우는 '혜'만 닦아도 될 것입니다. 그러나 그런 사람은 전 인류 가운데 몇 명 안 될 것입니다.

한국불교 간화선의 경우 정定과 혜慧가 열리게 하는 최고의 수행법이라고 생각합니다. 그런데 계戒수행이 그 체계 속에 들어 있지 않기 때문에 많은 수행자가 '효과'를 보지 못하는 것 같습니다. 따라서 한국불교의 간화선 수행을 중흥시키는 길은 지계수행에 있을 것입니다.

지계수행은 '자자自恣'와 '포살布薩' 의식과 '갈마羯磨'를 통해 성숙합니다. 지계란 '부처님께서 가르치신 윤리와 도덕을 지키고, 부처님께서 제정하신 규범을 지키는 것'을 의미합니다. 구족계를 받아도 스스로 지키려고 노력하고 이를 어길 때 참회할 수는 있겠지만, 그 정도로 심성과 행동에 진정한 변화가 오지는 않습니다. 정기적으로 대중이 모인 자리에서 자신이 어긴 계목戒目을 고백하고(자자와 포살), 율장의 지침에 의거하여 그 죄업에 해당하는 처벌을 받는 것(갈마), 이런 훈련을 오랜 기간 동안 해야 비로소 지계가 완성됩니다. 율장의 규범 그대로를 따르지 못한다고 하면, 그 취지라도 되살려서 자자, 포살, 그리고 갈마를 복원하는 것이 지금의 우리나라 불교수행에서 가장 시급한 과제입니다. (조계종 소속 스님들의 경우 2008년부터 의무적으로 『범망경보살계본』에 의거한 포살의식에 참가합니다. – 필자 주)

삼독심이란 무엇이고 이것을 제거하기 위해서는 어떻게 해야 하나요?

● 탐진치貪瞋癡 삼독심三毒心 중에서 진瞋이라는 것이 '성냄'으로 알려져 있는데 교수님 책들에서는 때때로 '미워함'으로 번역된 것을 기억합니다. 진瞋에 해당하는 산스끄리뜨 원어는 원래 무슨 뜻인가요?

○ 삼독심 가운데 진瞋에 해당하는 범어 원어는 드베샤(dveṣa, 정확한 발음은 드베샤와 드웨샤의 중간)입니다. 그 뜻은 영어로 'hatred', 'dislike', 'enmity to' 등입니다. 산스끄리뜨어는 약 2000개의 어근(root)이 조합되어 만들어진 말인데, 드베샤(dveṣa)의 어근은 드비슈(√dviṣ)로 그 뜻은 'to hate' 'show hatred against' 등 입니다. 따라서 드베샤(dveṣa)는 '증오, 미움, 분노, 성냄, 적개심' 등으로 번역됩니다. 그런데 어떤 단어든 한 언어권에서 쓰이는 단어의 외연(범위)과 내포(의미)는 다른 언어권의 단어의 그것과 일치할 수 없기 때문에 이를 번역할 때에는 문장의 맥락을 보고 번역해야 합니다.

또 불교용어는 모두 수행체험에서 도출된 것이기에 어떤 하나의 번역어를 통해 그 뜻을 이해하는 것보다 우리의 심성과 연관시켜 이해하는 것이 좋을 것입니다. 그래서 저는 다음과 같이 삼독심을 이

0.4.4.

해합니다. 탐심은 '나'를 향해 잡아당기는 마음이고, 진심은 '나'로부터 밀쳐내는 마음입니다. 탐심과 진심은 벡터Vector의 방향이 정반대입니다. 그리고 이런 탐심과 진심은 이쪽 어딘가에 '자아(나)'가 있다는 치심으로 인해 발생한 것으로 볼 수 있습니다. 내가 존재한다는 생각이 구심점이 되어 끌어당기거나 밀어내는 마음이 탐심과 진심입니다.

그래서 부처님께서는 이런 삼독심을 제거하는 수행으로 '부정관不淨觀'과 '자비관慈悲觀'과 '연기관緣起觀'을 제시하십니다. 부정관이란 내 몸이나 이성의 몸이 더럽다는 생각을 자꾸 떠올리는 수행으로 '밀어내는 마음'을 강화시키는 수행입니다. 그래서 '끄는 마음'인 탐욕을 중화시킵니다. 벡터가 상쇄되는 것이지요. 자비관은 모든 생명체의 행복을 바라고 슬픔에 공감하는 마음으로 '나를 향해 끌어당기는 마음'을 강화시키는 수행입니다. 이런 자비관을 통해 '밀어내는 마음'인 증오심, 진심이 중화됩니다. 마음의 벡터가 상쇄되는 것이지요.

그러나 궁극적으로 무아를 자각하지 못한 이상, 경계가 닥칠 때 다시 탐심과 진심이 발동합니다. 그래서 무아無我, 즉 아공我空과 법공法空의 진리를 자각함으로써 치심이 제거되어야 탐심과 진심이 영원히 사라진 아라한이 된다고 합니다. 구심점이었던 아상我相이 사라져야 끌어당기거나 밀어내는 마음이 다시는 발생하지 않는다는 것입니다.

비유한다면, 누군가 미쳐서 날뛸 때 힘센 사람이 그를 잡아 누르면 꼼짝을 못합니다. 그러나 그를 놓아 주면 다시 미쳐서 날뜁니다. 그런데 잡아 누른 후 그의 목을 따서 죽이면 그는 널브러져서 다시는 날뛰지 못합니다. 이 비유에서 힘센 사람이 그를 잡아 누르는 것이 계戒와 정定의 수행에 대비되고, 그의 목을 따서 다시는 날뛰지 못하게 하는 것이 아공과 법공의 지혜[慧]를 자각하는 것에 대비됩니다. 좀 살벌한 비유이긴 하지만, 가장 이해하기 쉬운 비유라고 생각됩니다. 아라한을 살적(殺賊: 번뇌의 도둑을 죽인 분)이라고 번역하듯이…. 또 티베트 불교의 분노존(忿怒尊: 격노하시는 부처님)께서 사람을 찍어 누르고 방망이로 그의 두개골을 부수는 모습이 바로 이런 수행을 형상화한 것입니다. 분노존 아래 깔린 사람은 아집我執과 법집法執을 상징합니다.

　성불은 인간계에서만 가능합니까?

●　어느 곳에서는 "색계 이상에서 수행해서 깨닫는다."고 답변을 하셨는데 다른 곳에서는 "이런 무색계에 태어나면 2만겁 이상 아래의 세계로 내려오지 못하기 때문에, 인간으로 태어날 기회를 잃어서 성불할 기회를 갖지 못한다고 합니다. 부처는 인간계에서만 출현하기 때문입니다."라고 답하셨습니다. 정녕 성불은, 해탈 열반은 인간계에서만 가능한 것입니까?

○　아라한이 되는 것은 색계에서만 가능하다고 합니다. 색계는 선정과 지혜가 균등한 곳이기 때문입니다. 더 위로 올라가면 선정의 힘이 너무 강해져서 연기를 직관할 수 없고 더 밑의 세계는 분별의 힘이 너무 강해서 연기를 직관할 수 없다고 합니다. 색계에 태어나도 연기의 지혜가 열리지 않으면 천신으로 살다가 다시 욕계 이하의 세계로 떨어집니다. 그런데 『구사론』을 보면 아나함의 성인을 여섯 가지로 다시 세분합니다. 예를 들어 색계에 태어나는 도중에 아라한이 되는 아나함이 있는데 이는 '생반生般'이라고 부릅니다. 색계에 '탄생'하는 도중에 '반열반(般涅槃, Parinirvāṇa, 완전한 열반)'한다는 의미입니다. 또 '유행반有行般'이라는 아나함의 경우는 색계 이상에서 오르락내리락 하다가 아라한이 되는 성자입니다.

　　오직 무색계만을 추구하는 요가수행자는 내생에 무색계천에 갇혀서 2만겁~8만겁 동안 내려오지 못하지만, 불교의 연기 지혜가 열린 성자는 자유롭게 오르락내리락합니다. 석가모니 부처님께서도 대열반에 들기 직전에 무색계천의 경지도 모두 체험하신 후 색계 제4선의 경지에서 대열반에 드십니다. 색계 이상에서 아라한이 되는 수다원, 사다함, 아나함 모두 그 시발점은 인간계입니다. 그래서 인간계에서만 성불이 가능하다고 하는 것입니다.

　　오직 삼매만 닦아서 색계에 태어난 일반 천신의 경우는 그 복이 다하면 다시 욕계로 떨어집니다. 그러나 수다원(須陀洹: Śrota āpanna) 이상의 불교 성인은 아라한이 되는 것이 보장되어 있습니다. 인간계에서 '유신견有身見과 계금취견戒禁取見과 의疑'의 세 가지 번뇌를 끊었기 때문입니다. 유신견은 '내가 있다는 생각'이고 계금취견은 '다른 종교의 의식을 생천生天이나 해탈의 원인으로 믿는 것'이며 의는 불교에 대한 의심입니다. 쉽게 풀어서 말하면, 아상我相이 없기에 이기심이 없이 자애롭고 불교에 대한 확고부동한 믿음이 있는 분이 수다원입니다. 수다원은 '예류預流 또는 입류入流'라고 번역되는데, "갠지스 강물에 들어가 몸을 맡기면 반드시 바다에 도달하듯이, 수다원의 지위에 오르면 절대 물러나지 않고 아라한이 되는 것이 보장된다."고 합니다. 또 수다원은 '극칠반極七返'한다고 합니다. "많아야[極] 일곱 번[七] 욕계로 돌아와[返] 태어난 후 색계 이상에서 반열반한다."는 의미입니다.

010

색계 선禪의 경지에서 아라한이 되는 이유는 무엇입니까?

● 아라한이 되는 것은 색계에서만 가능하다고 하셨는데 도무지 이해가 안갑니다. 부처님의 제자 1250 제대諸大 아라한은 그럼 아라한이 아니란 말인지요? 지구는 분명 욕계가 아닙니까?

○ "색계에서 가능하다."고 너무 간단히 써서 오해를 살 수 있을 것 같습니다. 색계에 태어날 수 있는 경지인 초선初禪, 제2선, 제3선, 제4선의 상태에서 불교의 깨달음이 열린다고 합니다. 색계천이나 무색계천의 경우 그곳에 태어나기 위해서는 그에 해당하는 색계선이나 무색계정을 체득해야 한다고 합니다. 욕계의 천상이나 지옥은 그 업에 따라 수직이동이 가능한데, 색계나 무색계는 수평이동하여 태어납니다. 12연기설의 '행' 지분을 '복행福行, 비복행非福行, 부동행不動行'의 셋으로 구분하는데, 여기서 말하는 부동행은 색계나 무색계에 태어나게 하는 업입니다. 선정禪定수행을 통해 그 경지가 되어야 그 곳에 태어나기 때문입니다. 아래위로 이동함 없이[不動] 수평이동하기에 부동행이라고 부릅니다.

그러나 욕계의 천상이나 아수라, 인간, 축생, 아귀, 지옥에 태어나게 하는 업인 '복행이나 비복행'은 동행動行입니다. 아래위로 수직 이동할 수 있기 때문입니다.

　　다시 정리하면, "색계에서 깨달음이 가능하다."는 말은 욕계인 이곳 인간계에서 가부좌 틀고 앉아 '색계선禪'의 경지에 올라야 그에 입각하여 연기의 지혜를 체득하여 아라한이 될 수 있다는 의미입니다.

011

지관수행과 구차제정의 관계, 그리고 제4선과 깨달음의 관계는 무엇입니까?

● 모두 알고 있는 듯하면서도 알기 어려운 개념에 대해 여쭤보려 합니다. 중아함 『분별대업경分別大業經』에는 어느 정도 경지에 이른 외도 수행자들이 업과業果에 대해 오해하게 되는 과정이 상세하게 나와 있습니다. 그렇다면 장아함 『범동경梵動經』에서 언급하는 사견邪見에 대해서도 마찬가지로 생각할 수 있을 듯합니다. 즉 어떠한 단계에서 어떠한 오류에 따라 상견常見이나 단견斷見이 일어나는지 추적할 수도 있을 듯합니다. 이에 관해 사유를 진행하다가 몇 가지 의문을 갖게 되었습니다.

일단 지관止觀과 선정의 관계에 대한 의문입니다. 지관은 누구나 인정하는 불교 수행방법입니다. 특히 사마타[止]-위빠사나[觀]라는 용어가 불교와 비불교를 구분하는 중요한 잣대로 쓰이기도 합니다. 그런데 이 지관과 '욕계, 색계, 무색계' 선정의 관계를 어떻게 설정해야 하는지에 대해서는 공부해 본 적이 없는 듯합니다. 즉 지관은 지관대로, 삼계의 선정은 선정대로 배웠던 것 같습니다. 그래서 우선 이 둘의 관계에 대해 여쭈어 봅니다.

다음으로 색계 선정과 무색계 선정에 대한 구분입니다. 책에 따라 선정은 오로지 색계의 '초선, 제2선, 제3선, 제4선' 뿐이라는 설명

○
0.5.1.

도 있고, 무색계 사정四定을 포함한 구차제정九次第定 전체를 불교 선정으로 이해하는 경우도 있습니다. 아함에서도 이에 대한 명확한 구분을 찾기 어렵습니다. 이에 관해 참고할 만한 지침이 있는지 알고 싶습니다.

위와 관련한 질문입니다. 예전에 교수님께서 '인도불교 동영상'에서 『대지도론』을 인용하시면서 부처님께서 색계 제4선에서 깨달음에 드신 이유를 설명하신 적이 있습니다. 제4선에서 정定과 혜慧가 고르게 유지되기 때문이라고 하셨던 것 같은데, 이에 해당하는 『대지도론』의 문장을 직접 보고 싶습니다.

○　　질문하신 내용을 세 가지로 나누어 답해 보겠습니다.

1 · 지관止觀과 '욕계, 색계, 무색계' 선정의 관계를 어떻게 설정해야 하는지?

주지하듯이 지관은 사마타-위빠사나의 한문 번역어입니다. 문자 그대로 지止는 멈추는 것, 관觀은 보는 것입니다. 마음을 멈추고 관찰하는 것이 지관인데, 쉽게 얘기해서 '곰곰이 생각하는 것', '가만히 보는 것'이라고 풀이됩니다. 여기서 '곰곰이'와 '가만히'는 지止에 해당하고, '생각함'이나 '봄'은 관觀에 해당합니다. 일상생활 속에서도 무엇을 제대로 알고자 할 때, 우리는 곰곰이 생각하든지 가만히 봅니다. 이를 전문적으로 체계화한 것이 불교의 지관수행일 뿐입니다.

'생각'과 '봄'의 대상이 일상적 문제가 아니라, 삶과 죽음, 인생과 우주, 생명과 세계 등 어마어마한 문제라는 점이 다를 뿐입니다. 제대로 보기 위해서는 지관을 쌍운(雙運: 함께 운용)해야 합니다. 예를 들어 항아리에 담긴 물이 완전히 잔잔해져야 달그림자가 분명히 비치듯이 온갖 번뇌로 들끓는 우리의 마음을 완전히 멈추어야 생명과 세계의 실상인 연기법緣起法을 제대로 볼 수 있습니다. 그런데 남녀, 음양, 암수, 대립의 세계인 욕계의 차원에서는 지관쌍운이 불가능합니다. 마음이 산란하여 지止 수행을 할 수 없기 때문입니다. 무색계에서도 지관쌍운이 불가능합니다. 삼매가 너무 강해서 관觀을 위한 생각을 작동할 수 없기 때문입니다. 지관쌍운이 가능한 곳은 욕계와 무색계의 중간에 있는 색계뿐입니다. 색계의 초선, 제2선, 제3선, 제4선의 경지에서는 지와 관이 균등하다고 합니다.[是四禪中智定等而樂 未到地 中間地 智多而定少 無色界定多而智少 是處非樂 譬如車一輪强 一輪弱 則不安隱 智定不等 亦如是(『大智度論』, 大正藏 25, p.185b)]

    ‘묘한 삼매의 경지인 무색계정’에서는 지止가 강하기 때문에 관이 제대로 되지 않아 연기緣起의 지혜를 발견하지 못합니다. 예를 들어 항아리에 담긴 물이 얼어 버리면 요동은 없지만 달 그림자가 비치지 않는 것과 같습니다.

    욕계에서는 관혜觀慧가 강하며, 이를 통해 얻어진 지혜는 정견이 아니라 미친 지혜, 즉 광혜狂慧라고 합니다. 예를 들어 항아리의 물이 출렁거리면 달 그림자가 이지러지는 것과 같습니다.

    서양철학의 경우, 욕계에서 이루어진 광혜가 대부분입니다. 계, 정, 혜 삼학의 단계를 거치지 않고 혜만 추구했기 때문입니다. 욕계와 무색계의 중간단계인 색계에서만 지관을 균등히 닦을 수 있기에 연기의 지혜를 체득할 수 있습니다. 이 점에 대해서는 『대지도론』, 『구사론』 등의 설명이 모두 일치합니다. 다시 요약하면 다음과 같습니다.

무색계정無色界定	지 > 관
색계선色界禪	지 = 관
욕계欲界	지 < 관

2 · 색계 선정과 무색계정 및 구차제정에 대해

선(禪: dhyāna)은 정려靜慮, 또는 사유수思惟修로 번역되는데 정靜은 지止에 해당하고, 여慮는 관觀에 해당하며 사유思惟는 관에 해당하고, 수修는 지에 해당합니다. 다시 말해 지관이 함께하는 것을 한 단어로 선禪이라고 부릅니다. 선은 사마타와 위빠사나의 겸수를 의미하는 말입니다. 석가모니 부처님께서 12살에 농경제를 참관하시다가 벌레가 새에게 먹히는 장면을 보고서 비감에 젖어 염부수 아래로 자리를 옮겨 스스로 빠져 들었던 수행이 바로 선禪입니다.

별다른 수행이 아니라, 당시에 발생한 일을 '있는 그대로 보는' 수행, 즉 '지관쌍운'의 수행입니다. 그 후 29세에 출가하신 후 6년간 갖가지 수행을 모두 해 보신 후 보리수 아래 마른 풀을 깔고 앉아서 12살 때의 기억을 되살려 선 수행에 들어가십니다. 세상의 진상을 있는 그대로 관찰하는 것입니다. 그래서 깨달음을 얻으십니다.

이렇게 선(禪: Dhyāna)과 정(定: Samādhi, Samāpatti)은 다릅니다. 선에서는 지와 관이 함께하지만 정에서는 관은 없고 지만 있습니다. 그리고 구차제정九次第定은 색계의 초, 2, 3, 4선의 네 가지와 무색계의 공무변처정, 식무변처정, 무소유처정, 비상비비상처정의 네 가지에 멸진정滅盡定 한 가지를 더한 아홉 가지 선정을 의미합니다.

색계 4선과 무색계 4정 모두 윤회의 세계에 속합니다. 멸진정의 경우, 상수멸想受滅이라고 번역되듯이, 생각과 느낌이 모두 사라진 삼매입니다. 멸진정은 열반과 다릅니다. 아나함 또는 그 이상의 성자가, 나중에 무여의열반에 들면 어떠한지 미리 체험해 보기 위해서 들기도 하고 남은 번뇌를 녹이기 위한 보조 수단으로 들기도 한다고 합니다. 그런데 멸진정의 단계에서는 생각이 작동되지 않기에 무작정 멸진정에 들어갔다가는 나중에 삼매에서 깨어 나올 수가 없습니다. 그래서 멸진정에 들기 전에는 몇 시간, 며칠 후에 멸진정에서 나오겠다고 미리 작정을 해야 한다고 합니다. 멸진정에 대한 이런 설명, 9차제정에 대한 이런 설명들은 『청정도론』에 자세히 기술되어 있습니다.

3 · 제4선에서 깨달음을 얻고, 제4선에서 대열반에 들어간다는 점을 설명한 경문

一切諸佛 於第四禪中 行見諦道 得阿那含

모든 부처님은 제4선 중에 견제도를 행하여 아나함과를 얻는다.

卽時十八心中得佛道 在第四禪中捨壽

그리고 곧 18심 중에서 불도를 얻으며, 제4선에서 목숨을 버리는데

於第四禪中起入無餘涅槃

제4선 중에 일어나 무여열반에 들어간다

『大智度論』, 大正藏 25, p.111c

다음은 부처님의 성도과정을 묘사한 『사분율』의 경문인데, 제4선의 경지가 되자 삼명三明 가운데 숙명통이 열리기 시작했다고 설명합니다.

時菩薩已捨苦樂　先已去憂喜　無苦無樂護念淸淨　遊戲四禪　是謂

菩薩得此四勝法　何以故　由繫意專念不放逸故　時菩薩得此定意

諸結使除盡　淸淨無瑕穢　所行柔軟住堅固處　證宿命智　自識宿命

一生二生三生四生五生　…　無數百生無數千生　…　無數劫成敗

我曾生某處　字某姓某如是生　食如是食

『四分律』, 大正藏 25, p.781b

<u>**012**</u>　세속적 복락을 초래하는 유루업도 성
불에 영향을 끼칠 수 있습니까?

●　업에는 유루업과 무루업이 있는데 유루업은
세속적인 복업, 무루업은 수행과 같은 열반에 이르게 하는 업인 것으
로 알고 있습니다. 그런데 대승경전을 보면 부처님은 오랜 세월 복덕
과 지혜를 쌓아서 무상정각에 이르렀다고 하는 내용이 있는데 세속
적인 유루업도 세속적인 복락(이를테면 천상에 태어나는 업) 이외에 불
과佛果를 성취하는데 영향을 끼칠 수 있는지요? 유루업이 세속적인
쾌락과 즐거움 외에 불과를 얻는데 영향을 끼칠 수 있다면 굳이 업을
유루, 무루업으로 나누는 교리와 상치되는 부분이 있지 않나 하는 생
각입니다.

○　아라한이 되기 위해서는 무루업無漏業만 닦아
도 되지만, 부처가 되기 위해서는 무루업과 유루有漏의 선업善業을
모두 지어야 합니다. 지혜와 복덕을 모두 갖추면 부처이고, 지혜만
갖추면 아라한이며, 복덕만 갖추면 전륜성왕이라고 합니다. 무루업
은 우리에게 깨달음의 지혜를 제공하고 유루 선업을 지을 경우 미래
나 내생에 복덕을 얻게 됩니다. 무루업은 궁극적으로 공성의 지혜를
터득케 하지만, 유루 선업으로 인해 초래된 복덕이 있어야 수많은 중

생을 따르게 하여 그 중생들에게 그 공성의 지혜를 가르쳐서 윤회에서 벗어나게 해 줄 수 있습니다. 부처의 복덕은 인연복因緣福입니다. 유루 선업을 통해서 무량겁 동안 수많은 중생과 좋은 인연을 짓는 것입니다. 성불을 위해 지혜와 함께 복덕을 닦는 이유는, 내가 부처가 된 후 나의 말을 믿고 따라 주는 중생의 수를 늘이기 위함입니다. 많은 중생이 나의 말을 믿어 주어야 많은 중생이 제도될 수 있기 때문에 성불을 지향하는 보살은 반드시 유루의 선업을 닦아야 합니다. 아라한의 경우는 복덕의 양이 박약하여 그의 말을 믿고 따라 주는 중생의 수가 적기에 많은 중생을 제도할 수 없습니다. 성불을 위해서는 3아승기 100겁 동안 유루의 선업을 닦아야 한다고 합니다. 3아승기겁 동안 아뢰야식에 인연의 복덕을 저장하여 부처의 보신報身을 만들고 100겁 동안에 32상 80종호를 갖춘 부처의 화신化身 즉, 색신色身을 만듭니다.

013 멸진정에 든 수좌에게 전신마취를 건다면?

● 재미있는 질문을 드립니다. 선방에서 깊은 선정(멸진정)에 들어 있는 수좌에게 몰래 다가가서 마취제를 다량 투입하여 마취를 시키면 그 수좌의 의식에는 어떤 일이 일어납니까?

○ 너무 어려운 질문을 올리셨습니다. 부처님이 계시거나, 삼매수행 중에 마취 당한 수좌가 계시다면 답이 간단히 나올 텐데…. 어쨌든 불전의 가르침에 의거해서 추측해 보겠습니다. 마취를 하게 되면 감각신경과 운동신경이 차단되지요. 자의적으로 움직일 수도 없고, 외부의 감각도 느끼지 못합니다. 국소마취의 경우는 마취된 손이나 발을 내가 보고 있기에 그 상태가 어떤 상태인지 분명히 알 수 있는데, 전신마취의 경우는 모든 지각기관이 차단되기에 그동안 나의 자아가 어디에서 무엇을 하고 있었는지 알 수가 없습니다. 나중에 깨어난 후 회상을 해 보면, 마취과 의사가 '가스 마스크'로 입을 덮었던 순간만 생각납니다. 깨어날 때에도 꿈에서 깨는 것과 달리 별 기억이 없이 갑자기 깨어나더군요. (저는 전신마취 경험이 있습니다.)

수술하는 동안 나는 어디에 있었나? 참으로 궁금하지 않을 수 없습니다. "꿈 없는 잠의 상태에서 나는 어디에 있었나?"라든지, 식물인간으로 몇 달을 지낸 사람이 깨어난 후 그 동안 많은 시간이 흐른 것을 알고, "그 동안 나는 어디에 있었는가?"라는 의문을 품는 것역시 비슷한 맥락일 것입니다. 이 중에 "꿈 없는 잠의 상태에서 나는어디에 있었나?"라는 질문은 선가에서 화두로 사용됩니다. 이에 대한 답은 "꿈 없는 잠은 없다."는 것입니다. '화두를 깨치는 것은, 화두로 사용된 의문 그 자체가 잘못되었음을 자각하는 것'이라는 '화두 타파의 비법'은 여기에도 해당됩니다. 다시 말해 깊은 전신마취상태에 들었다가 깨어날 때 마취된 동안 꾸었던 꿈의 내용이 전혀 회상되지는 않지만, 마취된 상태에서 매 순간 순간 그 당사자에게는 계속 어떤 영상이 떠오른다는 것입니다. 마취에서 깨어날 때 너무 깊이들어갔다가 나오기 때문에 꿈의 실마리를 놓쳐서 전혀 회상이 안 되는 것일 뿐입니다.

잠잘 때의 꿈도 마찬가집니다. 깊은 잠에서 깰 때 간혹 "꿈도 없이 잘 잤다."고 하는 경우가 있는데, '꿈 없는 잠'은 없습니다. 다만회상이 안 될 뿐입니다. 얼마 전까지 정신의학에서는 REM^(Rapid Eye Movement) 상태에서만 꿈을 꾸고 그 이외의 상태에서는 꿈이 없다고했습니다. REM이란 잠자는 사람의 눈동자가 눈꺼풀 속에서 이리 저리 움직이는 시기를 의미합니다. 그 때 그를 깨워 보면 구체적인 꿈을 기억해 내고 그에 대해 얘기합니다. 그러나 REM 상태가 아닐 때에 그를 깨우면 꿈을 꾸지 않았다고 얘기합니다. 그래서 "REM 상태에서만 꿈을 꾼다."고 과거의 의학자들이 결론을 내린 것이지요.

그러나 REM 상태는 "바둑이와 논다."든지, "밥을 먹는다."는 식으로 구상적이고 구체적인 꿈을 꾸는 시기일 뿐입니다. 꿈 중에는 추상적 꿈도 있을 수 있습니다. 지금 눈을 감으면 앞이 컴컴해지는데 자세히 보면 마치 추상화와 같이 시야가 울긋불긋하기도 하고 무엇이 움직이기도 합니다. 꿈 중에는 이런 식의 추상적인 꿈도 있습니다. 그러나 그런 꿈을 꾸다가 깨어날 때에는 꿈의 내용이 생각나지 않습니다. 각성 시의 구상적 세계와 대응되지 않기 때문입니다. 그래서 "꿈 없이 잘 잤다."는 착각을 하는 것입니다. 사실 우리가 잠을 잘 때, 내내 꿈을 꾸지만, 아침에 기억나는 것은 깨어나기 10초 정도 이내에 꾸었던 꿈뿐입니다. '꿈이 회상이 되지 않는 것'은 '꿈이 없는 잠'과는 다릅니다. 자는 사람의 의식에는 항상 무언가가 나타납니다. 식물인간의 경우도 마찬가집니다. 그의 뇌파가 정지하지 않은 이상 그의 의식에는 계속 무언가가 나타납니다.

(뇌파가 정지한 상태를 '뇌사'라고 하지요. 이때는 중음신(귀신, 영혼)이 육체에서 이미 떠나간 다음이기에 고기 덩어리일 뿐입니다. 심장만 기계적으로 뛰는 상태이며, 심장 역시 얼마 후 반드시 멈춥니다. 그래서 이 때 장기를 채취하여 다른 환자에게 이식합니다. 중음신이 떠나가면 우리의 육신은 빛을 잃어버립니다. 시체가 되는 것이지요. 중음신 역시 5온을 갖추는데 우리 몸에서 중음신의 색온인 '빛과 같은 색온'이 빠져나가기 때문에 빛을 잃는 것입니다. 그래서 살생업을 많이 지은 사람은, 단명하거나 병이 많은 과보도 받지만 그가 쓰는 물건의 빛깔이 좋지 않은 과보도 받는다고 합니다. 살생을 통해 남의 몸의 빛깔을 퇴색시켰기 때문입니다.)

뇌파가 작동하는 이상 그의 의식에는 계속 무언가가 나타납니다. 다만 깨어난 후 그것이 모두 기억나지 않기에 "그 동안 나는 어디에 있었는가?”라고 의아해 하는 것일 뿐입니다.

이상과 같은 내용을 '깊은 선정'에 든 수좌에게 마취제를 투여하는 상황에 대비하면 질문에 대한 답이 만들어질 수 있을 것 같습니다. 선정은 초선에서 제4선까지 또, 공무변처정空無邊處定에서 비상비비상처정非想非非想處定을 넘어 멸진정에 이르기까지 종류가 많기에 '깊은 선정'의 상황 전체에 대한 단일한 답을 할 수는 없을 겁니다. 그런데 질문에서 '멸진정'으로 한정하셨기에 그에 대해 답해 보겠습니다.

'멸진정'을 '상수멸정想受滅定'이라고도 부릅니다. 생각[想]과 느낌[受]이 모두 사라진[滅] 삼매[定]의 상태이지요. 멸진정과 열반은 다릅니다. 열반은 삼매[定]와 함께 완전한 지혜[慧]를 갖춘 깨달음의 상태이지만, 멸진정은 모든 생각과 감각이 끊어진 삼매의 상태일 뿐입니다. 전신마취가 되건 되지 않건 원래 '아무 느낌도 생각도 없는 상태'가 멸진정의 상태이기에 전신마취를 해도 그 수좌의 의식에는 어떤 느낌도 생각도 나타나지 않을 겁니다. 다만 멸진정에서 깨어나 일어나려고 할 때 몸에 아직 마취 기운이 남아 있다면 일어나지 못하겠지요. 그러나 그 수좌의 의식에서는 일어나겠다는 생각은 떠올라 있을 겁니다.

참고로 말씀드리면, 다른 선정의 경우 선정에서 깨어날 때 스스로 깨어나겠다고 생각하면 되는데, 멸진정의 경우는 아무 생각이 없는 상태이기에 깨어나겠다는 생각도 못한다고 합니다. 그러면 멸진정에 들어간 자는 결코 깨어날 수 없어야 하겠지요. 그래서 멸진정에 들어가기 전에 "24시간 후에 깨어나겠다."든지, "7일 후에 깨어나겠다."고 작정을 하고 들어간다고 합니다. 자명종을 깨어날 시간에 맞추어 놓고 자는 것과 비슷합니다.

멸진정은 '①초선, ②제2선 … ⑦무소유처無所有處삼매, ⑧비상비비상처삼매, ⑨멸진정'의 구차제정九次第定 가운데 가장 닦기 힘들고 미세한 선정으로 번뇌를 제거하는 보조수단으로 개발된 선정이라고 합니다. 열반은 아니지요.

얘기 나온 김에 조금 더 말씀드리면, "삼매에 든 수좌에게 마취제를 투여하는 경우 그 수좌의 의식에 어떤 일이 일어나는지?"라는 의문에 대한 답은 그 수좌가 어떤 삼매의 경지에 있었는지에 따라 달라집니다. 멸진정의 경우는 위와 같이 답할 수 있으나, 예를 들어 초선에 든 수좌의 경우는 그 초선의 경지가 흐트러질 겁니다. 몸도 관여하는 색계의 선이기 때문이지요. 더 나아가 제4선의 경우도 아직 몸이 남아 있는 색계의 선이기 때문에 마취제에 의해 그 경지가 흐트러질 겁니다. 몸도 색법(물질)이고 마취제도 색법(물질)이기 때문입니다. 그러나 공무변처정, 식무변처정識無邊處定, 무소유처정, 비상비비상처정 등의 무색계 삼매에 든 수좌의 경우는 마취제를 투여해도 그 경지가 흐트러지지 않을 것으로 짐작됩니다. 무색계 삼매는 몸과 무관한 정신적 삼매이기 때문입니다.

그러나 그런 삼매에서 깨어나려고 할 때, 마취제가 투여된 상태이기에 몸이 말을 듣지 않을 겁니다. 무색계 삼매에서 벗어나긴 했으나, 마치 꿈속에서 우리가 갖가지 영상을 볼 때 그 꿈에 반응하듯이,

갖가지 생각이 나타나는 상태에 있다가, 나중에 마취가 풀리면 잠에서 깨듯이 가부좌를 풀고 일어나게 될 겁니다. 이상은 제가 이해한 불전의 가르침에 의거한 추측일 뿐입니다.

부처님께 여쭈어 보든지, 삼매의 상태에서 마취 당한 수좌에게 물어보면 정확한 답이 나오겠지요. 참으로 난감한 질문을 올리셨지만, 불교를 제대로 알기 위해, 우리는 머리 굴려서 품을 수 있는 모든 의문을 품어 보아야 하고, 가능한 한도 내에서 모든 의문에 대한 답을 찾아보아야 한다고 생각합니다.

한 가지 더 얘기 드리면, "깨어서 생활한다."고 생각하는 '지금 이 순간'도 엄밀히 보면 '잠에서 깨어나는 순간'과 다를 게 없습니다. 지금 이 순간에도 조금 전의 일만 정확히 기억날 뿐이기 때문입니다. 마치 아침에 깨어날 때 방금 전의 꿈만 기억나듯이…. 지금 저녁이 된 이 순간에는 아침에 있었던 일, 새벽에 있었던 일 등의 대부분은 망각되었지요. 마치 저녁에 잠들며 꾸었을 꿈을 아침에 깨어날 때 망각하고 있듯이….

멸진정이 소재가 되었기에, 저도 공부할 겸 해서 어제 저녁에 붓다고샤의 『청정도론』과 아함경, 『구사론』 등에 실린 멸진정에 대한 설명을 뒤져 보았습니다. 아함경이나 『청정도론』 모두, "멸진정에는 아무나 들어갈 수 없고, 아라한이나 불환과不還果에 오른 성자만 들어갈 수 있다."고 설명합니다. 불환과는 아나함(阿那含: Anāgāmin)의 의역어로 아라한 바로 아래 단계의 성자입니다. 죽은 후 다시는 욕계에 태어나지 않고 색계 이상에서 아라한이 되는 성자입니다. 그래서

(욕계로) '돌아오지 않는다[不還]' 라고 합니다. 불환과의 성자도, 언제 열반에 드는가에 따라 여러 종류로 나누어집니다.

멸진정은 아무 생각이나 느낌이 없는 상태이지만, 멸진정에 들어간 수좌의 경우 그 체온이 남아 있고, 목숨이 남아 있고, 감각기관이 썩지 않았기에 시체와는 다르다고 합니다. 이 역시 아함경과 『구사론』, 『청정도론』의 설명이 일치합니다. 멸진정에 든 사람에게는 그 어떤 재난도 닥칠 수 없다고 합니다. 또, 멸진정에 들어가기 전에 자신의 주변의 생활용구들이 재난을 당하지 않도록 하겠다는 다짐을 하고 들어가기에 화재가 나도 그 옷가지와 생활용구 등은 불에 타지 않고 온전하다고 합니다(대림 스님 옮김, 『청정도론』3, pp.415~416, 초기불전연구원 간). 이런 설명에 의거하면 멸진정에 들어간 성자에게 전신마취를 걸 수는 없을 겁니다.

그런데, 동물적인 감각문화, 감각문명이 판을 치는 현재의 지구상에서 멸진정에 들 수 있는 성자는 아마 거의 없을 겁니다. 질문 덕분에 저 역시 멸진정에 대해 좀 더 깊이 공부할 기회를 갖게 되었습니다.

　　무여의열반에 드신 부처님을 친견하
는 것이 가능한가?

　　●　　수행자가 무여의열반無餘依涅槃이 어떤 것인
지 미리 체험하기 위해서 멸진정에 드는 것이라면 무여의열반에 드
는 경우 다시는 돌아오는 일이 없지 않습니까? 만약 돌아올 수 있다
면 무여의열반에 들기 전에 미리 나는 10년 후에 무여의열반에서 돌
아올 것이라고 서원하고 돌아오는 것이 가능할 것입니다. 이 경우 멸
진정과 다를 것이 없습니다. 무여의열반에 드는 경우 절대 돌아올 수
없다면 오래전에 무여의열반에 드신 부처님으로부터 관정수기를 받
았다고 주장하는 수행자들의 주장은 무엇인지요? 천태 지자대사가
아직도 부처님이 영취산에서 대중을 모아 놓고 설법을 하시는 것을
보았다고 주장하는 것은 어떻게 해설해야 하는지요? 이 일을 증거로
삼아 부처님은 여전히 삼계 사생의 중생을 위하여 활동하고 계시다
고 주장하는 사람도 있습니다. 중국 오대산의 무착 문희 스님은 문수
보살을 주걱으로 때려 쫓았다는데 지자대사의 일은 알 수 없는 일이
군요.

　　○　　단도직입적으로 말해서, 무여의열반에 들면
사라집니다. 불교 초심자나 세속적 욕망이 강한 사람에게 불교의 열

반이 '사라짐' 이라고 말하면 기겁을 하겠지요. 부처님께서 깨달음을 얻은 후 설법을 주저한 이유는, 애욕에 물든 중생들이 그 법을 받아들일 수 없을 것이라고 생각했기 때문입니다. 애욕 중에는 유애有愛라는 것이 있는데 이는 '또 태어나고 싶은 욕망' 입니다. 색계나 무색계 중생의 경우, 성욕, 재물욕, 수면욕, 식욕, 명예욕 등 오욕락에 대한 욕망인 욕애는 끊었으나, 아직 '유애' 는 남아 있기에 윤회에서 벗어나지 못하고, 다시 말해 완전한 열반에 들지 못하고 색계나 무색계에 집착해서 생존하고 있다고 합니다. 욕망 가운데 유애와 반대로 무유애無有愛라는 것도 있는데 이는 '지금의 상태에서 떠나버리고 싶은 욕망' 이라고 합니다. 열반이 '사라짐' 이긴 하지만, 이런 무유애와는 다릅니다. 무유애는 사업실패나 실연 등의 '상대적인 고통' 으로 인해 더 좋은 곳을 찾아 떠나고 싶은 마음이고 열반하고자 하는 마음은 이 세상 모든 것이 궁극적으로 고통임[一切皆苦]을 자각하여 사라지고 싶은 마음입니다.

고성제에 대한 자각이 깊은 사람만이 열반을 진심으로 희구할 수 있다고 합니다. 세속에 빠져 사는 일반인들은 이런 열반이 불교의 목표라는 것이, 잘 납득이 되지 않을 겁니다. 그러나 전 인류, 더 나아가 모든 생명체가 죽으면 반드시 태어나며, 지긋지긋하게 태어나며, 다시 태어날 경우 인간이나 천신으로 되는 경우는 거의 없다는 점을 철저히 자각할 때, 비로소 열반을 희구하는 마음이 생기게 됩니다.

지금 전 인류 중 전생에 인간이었던 자는 거의 없고 내생에 인간으로 태어날 자는 거의 없다는 '윤회의 비정함'을 자각할 때 열반하고 싶은 마음이 납니다. 눈먼 거북이 비유, 손톱 위의 먼지와 대지의 흙의 비교 등(잡아함경)에서 보듯이 생명의 세계에서 인간은 극소수입니다. 그래서 불교에서는 "인간 몸 받기 힘들다."고 하는 것입니다. 전생에 하늘나라도 수천억 번 가 보았고, 지옥도 수천억 번 가 보았다는 사실을 상기하면 윤회의 세계 자체가 지긋지긋해집니다. 그래서 열반을 추구하게 됩니다.

색깔에 비유한다면, 무유애無有愛로 인한 사라짐은 검정색이고 열반의 사라짐은 무지개 빛 총천연색, 더 나아가 모든 색깔이 혼합된 밝은 순백색이라고 말할 수 있을 겁니다. 무여의열반에 들어갈 수 있는 성자인 아라한이 되면 다음과 같은 시를 읊는데, 이는 아함경 도처에서 발견되는 아라한의 정형구입니다.

아생이진我生已盡	나의 생은 다 끝났다.
범행이립梵行已立	고결한 행은 완성되었고
소작이작所作已作	할 일을 다 마쳤기에
자지불수후유自知不受後有	다음의 생을 받지 않을 것을 나 스스로 아노라.

이런 자각을 해탈지견解脫智見 또는 解脫知見이라고 부릅니다. 유여의 열반의 상태에서 생긴 자각이지요. 예불문에서 '계향, 정향, 혜향, 해탈향, 해탈지견향'이라고 읊으며 부처님(초기불전의 아라한)의 다섯 가지 공덕에 대해 향을 사루어 올리는데, 여기서 말하는 해탈지견이 바

로 위와 같은 자각입니다.

그렇다면, 무여의열반에 든 자는 돌아오지 않는데, 천태 지자대사의 일화는 어떻게 된 것일까요? 이는 법신불의 얘기라고 이해해야 할 것 같습니다. 일반적으로 '법신'이라고 하면, 이 세상 어디에서나 작용하고 있는 '비인격적인 연기법'이라고 풀이하는데, 『대지도론』에서는 '인격화된 보신' 역시 법신이라고 부릅니다. 후대의 유식불교에서는 법신, 보신, 화신의 삼신三身을 말하지만, 반야계 주석서인 『대지도론』에서는 법신과 화신의 이신二身만을 말하며 법신에 보신의 의미를 포함시킵니다.

제가 '천태대사의 일화'를 정확히 알지 못해 그 의미가 무엇인지, 정확히 풀이할 수는 없지만, 천태대사는 『대지도론』의 영향을 크게 받아 자신의 교학을 완성한 분이기에, 아마 『대지도론』적인 보신불의 설법을 의미하는 것은 아닐까 짐작됩니다.

무여의열반에 든 화신 부처님은 설법하지 못하십니다. 그래서 「보현행원품」에 보면 '타방 부처님들께 열반에 들지 말고 법을 설해달라는 기도'를 말합니다. 지금도 우리는 부처님의 설법을 들을 수 있고, 부처님께 기도를 올릴 수 있지만, 이는 모두 아직 살아 계신 타방 부처님들입니다. 아미타 부처님이나, 약사여래와 같은…. 우리를 지켜보면서 우리의 기도에 감응하시는 부처님은 모두 타방부처라고 보아야 합니다. 그리고 문수보살의 경우는 아직 부처가 아니며, 일반인의 눈에는 보이지 않는 '영적인 존재'이기에 지자대사는 물론이고 우리 모두 그 분을 만날 수 있습니다. 기도 등을 통해서…. 관세음보살이나 보현보살 등도 마찬가지이겠지요. 이런 분들은 '보신'과 같은 영적인 존재들입니다.

지금도 부처님께서 활동하고 계시다는 것은 법신불에 대한 얘기입니다. 들리는 소리는 모두 부처님의 음성이요, 보이는 모습은 모두 부처님의 육신이라고 할 때의 부처님은 법신불입니다.『화엄경』의 부처님이, 바로 법신불인 비로자나 부처님입니다. 수백억겁 전 '대위광태자'라는 왕자가 서원을 세우고 보살행을 닦아 부처가 되면서 그 서원에 따라 그 몸이 온 우주로 변합니다. 우리는 비로자나 부처님의 몸속 털구멍 정도의 공간에 살고 있습니다. 부처님과 손오공의 내기에서 "손오공이 부처님 손바닥에 글을 쓰고 내려왔다."는『서유기』의 에피소드는 비로자나 부처님, 법신불에 대한 얘기입니다.

지금도 우리는 법신불의 몸속에 살고 있으며, 이 세계는 도처에서 법신불이 설법하는 것으로 설계가 되어 있기에 그 어떤 사건이라고 하더라도 우리에게 깨달음을 줄 수 있습니다. 선사들이 '돌멩이가 나무에 부딪치는 소리를 듣고 깨달음을 얻는 것'이 가능한 것은 이 세상만사 그 어느 것도 법신불의 설법 아닌 것이 없기 때문입니다.

『화엄경』의 스토리를 합리적으로 해석하면 자연에서 추출한 불교적 신화라고 볼 수 있지만, 화엄신화는 그 스케일이 엄청납니다. 다른 그 어떤 종교에서도 볼 수 없는 위대한 종교신화입니다. 석가모니 부처님께서 대기설법對機說法, 응병여약應病與藥의 방식으로 가르침을 주셨듯이,『화엄경』,『법화경』등등 대승불전의 방편 신화는 우리를 강력하게 변화시킵니다. 보살의 삶을 살도록…. 화엄신화에 대해서는 제 논문 가운데 「화엄사상에 대한 현대적 이해」(불교문화연구, 2003)를 참조하시기 바랍니다.

혹시나 해서 한 마디 더 올립니다. 사라지는 것이 불교수행의 목표라고 하면 불교신자들도 대부분 도망가겠지요. 웬만한 사람은 불교수행을 하려고 하지 않을 겁니다. "개똥밭에 굴러도 이승이 낫다."는 속담에 공감하는 대부분의 사람들은 세속에 대한 집착이 강하기에…. 그래서 그런 분들에게도 희망을 심어 줄 수 있는 얘기를 한 마디 더 적습니다. 열반을 추구하다가, 살짝 실수하면 내생에 '엄청난 존재'로 태어난다고 볼 수 있습니다. 전륜성왕이 되든지, 엄청난 천신이 되든지…. 혹 열반이 무섭다고 느껴지면 열반을 추구하며 열심히 고결하게 수행하다가 살짝 번뇌를 내면 됩니다. 그러면 전륜성왕과 같은 황제나, 천신이 됩니다. 밑져도 이렇게 본전 이상의 소득이 있기 때문에, 세속적 복락을 좋아하는 사람의 경우도 불교수행은 할 만한 가치가 있습니다. '결코 사라질 수 없는 모든 생명체의 숙명', '무한히 윤회해야만 하는 숙명'을 벗어던지고, 내생에 다시 태어나지 않을 수 있는 자격을 획득한 아주 드문 성자가 바로 아라한입니다. 다시는 태어나지 않는 열반은 '위대한 인격자인 아라한'에게만 가능한 축복입니다. 늙어 죽을 때가 가까워졌을 때, "긴 윤회의 밤을 끝내고 이제 편히 쉴 수 있겠구나!"라는 마음이 나는 사람은 불교 수행을 잘 한 사람이라고 볼 수 있을 겁니다.

초기불교, 부파불교, 대승불교, 밀교, 조사선의 수행법은 어떻게 전개되고 발전되었습니까?

● 계, 정, 혜 삼학의 수행법이 초기불교, 부파불교와 대승불교 밀교, 그리고 조사선까지 어떻게 전개되는지에 대해서 설명을 해주시면 감사하겠습니다. 전체적으로 어떻게 골격을 잡아가야 하는지와 참고해야 할 책들도 알려주실 수 있는지요?

○ 책을 한 권 써보라는 것과 같은 무리한 부탁이지만, 초기불교에서 선불교, 심지어 밀교에 이르기까지 불교의 모든 수행이 '한 맛[一味]'임을 얘기할 수 있는 기회라고 생각되어 답을 해 봅니다. 불교의 가르침 전체를 요약하는 방식이 여러 가지가 있지만 간단하고 가장 중요한 것이 사성제四聖諦입니다. 사성제를 요약하면 다음과 같습니다.

생로병사하는 생명체衆生의 삶은 모두 괴로움일 뿐이라는 고苦성제.
모든 괴로움의 원인인 욕망과 같은 번뇌를 의미하는 집集성제.
번뇌에서 벗어나 모든 괴로움이 사라진 상태인 열반을 의미하는 멸滅성제.

●

0.7.2.

괴로움에서 벗어나는 방법으로써 제시되는 팔정도의 수행을 의미하는 도道성제.

이런 사성제, 즉 네 가지 진리 가운데 고성제는 이해해야 하고, 집성제인 번뇌는 끊어야 하며, 멸성제는 체득해야 하는데, 이를 위해서는 도성제인 팔정도를 닦아야 한다고 합니다. 그리고 팔정도의 수행을 간단히 요약하면 계戒, 정定, 혜慧 삼학三學이 됩니다.

악惡을 그치고 선善을 행하는 것이 계이며 마음을 한 곳에 집중하는 것이 정이고 이를 통해 얻어진 연기緣起의 지혜, 공空과 무아無我의 지혜가 혜입니다. 삼학수행, 팔정도수행의 최종 목표는 바로 이러한 공과 무아의 지혜 체득에 있습니다. 왜냐하면, 공과 무아를 체득해야 모든 번뇌를 완전히 뿌리 뽑을 수 있기 때문입니다. 계만을 잘 지킬 경우, 내생에 욕계의 하늘나라인 육욕천까지 태어날 수는 있어도 색계의 하늘나라에는 태어나지 못합니다. 계를 잘 지키면서 정을 닦아 초선 이상의 경지를 체득할 경우 비로소 색계나 무색계의 하늘나라에 태어날 수 있습니다. 그리고 계를 잘 지키면서 정을 닦은 후 혜가 열려야 번뇌가 완전히 제거된 열반을 증득하여 아라한이 됩니다.

계와 정은 번뇌를 누를 뿐이지 제거하지는 못합니다. 무아와 공의 지혜가 열려야 번뇌의 뿌리가 뽑힙니다. 나로부터 밖으로 밀치는 마음이 분노라는 번뇌이고 나를 향해 안으로 당기는 마음이 탐욕이라는 번뇌이며 나를 위로 높이는 마음이 교만이라는 번뇌인데 이들 번뇌의 구심점인 나가 사라지면, 더 이상 밖으로 밀치거나 안으로 당기거나 위로 높이는 작용이 있을 수 없기 때문입니다.

삼학수행에서 가장 중요한 것이 혜인데 이런 혜를 얻기 위한 기초수행으로 계와 정을 닦아야 하지만 생이지지生而知之라는 말이 있듯이 태어날 때부터 너무나 착하여 계戒가 완성되고 항상 골똘하게 집중할 수 있어서 정定이 완성된 사람의 경우 혜慧만 닦아 일순간에 아라한이 될 수도 있습니다. 초기불전을 보면, 부처님의 몇 마디 말씀만 듣고 아라한이 된 분들의 예화가 많은데, 그런 분들의 경우 생이지지한 분이라고 볼 수 있습니다. 내가 생이지지한 사람인지 아닌지는 내가 잘 압니다. 내 마음속에 음욕, 명예욕, 재물욕, 권력욕 등의 탐욕이 있는지 없는지, 화내는 마음이 있는지 없는지, 잘난 체하고 싶은 마음이 있는지 없는지는 나 스스로 잘 압니다. 대부분의 사람의 경우, 그 마음속에 분노와 탐욕과 교만심이 가득할 겁니다. 따라서 대부분의 사람의 경우 계, 정, 혜 삼학을 모두 닦아야 합니다.

이상은 삼학수행의 기본 골격으로 초기불교든 부파불교든 대승이든 밀교든 조사선이든 공유하는 내용입니다. 초기불교와 부파불교의 수행을 함께 묶어서 위빠사나 수행이라고 간주한 후, 대승, 밀교, 조사선 등과 비교해 보겠습니다.

위빠사나 수행의 경우, 매 순간 명멸하는 감각에 집중하게 하는데, 그 목적은 '무상'을 체득하는 것입니다. 모든 것이 한 순간도 머무르지 않고 흘러간다는 사실을 절감할 때, "자기동일성을 갖고 지속하는 자아는 없다."는 '무아'의 이치를 깨닫게 되며 '무아'의 체득을 통해 번뇌의 구심점이 사라지기에 탐욕과 분노와 교만도 사라집니다. 또 무아를 체득할 경우 마음속에서는 자비심이 샘솟습니다. 무상과 무아를 알기에 인생과 우주, 삶과 죽음에 대한 번민이 모두 사라집니다. 존재하는 것은 찰나생멸하는 현상의 흐름일 뿐이며 '나', '삶', '죽음' 등등의 개념들이 모두 허구인 것을 알게 되기 때문에 그런 개념들을 조합하여 만든 종교적 철학적 고민 모두 허구임을 자각하게 됩니다. 감성적 번뇌와 인지적 번뇌가 모두 사라진 아라한이 되는 것입니다.

대승불교의 수행이라고 해서 별다를 것은 없습니다. 위와 똑같은 방식으로 번뇌를 녹이는 수행을 합니다. 계, 정, 혜 삼학의 수행은 소승부파와 마찬가지라는 말입니다. 물론 동아시아의 한문 불교권에서는 대승의 지혜는 아공법공我空法空의 지혜인 반면, 소승부파의 지혜는 아공법유我空法有의 지혜라고 가르치며 대승과 소승의 지혜를 구분하지만, 이런 구분은 인도불교 학승 가운데 청변(淸辨, 6~7세기 인도의 승려 – 편집자 주) 계통의 학설일 뿐입니다. 청변의 이론이 삼장법사 현장을 통해 동아시아에 소개되었고 오늘의 우리 불교계에서도 대승과 소승을 구분하는 통설로 쓰입니다. 그러나 월칭(月稱, 600~650경 – 편집자 주)의 이론을 계승한 티베트에서는 대소승의 차이는 지혜의 차이가 아니라 자비심의 대소에 있다고 가르칩니다. 소승은 자비심의 양이 적기에 현생에 열반하는 아라한을 지향하고, 대승은 자비심의 양이 크기 때문에 무한복덕을 축적하여 부처가 되기 위해 보살로서의 삶을 산다는 것입니다. 이상에서 보듯이 소승과 대승의 계정혜 삼학은 다르지 않습니다. 부처님이 되기 위해서, 소승의 삼학 수행과 함께 복덕을 쌓는 하화중생의 삶을 산다는 점이 차이일 뿐입니다. 계, 정, 혜 삼학 수행을 닦는다는 점에서는 밀교 역시 소승, 대승과 다를 게 없습니다.

대승에서 3아승기 100겁 동안 쌓아야 한다는 복덕을 1생에 모두 쌓기 위해 개발된 것이 밀교수행일 뿐입니다. 또 보살행이라는 원인을 닦아서 성불이라는 결과를 얻는 것이 대승 보살도의 수행인 반면 부처라는 결과를 수행의 원인으로 삼는 새로운 테크닉을 도입했다는 점에서 밀교는 대승과 차이가 납니다. 보살행의 원인을 통해, 성불이라는 결과를 얻는 것이 대승이기에, 대승을 인승因乘이라고 부르고 부처라는 결과에 나를 그대로 합치시킴으로써 부처가 되는 수행이 밀교(금강승)이기에 금강승을 과승果乘이라고 부르기도 합니다. '결과로 결과를 얻는 수행' 이라는 의미입니다.

요컨대 대승과 금강승(밀교) 모두 성불을 위해 복덕 쌓는 수행을 덧붙이는 점이 공통점이긴 하지만 복덕 쌓기를 3아승기 100겁이라는 장기간에 걸쳐 수행하면 대승이고, 현생의 1생에 농축하여 수행하면 금강승이라는 점에서 차이가 납니다. 이해의 편의를 위해 소승과 대승과 금강승의 차이를 표로 나타내면 다음과 같습니다.

	삼학을 통한 지혜의 체득	부처가 갖춘 복덕 쌓기	복덕을 쌓는 기간	수행의 목표
소 승	○	×	×	아라한
대 승	○	○	3아승기 100겁	부처
금강승	○	○	현생의 1생	부처

조사선의 경우도 계, 정, 혜 삼학을 닦는 것은 마찬가지라고 생각합니다. 그런데 현존하는 조사어록에는 계와 정에 대한 얘기는 거의 없고 대부분의 일화가 파격破格의 반야지혜와 관계된 것들입니다. 스님으로서 계와 정을 닦는 것이 너무나 당연했기 때문에 그랬을 수도 있고, 그게 아니라면 조사선에 입문한 분들이 대부분 생이지지한 분들이라서 그랬을 수도 있다고 생각합니다.

또 간화선 수행의 경우, 생각의 출구를 막고 의문을 품고 있다는 점에서 여법如法한 '중도中道의 수행'이라고 볼 수 있습니다. 사구四句를 막기에 중도이고, "삶 속에서 삶에 대해 의문을 품는다."는 '역설[paradox]의 상태'를 유지한다는 점에서 중도입니다. (이럴 수도 없고, 저럴 수도 없는 '역설의 궁지'는 중도의 경지입니다)

초기불전에서 가르치는 사상적 중도, 『중론』에서 가르치는 사구비판의 중도, 〈법성게〉에서 노래하는 궁좌실제중도상窮坐實際中道床의 중도를 체득하기 위한 수행이라고 볼 수 있습니다.

책의 경우 가능하면 학술서를 보지 말고, 불전이나 불전번역서를 직접 보면서 공부, 수행하시기 바랍니다. 서구에서 시작한 현대불교학에는 '훼불의 불교학'이라고 불러야 할 정도로 불교의 신앙과 수행을 해치는 내용이 많습니다. 티베트 스님들의 법문집이나 저술의 경우, 신앙과 수행이 교학과 조화를 이루며 균형 있게 정리되어 있습니다. 아마존[www.amazon.com] 등의 인터넷 서점에 들어가서 구입하시기 바랍니다. 스노우 라이온Snow Lion이나 위즈덤Wisdom 등의 미국 출판사에서 한 해에도 수백 권에 달하는 티베트 불교서적을 출간합니다.

<u>**016**</u> 아날로그와 디지털의 비유로 중관, 간화선, 위빠사나를 풀어볼 수 있지 않을까요?

● 요즈음 "아날로그 시대다, 디지털 시대다."라는 말을 자주 쓰고 있지만, 정작 스스로 정의를 내려 보려고 하니 너무 어렵습니다. 전문용어이기는 하지만 아주 일반화된 단어라고 생각되어서, 인터넷에서 찾아보아도 속 시원한 대답을 찾기는 어려웠습니다. 그런데 제가 궁금한 것은, 전문용어로서의 용어 설명보다는 그것을 불교에서의 '마음공부'에 비추어서 설명이 가능할까 하는 것이었습니다. 예를 들면, 아날로그란 "전압이나 전류처럼 연속적으로 변화하는 물리량을 나타내는 일"이라고 되어 있는데, 그것을 돈오점수 혹은 돈오돈수의 비유로 설명이 가능한가 하는 것입니다. 다소 엉뚱한 질문이 되나요?

○ 결론을 먼저 말씀 드리면, 우리의 '감각'은 아날로그적으로 작동하고, 우리의 '생각'은 디지털적으로 작동합니다. 따라서 지각을 이용한 수행인 '위빠사나'는 '아날로그적 수행'이고 생각을 이용한 수행인 '중관'이나 '간화선'은 '디지털적 수행'으로 볼 수 있습니다.

●

0.7.8.

아날로그적 수행을 통해 돈오돈수 할 수도 있고 돈오점수 할 수도 있으며 디지털적 수행을 통해 돈오돈수 할 수도 있고 돈오점수 할 수도 있습니다. 그러면 그 이유에 대해 설명해 보겠습니다.

동아시아 불교전통에서 인명학(因明學: 앎의 근거를 밝히는 학문)이라고 불러 온 '불교인식논리학'에서는 모든 생명체의 인식수단에는 현량(現量: pratyakṣa)과 비량(比量: anumāna)의 두 가지가 있다고 설명합니다. 현량은 '지각'으로 번역되고, 비량은 '추리'로 번역됩니다. 현량은 다시 ①감각지感覺知, ②의근식意根識, ③자증지自證知, ④정관지定觀知의 넷으로 구분됩니다.

① 감각지는 문자 그대로 '안근眼根, 이근耳根, 비근鼻根, 설근舌根, 신근身根(눈, 귀, 코, 혀, 몸)'의 오감을 통해 지금 이 순간 느끼는 감각입니다.

② 의근식은 의근意根이 개입하는 감각인데 그 정확한 의미를 이해하기가 쉽지 않습니다. 감각과 동시에 일어나는 의식인데, 아직 과거의 경험과 대조가 일어나지 않은 상태이기에 그것이 무엇인지 알 수는 없습니다. (이건 순전히 제 생각인데) 예를 들면, 무언가가 움직일 때 바로 그 순간 느끼는 '빠르기(속도)'가 의근식의 한 예일 수 있습니다. 어떤 사물의 앞 찰나의 위치와 바로 다음 찰나의 위치가 순간적으로 비교되면서 '빠르다'거나 '느리다'는 속도감이 생기는데, 이때의 속도감은 '추리(비량)된 것'은 아니지만 우리의 의근이 없다면 느껴질 수 없는 것이기에 직접 지각인 현량에 포함됩니다.

③ 자증지의 예로는 '느끼는 기관'이나 '느껴지는 대상'이 구

분되지 않는 고통이나 쾌락 등을 들 수 있습니다.

④ 정관지는 요가 수행을 통한 현량이라고 번역되는데 고, 집, 멸, 도의 사성제를 현관現觀하는 것을 말합니다.

불교인식논리학인 인명학에서는 이런 네 가지를 현량에 포함시키는데, 이 가운데 ①감각지가 무엇인지는 누구에게나 쉽게 이해가 되지만 다른 세 가지의 정확한 의미는 아직도 학자들 사이에서 논란거리로 남아 있습니다.

그리고 추리에 해당하는 '비량'은 두 가지로 구분되는데 하나는 위자비량爲自比量이고 다른 하나는 위타비량爲他比量입니다. 위자비량은 문자 그대로 '자기를 위한 추리'인데 과거의 경험이나 어떤 원리 등에 비추어 보아 즉각적으로 알게 되는 앎입니다. 예를 들어 멀리서 연기가 날 때 직접 불이 보이지는 않지만 불이 났을 것이라고 아는 것이 위자비량입니다. 그리고 이를 타인이 알 수 있게 말이나 문자로 표현한 것이 위타비량으로 삼단논법이 바로 그것입니다. 위타비량에서는 연기를 보고 불이 있음을 아는 과정을 다음과 같이 추론식으로 표현합니다.

주장 : 저 산에 불이 있다.
이유 : 연기가 있기 때문에
실례 : 마치 아궁이와 같이

추리적 지식을 남에게 전달하고 설득하기 위해서는 이렇게 언어로 표현해야 하기 때문입니다. 이를 아리스토텔레스 논리학의 삼단논법으로 바꾸어 표현하면 다음과 같습니다.

대전제: 연기가 있는 곳엔 불이 있다.

소전제: 저 산에 연기가 있다.

결   론: 그러므로 저 산에 불이 있다.

요컨대 '표현된 추리'는 위타비량, '표현되지 않은 추리'는 위자비량입니다. 우리가 어떤 감각을 느꼈을 때, 그것이 무엇인지 아는 것 역시 추리에 들어갑니다('위자비량'의 추리). 사물을 보고서 그 이름을 아는 것 역시 추리에 들어갑니다('위자비량'의 추리). 주황색의 동그란 물건을 보고서 즉각 '귤'이라고 알 때 순간적으로 다음과 같은 추리가 생각 속에서 일어나기 때문입니다.

대전제 : 동그란 주황색 물건은 귤이다.

소전제 : 저것은 동그란 주황색 물건이다.

결   론 : 그러므로 저것은 귤이다.

우리의 생각은 '개념 → 판단 → 추리'의 과정을 거쳐 작동됩니다. 생각의 최소 단위가 바로 '개념'인데 위의 '귤'의 예에서 보듯이 개념을 떠올리는 것 자체가 추리를 통해 이루어집니다. 이상의 설명을 간단히 정리하면, '이 순간 직접 느껴서 아는 것'은 모두 '감각'이고 '머리 굴려서 아는 것'은 모두 '추리'입니다. 앞에서 소개했듯이 전자를 현량이라고 부르고 후자를 비량이라고 부릅니다.

그런데 불교인식논리학에서 우리의 앎을 이렇게 현량과 비량의 두 가지로 구분하는 것은 진속이제설眞俗二諦說과 밀접한 관계가 있습니다. 부처님의 가르침은 두 가지로 나누어지는데 바로 진제眞諦와 속제俗諦입니다. 진제는 '있는 그대로'의 참된 가르침으로 승의제勝義諦나 제일의제第一義諦라고 부르고, 속제는 '세간의 언어관습'에 의거한 가르침으로 언설제言說諦라고 부르기도 합니다. 그리고 현량에 해당하는 것이 바로 진제이고, 비량에 해당하는 것이 바로 속제입니다. 부처님의 가르침이 진제와 속제의 둘로 구분되듯이 우리에게 앎을 발생시키는 수단이 현량과 비량의 둘로 구분되는 것입니다. 진속이제를 우리의 앎에 대비시키면 속제는 간접적이고 개념적인 앎이고, 진제는 직접적이고 감각적인 앎입니다.

그런데 바로 이런 '개념적 앎'은 디지털적으로 축조됩니다. 예를 들어 어떤 방에 들어가서 그 방을 보고 '큰 방'이라는 생각이 떠오를 때 그 생각은 홀로 떠오른 것이 아니라 '작은 방'과의 대조를 통해 떠오른 것입니다. 원래 존재의 세계에는 큰 방도 작은 방도 없었는데, 염두에 둔 '작은 방'이라는 생각과 판단으로 떠오른 '큰 방'이라는 생각이 존재의 세계에 동시에 나타나는 것입니다. 연기緣起하는 것입니다. 우리 생각의 기초가 되는 모든 개념들은 다 연기한 것입니다. 한 쌍 이상이 대립적으로 발생한 것입니다. '큼'이란 개념은 '작음'이란 개념과 함께 발생하고 '삶'이란 개념은 '죽음'이란 개념과 함께 발생하며 '눈'이란 개념은 '시각대상'이란 개념과 함께 발생하고 …… '불'이란 개념은 '연료'란 개념과 함께 발생한 것입니다.

일반논리학에서 가르치듯이 우리의 생각은 '개념 → 판단 → 추론'의 3단계에 걸쳐 만들어집니다. '벽돌집'을 짓는 데 비유하면, 개념은 낱낱의 벽돌에 해당하고, 판단은 벽돌을 쌓아 만든 기둥이나 벽에 해당하고, 추론은 최종적으로 완성된 벽돌집에 해당합니다. 벽돌집의 최소 단위가 낱낱의 벽돌이듯이 우리 생각의 최소 단위는 낱낱의 개념들입니다. 그런데 위에서 예로 들었던 '큰 방' '작은 방'에서 보듯이 우리가 머리 굴릴 때 기초가 되는 모든 개념들이 이렇게 '개념적 대립 쌍'과 함께 발생한 것들이기에 "우리의 생각은 디지털적으로 작동한다."고 말할 수 있는 것입니다. 디지털의 세계가 '계단과 같이 단층적斷層的으로 변하는 세계'라면 아날로그의 세계는 '비탈과 같이 점진적漸進的으로 변하는 세계'이기에 '개념'의 세계는 디지털의 세계이고 '감각'의 세계는 아날로그의 세계인 것입니다.

그리고 위빠사나 수행은 매 순간 실제 일어나는 우리의 '감각'에 집중하는 수행이기에 아날로그적 수행이라고 볼 수 있으며 간화선이나 중관은 '개념'을 떠올려 생각을 통해 이루어지는 수행이기에 디지털적 수행이라고 볼 수 있습니다. 아날로그적인 공은 아공我空, 즉 무아無我이고 디지털적인 공은 법공法空입니다.

위빠사나 수행에서는 감각에 집중하여, 모든 것이 한 순간도 머물러 있지 않다는 무상의 진리를 체득하게 함으로써 '개념으로 이루어진 우리 생각'의 허구성을 자각하게 하고 중관학에서는 논리적 분석을 통해 '개념으로 이루어진 우리 생각'의 허구성을 자각하게 하며 간화선의 직관적 수행에서는 우리의 생각을 역설逆說의 궁지로 몰고 감으로써 '개념으로 이루어진 우리 생각'의 허구성을 자각하게 해 줍니다.

아날로그 수행인 위빠사나 수행이든 디지털 수행인 중관이나 간화선이든 '개념으로 이루어진 우리 생각'의 허구성을 자각하게 해 준다는 목적에서는 공통됩니다. 이를 통해 우리의 생각은 '종교적 고민'과 '철학적 고민'에서 해방됩니다. 왜냐하면 우리가 품는 '종교적 고민'이나 '철학적 고민'은 모두 '개념으로 이루어진 우리의 생각'에 의해 만들어진 것이기 때문입니다. 불교의 깨달음은 '종교적, 철학적, 정서적, 감정적 문제의 해소'입니다.

  초창기의 선승들은 좌선을 하지 않았
다는 주장이 있는데 사실입니까?

●　김태완 씨의 주장에 의하면 혜능 스님은 좌선을 하지 않았다고 하며 그 전통은 마조 스님의 도불용수道不用修까지 이어진다고 합니다. 김태완 씨는 6조 혜능 스님부터 최소한 마조 스님까지는 좌선을 하지 않았다고 자신의 박사학위 논문에서 주장합니다. 이 주장이 불교계에서는 어떤 위치를 차지하고 있는지요?

○　제 전공이 인도불교, 중관학이기에 선종의 성립과정에 대해서는 깊이 있게 연구해 보지 않았습니다. 김태완 씨의 논문도 읽어보지 못했기에 학문적으로 정리된 답을 할 수는 없습니다. 김태완 씨의 논문에 대한 평가의 경우 선불교를 전공하신 분들에게 여쭈어 보시면 전문적인 답변을 들으실 수 있을 겁니다. 제 전공과 다른 분야이긴 하지만 선종과 관련하여 몇 가지 굵은 얘기는 할 수 있습니다.

먼저 김태완 씨의 주장과 관련하여 얘기해 보겠습니다. 선어록은 물론이고, 초기불전에서도 좌선수행 없이 깨달음을 얻는 일화가 많이 등장합니다. 따라서 좌선수행이 깨달음의 필수조건은 아니라는 점은 분명합니다. 아함경이나 율장에서는 '부처님의 말씀 몇 마디를 들은 후, 사고로 인해 갑자기 죽은 사람'의 내세에 대해 부처님께 여쭈니 아라한이 되었다고 답하시는 경문을 발견할 수 있습니다.

　깨달은 사람이란 '무상과 무아와 고의 진상에 대해 자각함으로써, 욕망이나 분노, 사견邪見 등의 번뇌가 사라져서 내생에 다시는 태어나고 싶지도 않고 실제로 태어나지 않을 자격을 갖게 된 자'입니다. 따라서 부처님이나 조사 스님의 몇 마디 말씀만 듣고도 '정서적 번뇌'와 '인지적 번뇌'가 모두 떨어져 나갔다면 그는 깨달은 사람일 겁니다. 따라서 혜능 스님 이후 마조 스님 때까지 좌선 수행을 하지 않고도 깨달음을 얻고 그것을 전했다고 할 때, 역사적 사실 여부를 확인할 수는 없어도 그것은 가능한 일이라고 생각합니다. 그러나 계, 정, 혜 삼학을 수련하지 않고도 깨닫는 사람은 극히 드물 겁니다.

　또, 좌선수행을 했다는 기록이 없다고 해서 혜능 스님 등이 좌선을 하지 않았다고 단정할 수는 없을 겁니다. 우스운 얘긴데, 수천 년 후 미래의 고고학자가 난지도 쓰레기장을 발굴하여 20세기 말에 한반도에 살았던 사람들의 식생활을 추정할 경우 모두 '라면'만 먹고 살았다고 결론을 내릴 거라고 합니다. 썩지 않는 라면 봉지만 발견되기 때문입니다. 이와 마찬가지로 좌선수행에 대한 기록이 남아 있지 않다고 해서 그 당시 스님들이 좌선을 하지 않았다고 주장할 수는 없을 겁니다. 계, 정, 혜 삼학 가운데 지계와 좌선은 그 당시 스님들의 '다반사' 였기에 그것을 굳이 문자로 기록하지 않았다고 보는 것이 옳을 것 같습니다. 물론 신수 스님의 수행관을 비판했던 혜능 스님의 '데뷔 게송' 이나 기와를 갈아서 거울을 만들려 한다고 비판받았던 마조 스님의 '발심일화' 에서 보듯이 선사들은 좌선 수행을 격하시킵니다. 그러나 이는 '좌선에 대한 반야적 조망'일 뿐이지, "좌선 그 자체가 필요 없다."고 주장하는 것은 아니라고 생각합니다.

수행자든 불교학자든 '선종'이나, '선어록', '선문답', '선사'라는 용어를 사용하지만, 인도불교의 관점에서 볼 때 이는 모두 잘못된 용어입니다. 대승보살의 실천덕목으로, '보시, 지계, 인욕, 정진, 선정, 반야'의 육바라밀을 말하는데 이 가운데 선정禪定이 바로 선禪에 해당합니다. 그러나 실제 선어록에서 가르치는 것은 선정이 아니라, 반야의 지혜입니다. 반야의 지혜는 공의 지혜이고, 해체의 지혜입니다. 선어록에서 선사들은 일상적 사고방식, 분별적 사고방식에 대한 무한 해체를 가르칩니다. 즉 반야의 지혜를 가르칩니다.

부처라는 개념에 집착한 사람을 향해서는, '마른 똥막대기'나 '마삼근' 등의 동문서답을 통해 부처라는 개념을 파기해 버립니다. 그리고 선수행의 외형에 대해 집착하는 사람에게는 "행, 주, 좌, 와가 모두 선이다."라는 화엄적 절대긍정의 조망을 제시하든지, 선이랄 것도 없다거나 선이 선이 아니라는 반야적 절대부정의 조망을 제시함으로써 선에 대한 고정관념을 부수어 버립니다.

선어록에 특히 부처나 깨달음, 조사, 선수행 등에 대한 고정관념을 뒤엎어 버리는 일화가 많이 등장하는 것은 그 접화接化 대상이 불교와 깨달음에 강한 집착을 가진 구도자들, 수행자들이었기 때문이라고 생각합니다. 진정한 깨달음은 언어화된 깨달음이나 형상화된 부처를 모두 초월합니다. 심지어 불교조차 초월합니다. 선어록은 무한無限한 해체를 가르칩니다. 그리고 무한한 해체가 바로 반야 공성입니다.

이렇게 볼 때 반야적 해체를 가르치는 선어록은 선어록이 아니라 반야어록이라고 불러야 하고 선문답은 선문답이 아니라 반야문답이며 선사는 선사가 아니라 반야사般若師라고 불러야 하고 선종은 선종이 아니라 반야종이라고 불러야 옳습니다.

선어록을 보면 좌선을 어떻게 하라는 얘기는 거의 보이지 않습니다. 왜냐하면 선어록은 선을 가르치는 좌선 지침서가 아니라 반야를 가르치는 반야어록이기 때문입니다. 가부좌 트는 법, 호흡 조절하는 법 등 순수하게 선禪수행을 가르치는 전통 교재로 『몽산법어』와 같은 책이 있긴 하지만 아이러니컬하게도 그 성격은 소위 선禪어록과 판이하게 다릅니다.

이렇게 볼 때 과거 선사들의 일화에서 좌선 수행과 관계된 얘기가 보이지 않는 것은 너무나 당연한 일입니다. 그러나 선종 관련 문헌에서 좌선 수행과 관련된 일화가 보이지 않는다고 해서 과거의 선사들이 좌선 수행을 하지 않았다고 보는 것은 경솔한 주장입니다. 수행자들에게 좌선수행은 밥 먹고 잠자는 것과 같은 다반사였기에 굳이 기록으로 남기지 않았다고 보는 것이 옳을 겁니다.

혹시나 해서 한 가지 첨언한다면, 지금 우리나라에 보급되어 있는 간화선은 12세기 송나라 때 대혜 종고 스님이 창안한 것이기에 달마는 물론이고 혜능, 마조, 조주, 임제 등 12세기 이전의 선사들이 간화선을 닦았던 분들일 수가 없습니다. 이 분들의 수행은 간화선과 무관합니다. 다만 이런 선사들의 행적과 문답이 후대에 화두로 사용될 뿐입니다.

남종선과 간화선은 어떻게 다르고, 남종선의 스님들은 무엇을 하며 살았나요?

● 엄밀히 말하면 한국 조계종의 간화선은 '혜능 → … → 임제'의 가르침과 어긋나는 유위법에 속하는 것 같습니다. '무위법을 주장하며 수행을 부정한 남종선의 견해'와 '간화선 수행' 사이에는 다른 점이 많은 것 같습니다. 이에 대해서 어떻게 생각하시는지 여쭙니다. 그리고 수행을 부정한 남종선南宗禪에서는 출가한 자들이 무슨 일을 하며 평생을 보냈는지 궁금하네요.

○ 질문에 쓰셨듯이 혜능(638~718) 스님이나 임제(?~866) 스님은 물론이고 달마(?~528?), 마조(709~788), 조주(778~897) 스님 등 그 어떤 분도 간화선 수행을 한 분들이 아닙니다. 간화선은 한참 후대의 원元나라 때인 12세기에 대혜 종고(1089-1163) 스님에 의해 개발된 수행법이기 때문입니다. 간화선에서는 그 이전 선사들의 언행이 화두로 이용됩니다.

그렇다고 해서 간화선의 취지가 남종선과 다른 것은 아닙니다. 간화선이나 남종선 수행 모두 중도불성中道佛性을 추구한다는 점에서 공통됩니다. 그리고 중도불성론은 고구려 출신의 승랑(450~530경) 스님이 부흥시킨 삼론학에서 확립되며 방대한 저술을 통해 이를 널리 보급한 인물은 길장(549-623)인데, 그 생존연대에서 보듯이 승랑이나 길장 모두 육조 혜능 스님 이전의 인물들입니다. 삼론학파와 선종 간에 학적學的, 인적人的 교류가 있었음을 입증하는 사료史料들이 많이 남아 있습니다. 삼론학의 중도불성론과의 조우를 통해 남종선의 견성론見性論이 성립합니다.

견성이란, 견見 불성佛性, 견 자성自性의 준말인데 삼론학에서 말하듯이 불성은 중도를 의미하기에 견성이란 "중도인 불성을 본다."는 의미입니다. 그리고 '중도불성'이란 '이분법적으로 작동되는 우리의 사유에 대한 비판인 '중도적 사고思考'임과 동시에 '나와 남을 구분 않는 중도의 마음인 '동체대비同體大悲의 마음'으로 부처님께서 갖추신 지혜와 자비를 말합니다. 누구에게나 원래 이런 부처님의 지혜와 자비가 갖추어져 있는데 이를 발견하는 수행이 바로 남종선이나 간화선입니다. 지혜와 자비는 동전의 양면과 같습니다. 공성空性에 대한 지적知的인 체득이 지혜라면, 감성적 체득이 자비입니다. 지혜와 자비는 공성의 이명異名입니다.

그리고 "남종선에서 무위법을 주장하며 수행을 부정했다."고 쓰셨는데 그렇지 않습니다. 어떤 불교권이든 처음 깨달음을 얻을 때 계戒, 정定, 혜慧 삼학三學을 거친다는 점은 공통됩니다. 선어록에 '계'와 '정'에 대한 긍정적 얘기는 볼 수 없고 '혜'와 관련된 일화만 씌어 있기에 남종선에서 수행을 부정한 것으로 얘기하는 분들이 많은데 '계'와 '정'을 닦는 것은 스님들의 출가생활에서 너무나 당연한 일이었기 때문에 선어록에서 다루지 않은 것이라고 보아야 합니다. 선어록에서 간혹 계와 정을 비판하는 것은 계나 정을 닦지 말라는 가르침이 아니라 계나 정에 대한 실체론적 이해를 비판하는 것일 뿐입니다. 계나 정에 대한 반야지혜의 조망을 얘기하는 것이지 계나 정을 부정하는 것이 아닙니다.

당나라 백장 회해(720-814) 스님께서 〈백장청규〉를 제정하셨다는 사실에서 보듯이 선승들의 계행은 '논란이나 토론거리'가 아니라 스님으로서 당연히 지켜야 할 일상생활 방식이었기에 굳이 선어록, 선문답 등에서 문제로 삼을 필요가 없었던 것입니다.

그리고 『육조단경』 또는 『법보단경法寶壇經』이라는 제목에서 말하는 단이란 계단戒壇을 의미합니다. 스님들께서 수계하는 장소에서 설해진 법문이란 의미입니다.

계는 출가수행자에게 생명과 같은 것입니다. 가부좌 틀고 하는 수행인 '정定' 역시 마찬가지입니다. 달마의 면벽 9년 일화를 비롯하여 선승들의 가부좌 수행 일화는 너무나 많습니다. 또 『몽산법어蒙山法語』와 같은 책이 바로 이런 가부좌 선수행에 대한 지침서입니다.

남종선 등에서 수행을 부정했다고 많은 분들이 오해하게 된 것은 '선종', '선어록', '선문답'이라는 명칭이 잘못 붙여졌기 때문입니다. 인도불교적 의미에서 볼 때 '선종禪宗'은 '선종'이 아니라 '반야종般若宗'입니다. 선어록禪語錄에는 선禪에 대한 얘기가 담겨 있는 것이 아니라, '파격破格의 반야'에 대한 얘기만 가득합니다. 선문답 역시 '선에 대한 문답'이 아니라 '반야지혜에 대한 문답', 즉 '반야 문답'입니다. 그래서 선어록이나 선문답에서 '진짜 선禪'인 '좌선

수행'에 대해 다루지 않는 것입니다. 과거의 누군가가 동아시아 불교계에서 '반야'를 '선'으로 오해하여 '선종', '선문禪門', '선사禪師', '선문답'이라는 용어를 만드는 바람에 "선종에는 수행이 없었다."든지, "계행도 필요 없다."는 오해를 하게 된 것입니다.

그리고 "과거 선승들의 경우 무슨 일을 하고 평생을 보냈는지?" 물으셨는데 견성한 후 대승 보살심이 있는 분들은 제자들을 교화하며 살아갔을 겁니다. 그리고 임종의 순간에는 내생에 다시 태어나 보살도를 닦겠다는 발원을 하셨을 겁니다. 그러나 소승 나한도를 추구하던 분들은 홀로 살다가 홀로 고요히 열반에 드셨을 겁니다. 내생에 어디 태어나겠다는 발원을 하지 않으셨을 겁니다. 견성한 선승 중에는 '부처'도 있고, '나한'도 있고, '보살'도 있을 수 있습니다. 복을 갖추었으면 석가모니 부처님과 비슷한 부처님이시고 박복한 분들이면서 내생에 태어날 것을 발원을 하지 않은 분들은 아라한이고 내생에 다시 태어나 성불의 그 날까지 이타행을 하겠다고 발원한 분들은 보살들입니다.

『육조단경』에서 보듯이 그 말씀이 경經으로 숭상되는 육조 혜능 스님 같은 분은 부처님과 같은 분이고 견성 체험이 있음에도 내생에 다시 태어날 것을 발원하신 우리나라의 운허 스님이나 일타 스님 같은 분은 보살과 같은 분들이라고 볼 수 있습니다. 견성했음에도 돌아가실 때 다시 태어나지 않을 것을 스스로 아시고, 다시 태어나지 않겠다고 다짐한 분들은 아라한들입니다.

그리고 계정혜 삼학은 팔정도와 같은 수행인데 석가모니 부처

님께서는 성도하기 전에도 팔정도로 살아가셨고 성도한 후에도 팔정
도로 살아가셨습니다. 교화활동을 하시면서…. 견성한 분들 역시 깨
달은 후에도 계정혜 삼학을 닦으며 살아가십니다. 교화 활동을 하시
든지 그렇지 않든지….

019 인간의 언어는 깨달음에 장애가 됩니까?

● 인간의 언어가 깨달음에 장애가 되는 이유가 무엇인가요? 고승들의 선문답을 보면 언어에 구속되지 않는 모습이 보이는데, 이는 언어가 깨달음에 장애가 되기 때문인가요? 선생님께서 쓰신 『중론』에 관한 책들을 읽어보면 『중론』의 내용 역시 언어의 허구에 대한 치밀한 분석인 듯합니다. 인간이 언어를 통해 문명을 만들었음에도, 언어가 인간의 깨달음에 부정적 기능을 한다면 우리의 문명이 나아갈 방향이 어떠해야 할까요?

○ 언어는 깨달음의 장애가 아니라, 필수불가결한 도구입니다. 『중론』 등 중관학 관련 문헌에서 언어에 대해 치밀하게 분석한 후 언어의 허구성을 드러내지만 그러한 분석 역시 언어를 통해 이루어집니다. 이런 과정을 '이언견언以言遣言', 즉 "언어로 언어를 버린다."라고 부릅니다. 깨달음의 경지에서는 언어가 끊어지겠지만 그런 경지에 도달하기 위해서는 언어를 사용해야 합니다. 언어와 문자와 분별이 사라지는 것은 수행의 최종 목표일뿐이며 수행과정에서는 절대 언어와 문자와 분별을 버려서는 안 됩니다. 예를 들어 깨끗한 벽에 사람들이 죄책감 없이 낙서를 할 때, 누군가가 '낙서금

●

0.9.4.

지'라고 쓸 경우 낙서가 금지될 수 있는데 '낙서금지'라는 말 역시
또 다른 낙서이기에 그런 글을 벽에 쓰는 것이 자가당착에 빠진 행위
이긴 하지만 앞으로 발생할 낙서를 방지해 주는 효용이 있는 것과 같
습니다. 따라서 언어를 부정해서는 안 되고 이 시대에 맞는 대기설
법, 방편설법의 언어를 개발하는 것이 중요하며 그렇게 개발된 '도
구로서의 언어'들이 제대로 만들어질 때 새로운 불교문화, 불교사상
이 창출됩니다.

020

훌륭한 선사란 어떤 분이며, 선문답은 어떻게 이해해야 합니까?

● 선종에서 깨우쳤는지 못했는지 판단하기 위해서 선문답을 통해 알아본다고 하잖아요. 그런데 저 같은 일반 사람들은 누군가가 인터넷으로 선문답을 통해 글 쓰는 것을 보면 무슨 애들 장난 같기도 하고, 요상한 글로밖에 보이질 않습니다. 불교카페 혹은 불교교리에 대해 문답하는 게시판에 같은 데 보면, 선문답을 통해 상대방을 비하하고, 비꼬고, 무시하는 경향을 가끔씩 보곤 합니다. 불교학을 어느 정도 공부하면, 선문답을 통해 훌륭한 스님인지, 아니면 그냥 말장난밖에 할 줄 모르는 사람인지 구별이 가능한가요? 또한 교수님께서는 누군가가 선문답을 쓴 것이 이해가 가시나요?

○ 굳이 답을 하지 않아도 그 대답을 짐작할 수 있는 질문입니다. 어쨌든, 세 가지로 나누어 답을 적어보겠습니다.

1 · 불교카페 혹은 불교게시판 같은 데 보면, 선문답을 통해 상대방을 비하하고, 비꼬고, 무시하는 경향을 가끔씩 보곤 합니다.

인터넷 불교카페 등에서 선문답 흉내를 내면서 상대방을 비하하고, 비꼬고, 무시하는 모습이 보인다면 그것은 아주 잘못된 것입니다. 탄허(呑虛: 1913~1983) 스님께서 "교학을 하면 자굴심自屈心이 생기기 쉽고, 참선을 하면 자고심自高心이 생기기 쉽다."라고 하시며 교학과 참선의 폐해를 말씀하신 적이 있습니다. 즉, 교학을 할 경우에는 너무나 힘이 들기 때문에 자신의 능력을 한탄하는 비굴한 마음이 생기기 쉽고 선 수행을 잘못할 경우, '자기를 높이고 남을 멸시하는 교만한 사람'이 되기 쉽다는 가르침입니다. '교만'은 열 가지 근본 번뇌 가운데 하나이기 때문에 '교만심이 커진다는 것'은 '번뇌를 제거하기 위해서 닦는 선 수행을 통해, 번뇌가 더 깊어지는 꼴'이 되므로 선을 잘못 닦아서 '성격 파탄자'가 되고 만 것이라고 볼 수 있습니다.

부처님 가르침을 배우고 익히는 사람이라면 누구보다 겸손하고, 자비심 가득하고, 항상 정직하고, 너무나 선해야 합니다. 일반인들의 윤리, 도덕 수준에서 보아도 흠이 없어야 한다는 말입니다. 인터넷 불교카페에서 과거의 선승 흉내를 내면서, 교만심과 증오심을 보이는 분들은 '진정한 불자'가 아닙니다. '불교'와 관련된 분들 가운데, 단 한 분도 그런 분이 있어서는 안 됩니다.

그리고 선문답을 통해 '깨우침'을 인가한다고 하는데 나의 물음에 대해 '선문답'과 같은 대답을 해 주어 내가 '진정한 깨달음'을 얻었다면 대답을 해 준 분은 깨우친 선지식입니다. 그런데, 나의 물음에 대해 그 분이 '선문답'과 같은 대답을 해 주었는데도 내가 '깨달음'을 얻지 못했다면 그 분은 아직 나와 인연이 없는 분이든지, 아니면 '자기도 모르면서 폼 잡기 위해 선승 흉내를 낸 분'일 수 있습니다. 지금은 인도에 계시지만, 부산의 한국티베트센터를 건립하셨던 초펠 스님께서는 법문을 하실 때 "폼 잡으려고 불교를 신행하는 것이 아닙니다."라는 말을 자주하셨습니다.

2 · 불교학을 어느 정도 공부하면 선문답을 통해 훌륭한 스님인지, 아니면 그냥 말장난밖에 할 줄 모르는 사람인지 구별이 가능한가요?

상대방이 훌륭한 선지식인지 아닌지는 불교학을 공부하지 않아도 알 수 있습니다. 초등학생이라고 해도 자신의 선생님이 좋은 분인지 아닌지 알듯이…. 그 분의 가르침 이후 나의 심성心性과 인지認知가 향상되었다면, 그 분은 나와 인연이 있는 훌륭한 선지식입니다. 그렇지 않다면 그 분은 나와 인연이 없는 분, 또는 가짜 선지식입니다.

3 · 교수님께서는 누군가가 선문답을 쓴 것이 이해가 가나요?

과거 선승들의 선문답 중에는, 우리의 마음을 중도中道의 궁지窮地로 몰아가는 좋은 가르침들이 많이 있습니다. '중도의 궁지'란, 이럴 수도 없고 저럴 수도 없는 상태로 인지적認知的으로 보면 우리의 이분법적二分法的 생각이 끝나는 자리인데 감성적感性的으로 보면 나와 남의 구분이 사라진 동체대비同體大悲의 자리이기도 합니다. '지혜'와 '자비'가 함께하는 '중도불성中道佛性의 자리'입니다. 견성見性이란 이런 중도불성을 발견하는 것, 즉 견 불성見 佛性, 견 자성見 自性을 의미합니다. 누군가가 견성을 했다면, 누구보다도 지혜롭고 누구보다도 자비로워야 합니다.

　　견성한 선지식善知識들의 언행록인, 선어록禪語錄의 경우 '이해’ 하려고 하기보다 ‘감상’ 하는 것이 좋을 겁니다. 그러나 흉내 내서는 안 될 겁니다. 그리고 선불교는 물론이고 어떤 가르침이라고 해도, 비판하려는 마음이 아니라 배우려는 마음을 갖고 접근해야 큰 소득이 있을 겁니다.

021

돈오돈수와 돈오점수를 어떻게 이해해야 합니까?

● 1981년 성철 스님께서 『선문정로禪門正路』에서 "몹쓸 나무가 뜰 안에 났으니 베어 버리지 않을 수 없다."[毒樹生庭不可不伐]라고 하며, 베어야 할 대상이 조계종의 개창자인 지눌(知訥, 1158-1210)의 돈오점수라고 하신 데서 많은 이들이 충격을 받았습니다. 성철 스님은 우리가 새로 심어야 하는 노선은 돈오돈수라 말했습니다. 1998년 가슴 쓰라린 기억인 조계종 난투극 사건 이후 추대된 혜암 스님 또한 깨닫는 것 자체가 불법이고 수행은 방편에 지나지 않는다며 성철 스님의 손을 들어 줬습니다. 현재 저는 한국불교의 돈오돈수적 노선의 불교수행 방편이 올바른 것인지 의문이 듭니다.

돈오점수에 대해 범부가 곧 부처님임을 깨달았으나 법력으로 부처의 길을 닦는 것이라는 지눌의 말은 돈오의 끝없는 수행을 강조하는 것인데, 지눌의 돈오가 어설픈 앎이라고 주장하는 성철 스님의 주장이 종파주의적 입장에서 벗어나지 못했다는 생각이 들며, 그것을 따르는 한국불교의 현실이 올바른 것인지 의문이 듭니다. 한 번의 깨침으로 더 이상 수행할 필요가 없는 것인지 학자의 입장에서 답변해 주시기 바랍니다.

●

1.0.0.

○　　　성철(性徹: 1911~1993) 스님의 돈오돈수에 대한 애기는 아직도 인구에 회자될 정도로 현대 우리 불교계에 파란을 일으킨 이론입니다. 그런데 문제는 성철 스님의 돈오돈수 주장이 그동안 많이 오해되어 왔다는 것입니다. 많은 분들이 "깨달으면 더 닦을 것이 없다."는 교만한 수행자의 이론이라고 생각하면서 비판하시는데 그게 아니라, "만일 당신이 깨달음을 얻어 부처가 되었다면 더 닦을 것도 없어야 하는데, 아직 습기를 제거하는 수행을 해야 한다면 이는 깨달음을 얻은 것이 아니라 단지 머리로만 이해한 해오解悟일 뿐이다."라는 질책의 말씀입니다. 돌아가시기 얼마 전에도 법당에서 참회기도를 올리시는 성철 스님의 모습을 뵙고서 한 신도 분이 의아하게 생각되어 그 이유를 여쭈니 "이놈아 아직도 내 업장은 수미산보다 크다."고 대답하셨다고 합니다. 성철 스님의 돈오돈수 주장은 '교만한 수행론' 이 아니라, 수행자에게 지극한 겸손을 가르치는 방편의 설법이었다고 생각합니다.

1960년대에 월남전, 인종차별, 패권주의 등등에 대한 반발로 미국의 히피에서 시작한 서구의 청년문화 운동 이후 선불교, 인도종교인 등이 구미에서 선풍적인 인기를 끕니다. 그 흐름을 타고서 큰 역할을 한 분이 숭산(崇山: 1927~2004) 스님이십니다. 서구의 젊은이들이 자신들의 종교, 정치 전통에 등을 돌리고 동양의 정신적 지도자를 기다리고 있었기에 라즈니쉬, 크리슈나무르티, 숭산 스님, 문선명 목사(유교적 기독교), 마라리쉬 마헤쉬 요기(T.M.창시자) 등 동양의 종교인들이 서구 사회에 쉽게 발을 붙이게 됩니다.

그 당시 서구에 유학 갔던 한국의 학자들이 이런 서구인들의 모습을 보고서 귀국하여 우리 산중에서 수도하시던 큰스님들을 대중 앞으로 모시게 됩니다. 대학생불교연합회 역시 1960년대 초에 서구에서 유학한 불교학자인 이기영 박사님에 의해 설립되었습니다. 그리고 많은 젊은 청년들이 출가를 합니다. 구미에서와 같이 우리나라에서도 '선불교' 붐이 일어났던 것입니다. 그 후, 선어록의 일화를 답습하듯이 출재가의 많은 수행자들이 큰스님들을 찾아뵙고서 자신의 공부를 점검하기도 하고, 법거량을 하기도 하고, 인가를 받기도 했습니다. 또 출재가의 많은 선禪수행자들이 근현대 우리의 선지식들을 찾아뵈면서 법거량을 하기도 했습니다. 백봉 김기추 거사와 같은 분 역시 수행도량을 운영하면서 젊은 대학생들에게 많은 영향을 끼쳤습니다. 백봉 김기추 거사님의 경우, 선문답을 통해 많은 분들에게 견성 인가를 해 주셨습니다. 이것이 1970년대 우리 불교계의 수행풍토였습니다.

대중불교운동이 일어나긴 했지만, 폐해도 있었습니다. 견성했다고 주장하면서 심지어 오도송까지 쓴 분임에도 막행막식에 빠지는 분들이 많았습니다. 1960년대 이후 계속된 불교계의 폭력사태의 원인으로 여러 가지를 들 수 있겠지만 그 중 하나는 '깨달음에 대한 이러한 오해'입니다. 깨달음, 즉 견성은 견見 불성佛性'의 준말인데, 우리 조계종의 연원인 남종선南宗禪 계통에서 말하는 불성은 중도中道를 의미합니다. 즉 '중도불성'을 체득하는 것이 견성입니다. 그리고 중도는 공성이기도 합니다. 그런데 이런 중도공성에 대한 이해가 머리만으로 이루어지고 감성적 체득이 없을 때, 스스로 오도송을 짓고 견성했다고 자처하지만, 그 행동은 막행막식에 빠지기 쉽습니다. 불교전문용어로 악취공자(惡取空者: 공을 잘못 이해한 자), 또는 공견자(空見者: 공을 이론으로 생각하는 자)라고 부릅니다. 생멸, 단상, 일이, 거래, 선악, 장단 등등 양극단에서 벗어난 조망을 머리로만 이해할 경우 '깨달음의 상태'가 아니라 '가치판단 상실의 상태'에 빠지기 쉽습니다. 문자 그대로 '지해종도知解宗徒'일 뿐입니다. 수행을 머리로만 하다가 가치판단을 상실할 경우 악을 행하고도 부끄러워할 줄 모르게 됩니다. 그야말로 무주상無住相 악행을 하게 되는 것입니다.

1970, 1980년대 우리 불교계의 일부에서 행해지고 있던 이러한 수행풍토를 비판하기 위해 성철 스님께서 제시하신 것이 바로 '돈오돈수' 이론입니다. 진정으로 깨달았다면 더 닦을 것도 없을 정도로 선善하고, 계를 잘 지키고, 자비심으로 가득 차 있어야 한다는 경책의 말씀입니다. 스스로 깨달았다고 주장하는 사람에게 아직 탐욕, 교만, 분노와 같은 감성의 흔들림이 있다면 그 사람의 깨달음은 진정한 깨달음이 아니라는 가르침입니다. 진정으로 깨친 분이라면, 그 행동 하나하나가 팔정도와 합치되어야 합니다. 깨치기 전에도 계, 정, 혜 삼학으로 요약되는 팔정도를 추구하지만, 깨친 후에도 팔정도로 살아갑니다. 성철 스님께서는 70, 80년대 견성했다고 자처하는 교만심 가득하고 막행막식으로 살아가는 수행자들의 마음에 큰 충격과 의심을 던져 주시기 위해서 심지어 보조 스님조차 '도마 위에 얹으신' 것이라고 생각됩니다. 성철 스님은 이론가가 아니라 수행자이십니다.

진정한 수행자의 경우 그 말씀은 한 마디 한 마디가 이론이 아니라, 방편입니다. 방편의 경우 그 내용을 문헌과 대조하며 따져서는 안 된다고 생각합니다. 우리 불교계의 수행풍토가 완전히 제 길로 들어서면, 성철 스님께서는 반대로 보조 스님의 돈오점수 이론을 칭송하실 것이라고 생각합니다. 또 70, 80년대 우리 불교계의 수행풍토를 아신다면 보조 스님 역시 성철 스님에 의해서 당신이 부당하게 비판받으신 것을 기뻐하실 것입니다.

성철 스님은 철두철미한 선사禪師이십니다. 다음과 같은 성철 스님의 열반송을 기억하실 것입니다.

생평기광남녀군生平欺誑男女群   평생 남녀의 무리를 속였으니
미천죄업과수미彌天罪業過須彌   하늘을 넘치는 죄업이 수미산을 넘는구나.
활함아비한만단活陷阿鼻恨萬端   산채로 아비지옥에 떨어져 그 한이
　　　　　　　　　　　　만 갈래인데
일륜토홍괘벽산一輪吐紅掛碧山   둥근 바퀴 하나가 붉은 빛을 토하며 푸른
　　　　　　　　　　　　산에 걸렸네.

이 충격적 열반송 역시 불자들은 물론이고 우리 국민 모두의 가슴속에 남아 있을 겁니다. 아직도 의심을 들게 하는 ‘돈오돈수’의 주장, 개신교 광신자의 지하철 선교에 악용되기도 했던 ‘지옥행의 열반송’ 모두 사실은 대大선사가 시대時代를 향해 내뱉은 ‘화두’입니다. 성철 스님의 ‘돈오돈수’가 이론이나 주장이 아니라 그 당시 우리

불교계의 '개도 소도 견성했다고 주장하는 수행풍토'를 질책하기 위해 내던지신 방편의 화두입니다. 대신근大信根, 대의단大疑團, 대분지大憤志라는 화두의 요건에 너무나 충실했던 화두였기에 아직도 우리에게 큰 의심(의단)을 불러일으키며 논란의 대상이 되고 있는 것입니다.

이 열반송에는 '속임'이라는 '인지認知의 역설[Paradox]'과 '참회'라는 '감성의 역설'이 담겨 있습니다. '평생 남녀의 무리를 속였으니'라고 말하지만 그 말도 '남녀의 무리를 속인 것'이 되고 말기에 역설이고, "죄업이 수미산을 넘는구나."라고 참회의 감성을 토로하지만 그런 '참회의 낮춤'은 종교적으로 '가장 숭고한 감성'이 되고 말기에 역설입니다. '속였으니'라는 말 역시 속인 것이기에 속이지 않았다는 말이고, 이렇게 속이지 않았기에 '속였으니'라는 말은 참말이 되어 속인 것이 되어야 합니다. 우리의 생각이 들어갈 수 없는 역설입니다. 참회로 자신을 낮추지만, 이는 종교적으로 가장 숭고한 감성입니다. 참회라는 가장 낮춘 감성이 가장 높은 감성이기에 역설입니다. 낮은 감성일 수도 없고 높은 감성일 수도 없는 역설입니다. 성철 스님의 열반송은 전 국민을 이렇게 '역설逆說의 궁지窮地'로 몰고 가기 위한 화두로서 제시되었던 것입니다.

지독히 은둔했지만 이를 통해 지극히 참여했던 '삶의 역설', 기자들이 찾아오면 "내 말 믿지 마! 나 사기꾼이야!"라고 말씀하시곤 했다는 '언행의 역설', 그리고 돌아가시기 전에 남기신 역설의 열반송…. 성철 스님의 삶, 언행, 열반송 모두 역설입니다. 성철 스님은 철두철미한 선사禪師이셨습니다.

022

밀교의 복덕 쌓기 수행은 어떻게 하는 것이며, 무슨 의미가 있습니까?

● 대승에서는 부처의 복덕을 쌓는 기간이 3아승기 100겁이 소요된다고 하고 밀교에서는 현생에 가능하다고 하셨습니다. 대승에서 복덕을 쌓는 것이 모양만 내는 것이 아니고 나름대로 피땀을 흘려 하는 것일 텐데 다른 쪽에서는 현생에 가능하다고 주장하니 이해하기가 어렵습니다. 그것도 그 차이가 자그마치 3아승기 100겁이니 말입니다. 첫째, 복덕이란 무엇을 가리키는 말인지요? 육바라밀 중에 보시를 가리키는 말인지요? 둘째, 구체적으로 대승은 어떠한 방법으로 부처의 복덕을 쌓으며 밀교, 즉 금강승에서는 어떠한 방법으로 복덕을 쌓는지요? 복덕을 쌓는 방법의 차이가 구체적으로 어떻게 다른지요? 그리고 3아승기 100겁의 차이가 나는 이유는요? 밀교 책들을 읽어봐도, 밀라레파의 전기를 봐도 구체적으로 복덕을 쌓은 이야기는 거의 없습니다. 설사 있다 하더라도 대승과 비교해서 3아승기 100겁의 차이를 가져올 만한 무슨 차이가 있는지 도무지 알지 못하겠습니다. 물론 많은 제자를 양성은 했습니다. 저는 개인적으로 남방소승이 하화중생에 소홀하고 북방대승은 하화중생에 열심이라는 말을 도무지 이해하지 못합니다. 구체적으로 대승이 어떠한 면에서 소승보다 더 하화중생에 열심인지 설명을 듣고 싶습니다.

●

○　위에 올린 밀교에 대한 설명은 제가 주장하는 것이 아니라, 티베트 밀교에서 주장하는 것입니다. 우리말 번역서는 많지 않지만, 영어 번역서 가운데 밀교의 수행이론에 대해 설명한 것이 무척 많습니다. 복덕을 쌓는 수행의 경우 보시행은 물론이고, 지계행, 다라니 암송, 독경, 오체투지 등 여러 가지가 있다고 합니다.

또 불단에 올리는 보시물의 경우, 둥근 쟁반과 같은 만다라 판에 금으로 도금한 쌀, 보석과 같은 유리, 탑 모양의 작은 조형물, '우주, 해, 달, 나무 등을 적은 종이' 등등을 쌓아서 부처님께 올리는 시늉을 하고는 다시 허물고 다시 올리는 시늉을 합니다. 한 번 방석에 앉으면 그런 공양물들을 '만다라 판'(둥근 쟁반으로 만다라 그림과는 다릅니다) 위에서 수백 번 쌓고 허물기를 되풀이 합니다. 이 세상에서 가장 소중히 여기는 것들을 부처님께 올린다는 '의미 수행' 입니다. 우리가 한 평생을 살아도 한 번 불탑 공양을 올리기 어려운데 만다라 공양 수행을 할 경우 한 번 좌복에 앉아 수백 번 공양을 올리는 꼴이 됩니다. 해와 달, 나무 등등 온 우주를 바치기까지 합니다. 그 공덕이 엄청나다고 봅니다.

또 다라니 암송의 경우, 옴마니반메훔이라는 육자진언을 수천 번 써 넣은 두루마리 종이를 마니보륜 통에 넣은 후 그것을 계속 돌립니다. 입으로 옴마니반메훔 암송을 할 경우 1회 하는 데 1초 정도 걸리는데, 관세음보살 육자진언이 수천 회 적힌 마니보륜의 경우 한 빈 돌리게 되면 그것에 적힌 것만큼 독송한 꼴이 된다고 봅니다. 부처님 한 분을 모신 법당에서 절을 할 경우 한 번 굽혀 한 번의 절 공양을 올리게 되지만 3,000불을 모신 법당에서 절을 할 경우 한 번 절을 하면 3,000번 절 공양을 올린 꼴이 됩니다. 만불전에서 절을 할 경우, 공덕 축적의 속도와 정도가 더 강력하겠지요.

이런 것이 성불을 위해 공덕을 축적하는 밀교의 기도법입니다. 모두 '가상illusion수행'입니다. 허무맹랑하게 보일지 몰라도, 이런 가상수행은 초기불교에서도 사용되던 것입니다. 예를 들어 초기불전에서 가르치는 자비관 수행의 경우, 직접 자비행을 하는 것이 아니라 가부좌 틀고 앉아서 가상으로 상상하는 것입니다. 부정관 수행의 경우도, 자신의 몸이나 이성의 몸을 대상으로 해골이 된 모습, 시체가 된 모습을 떠올립니다. 이 모두 가상수행이지만 우리를 강력하게 변화시킵니다.

또 『아육왕전』이라는 불전에서도 가상의 공덕의 예를 볼 수 있습니다. 아육왕이란 인도의 아쇼카 왕의 한자 음사어입니다. 아쇼카 대왕이 직直 전생에 어린 아이일 때 흙장난을 하다가 석가모니 부처님을 만나게 되는데, 그 때 부처님께 '쌀'이라며 흙 공양을 올립니다. 그 공덕으로 다음 생에 인도 전역을 지배한 아쇼카 왕이 되었다는 이야기입니다.

여기서 알 수 있는 교훈은 불교수행에서는 '가상으로 올린 공양물'도 실제의 과보를 초래한다고 본다는 점입니다.

따라서 밀교의 가상수행을 통해 신속히 복덕이 쌓인다는 것이 허무맹랑한 얘기는 아닐 겁니다. 또 3아승기 100겁의 수행을 한다고 할 때, 겁의 산스끄리뜨 원어는 칼파kalpa이며 이는 원래 시간의 단위인데 밀교에서는 이 칼파kalpa를 '번뇌'로 해석하기도 합니다. '분별을 버려라'고 할 때, '분별'의 범어 원어는 비칼파vikalpa인데 칼파kalpa 역시 분별이라고 번역할 수도 있습니다. 밀교에서는 이런 추론에 근거하여 '3아승기 100칼파kalpa의 수행'을 '3아승기 100가지의 번뇌를 제거하는 수행'으로 재미있게 해석하기도 합니다.

제 개인적 의견을 말씀드리면, 밀교는 '가상의 종교놀이'를 통해 불교적 심성을 키워주는 수행입니다.

또 티베트 불교에서는 소승불교가 하화중생을 하지 않는다고 가르치지 않습니다. 소승이든 대승이든 제대로 수행할 경우 자비심을 체득하여 남을 돕는다고 가르칩니다. 그러나 자비심의 대소大小에 차이가 있다는 것입니다. 우리나라가 대승불교권이긴 하지만, 실제 대승불교인의 심성을 갖고 살아가는 분은 드물다고 생각합니다. 불교텔레비전에서 본 장면인데, 달라이 라마 스님께서 한국불자들에게 『입보리행론』인가를 강의를 하시다가 눈물을 흘리시더군요. 사회를 보았던 이계진 아나운서(현 국회의원)가 대담 말미에 그 이유를 여쭈니까, 다음과 같은 내용의 답을 하시더군요. "나는 보살의 서원을 떠올리기만 하면 그 숭고함에 감동하여 눈물을 참을 수 없습니다." 이 정도의 심성을 갖추어야 진정으로 대승 보살도를 사는 분일 겁니다.

023 탄트라^{Tantra}불교란 무엇입니까?

● '근본불교 → 부파불교 → 대승불교 → 밀교'에서 탄트라^{Tantra}불교로 흐름을 잇는다 하는데 인도의 탄트라^{Tantra}불교는 무엇이며 또한 불교 속에 포함되는가요? 좀 자세하게 설명 부탁드립니다.

○ 탄트라^{Tantra}불교와 밀교는 동의어입니다. 금강승[Vajrayāna]이라고 부르기도 합니다. 인터넷을 뒤져보면 탄트라불교, 또는 밀교에 대한 자세한 설명을 많이 찾아 볼 수 있을 겁니다. 여기서는 탄트라불교에 대한 제 생각 두 가지만 소개하겠습니다.

첫째, 밀교에는 힌두밀교와 불교밀교의 두 가지가 있는데 불교밀교는 힌두밀교의 불교적 변형입니다. 불교밀교에서는 부모존(Sex하는 모습의 불상), 만뜨라[眞言], 무드라[手印], 만다라 등등 근본불교에서 비판되거나 보지 못하던 종교 의식과 도구, 존상 등이 다수 등장합니다. 이런 의식과 도구, 존상의 기원에 대해 학설이 분분하지만 저는 이것들이 힌두교에 기원을 둔다고 생각합니다. 대승불교 말기에 힌두교 세력이 커지자 불교 측에서 힌두교의 종교 도구 등등을 빌려온 후 불교적으로 다시 의미 부여를 함으로써 구성해 낸 것이 불교밀교라고 생각합니다.

●

힌두밀교 존상의 경우 남존男尊인 시바와 여존女尊인 샤끄티의 교합상이 세계의 창조를 상징하는데 불교밀교에서는 이 존상의 외형을 그대로 빌려온 후 남존은 '자비 방편', 여존은 '반야 지혜'를 상징한다고 다시 의미 부여를 한 후 완전한 깨달음을 얻게 되면 자비와 지혜를 모두 갖춘 부처가 되는 것이라고 가르칩니다.

겉모습은 힌두밀교와 같지만 그 의미부여는 전혀 다릅니다. 만다라, 무드라, 만뜨라 등등의 경우도 모두 마찬가지입니다. 힌두밀교의 수행과 상징물에 새롭게 의미 부여를 함으로써 재창출된 것이 바로 불교밀교입니다.

둘째, 밀교수행을 한 마디로 '시청각 도구와 놀이를 통한 수행'이라고 정의할 수 있습니다. 예를 들어, 우리가 초기불전에 씌어 있는 제행무상, 모든 것은 무상하다는 이치에 대해 아무리 많이 읽고 생각해도 우리에게 이 가르침이 체화되지 않을 수 있습니다. 그런데 '모래 만다라' 만드는 수행을 되풀이할 경우 무상의 이치가 체화됩니다. 몇 날 몇 달에 걸쳐 색모래로 정성껏 만다라를 그린 후 완성되면 다 지워버립니다. (모래만다라 수행과정에 대해서는 제 홈페이지 〈영상자료〉에 올려놓은 모래만다라 플래시를 참조하시기 바랍니다.) 또, 만다라에 그려진 존상들을 허공에 떠올리면서 자신을 그 존상과 동화시키는 생기차제와 구경차제 수행은 일종의 '이미지 트레이닝'입니다. 운동선수들이 이미지 트레이닝을 통해 운동능력을 키우듯이 밀교수행자는 만다라를 통한 이미지 트레이닝을 통해 자비롭고 지혜로운 부처의 성품을 갖추게 됩니다.

<u>**024**</u>　밀교에서 말하는 색신, 법신, 보신, 화신은 무엇입니까?

● 색신色身, 법신法身, 보신報身, 화신化身의 차이는 무엇인가요? 불교텔레비전에서 본 달라이 라마 스님의 법문 중에서 색신, 법신, 보신, 화신을 말씀하시면서 색신은 밀교 공부를 해야 알 수 있다고 말씀하셨는데 밀교에서 말하는 색신은 무엇인지요. 그리고 금강승은 가상수행을 통해 즉신성불卽身成佛을 하는 것으로 말씀하셨는데 그러한 경지가 아라한이 아닌 석가모니 붓다의 경지를 말씀하시는 것인지요. 그리고 가상수행에 대한 설명으로 유식의 8식으로는 설명하기 어려울 것 같습니다. 족첸에서는 니그파를 직접 다루는 수행이라고 하는데 니그파를 어떻게 이해해야 하는지요.

○ 색신과 화신은 이음동의어로 부처님의 육신입니다. 보신은 부처님의 정신精神, 법신은 부처님께서 체득하신 공성입니다. 중관학 계통의 논서로 『대품반야경』의 주석서인 『대지도론』에서는 부처님의 몸으로 법신과 화신(색신)의 둘만 거론하지만, 유식교학에서는 부처님의 몸은 법신法身, 보신報身, 화신化身의 셋[三身]으로 이루어져 있다고 가르칩니다. 우리의 경우도 아직 미성숙 상태의 삼신三身이 있습니다.

●
1.1.2.

성불할 경우 우리의 지혜는 법신인 '공성의 지혜'로 성숙하며 우리의 중음신(귀신, 영혼)은 온갖 공덕이 쌓인 부처의 보신으로 성숙하며 우리의 육체는 32상 80종호를 갖춘 부처의 화신(색신)으로 성숙합니다.

말씀하신 달라이 라마 스님의 법문을 불교텔레비전에서 본 적은 없기에 어떤 맥락인지 알 수는 없지만 답해 보겠습니다. 앞에서 말씀드렸듯이 색신[rūpa-kāya]은 화신[nirmāṇa-kāya]과 같은 말입니다. 32상 80종호를 갖추신 부처님의 육신을 의미합니다. 그리고 밀교 공부를 해야 알 수 있다는 말씀에 대해서는 다음과 같이 설명할 수 있습니다. 밀교수행은 즉신성불, 즉 몸을 화신(색신)으로 성숙시키는 수행입니다. 몸의 맥관을 돌고 있는 풍(風: 기氣에 해당합니다)을 조절하고 운용하여 몸 자체를 부처님의 몸으로 만드는 수행입니다. 유식불교에서 성소작지成所作智라고 말하는 신통력을 갖춘 부처님의 몸을 만드는 수행입니다. 그 한 예로, 뚬모 수행을 할 경우 몸에서 열을 발생시킵니다. 지금도 추운 겨울 영하 수십 도의 히말라야 산에서 눈을 녹이며 수행하는 뚬모gTum Mo 수행자를 볼 수 있다고 합니다. 뚬모는 제화열臍火熱이라고 번역되듯이, 배꼽이나 단전에서 열을 발생시키는 수행입니다. 서구의 의학 생리학자들이 티베트 스님을 대상으로 실험한 연구결과도 있습니다. 1982년 실험에 의하면 뚬모 수행을 할 때 손가락이나 발가락 온도가 8.3℃ 정도 올라간다고 합니다. 밀교 공부를 해야 색신을 변화시킬 수 있다고 하신 것은 위와 같은 이유 때문인 것 같습니다.

즉신성불의 경지는 아라한이 아니라, 석가모니 부처님과 같은 붓다의 경지입니다. 아라한의 경우 몸의 성숙, 즉 색신(화신)의 성숙은 중요하지 않습니다. 아라한은 오직 번뇌를 녹이는 지혜를 계발하여 성취되는 경지입니다. 부처님은 복덕과 지혜를 모두 갖춘 분이고, 아라한은 지혜는 있지만 복덕이 적은 분입니다. 금강승 수행의 중심은 현생에 부처님의 복덕을 모두 성취하는 데 있습니다.

유식의 8식은 물론이고, 유식 교학에 등장하는 법들은 모두 '은유적 가상' 입니다. 세친의 『유식30송』 제1송에서는 이러한 '은유적 가상' 을 가설(假說: upacāra)이라고 부릅니다. 이는 다음과 같습니다: '아我' 와 '법法' 이라는 은유적 가상은 갖가지 세상만사로 전변轉變한다. 그 두 가지('아' 와 '법')는 식識이 변화하여 나타난 것이며, 또 그 식의 변화는 세 가지(이숙식, 사량식, 요별경식)로 진행된다. [ātmadharmo pacāro hi / vividho yaḥ pravartate / vijñānapariṇāmo' sau / pariṇāmaḥ sa ca tridhā 由假說我法 有種種相轉 彼依識所變 此能變唯三]

니그파라는 말은 처음 들어 봅니다. 아마 릭빠Rig-pa를 잘못 들으신 것 아닐까 짐작됩니다. 릭빠는 '앎' 이란 의미인데, 선가에서 말하는 '지지일자 중묘지문知之一字 衆妙之門에서 지知에 해당한다고 보면 됩니다. 모든 것을 비추는 '우리 내면의 궁극적 관조자觀照者' 라고 풀이할 수 있습니다. 닝마파의 이론과 수행은 중국 선종과 너무 비슷합니다. 그래서 "진정한 불교가 아니다."라고 겔룩파로부터 비판을 받기도 했습니다. 그러나 달라이 라마 스님은 닝마파의 족첸rDzogs-chen수행도 모두 정법正法으로 수용하십니다. 족첸수행에 대한 달라이 라마 스님의 법문집도 영어로 번역되어 출간된 바 있습니다.

1.1.4.

025

출가자와 재가자를 구분하는 근본적인 기준은 무엇입니까?

● 어떤 의식의 범주에 자신을 맡기느냐에 따라 보이는 현상이 달라지지 않는가 싶습니다. 자신을 재가자로 규정하면 재가자요, 자신을 부처로 규정하면 부처가 아닐까요. 수많은 경전을 논리정연하게 논할 수 있다고 하더라도 체득하지 못하면 의미가 없지 않을까요. 열심히 닦아야만 하는 방법과 이미 다 닦여 있음을 체득하는 방법도 체득에 초점이 있지 않은가 싶습니다. 중관사상도 끊임없이 의식의 범주를 부정하는 수행체계가 아닐까 합니다.

○ 재가신자와 출가한 스님의 근본적 차이는 한 가지입니다. 성생활입니다. 율장을 보면, 250가지 계목 가운데, 스님의 자격을 잃는 경우로 네 가지를 듭니다.

① 인간이나 축생 또는 시체와 직접적 성교를 한 경우
② 살인을 한 경우
③ 5전 이상의 금전을 훔친 경우(그 당시 재가자가 5전 이상을 훔치면 사형을 시켰다고 하니 5전은 무척 큰 돈인가 봅니다.)
④ 대망어죄를 지은 경우(깨닫지 못한 자가 깨달았다고 할 경우)

이를 4바라이죄라고 부릅니다. 승단에서 축출하는 네 가지 죄목이라는 의미입니다. 이 가운데, '② 살인', '③ 투도'의 경우 이를 저지를 경우 사형을 당하기에 재가자 역시 범할 리 없습니다. 또 '④ 대망어죄' 역시 깨달음을 얻기 힘든 재가자가 지을 리가 없습니다. 그러나 '① 직접적 음행'의 경우 재가자가 그것을 하겠다고 다짐할 경우 온 친척이 모여서 축하를 해 줍니다. 결혼식입니다. 그러나 출가자의 경우, 단 한 번의 음행만으로도 스님으로서의 자격을 잃어버립니다. 재가자가 아라한이나 부처, 아나함이 될 수 없다는 것은 음행을 하고 살기 때문입니다. 거친 번뇌인 음욕조차 끊지 못했는데, 어떻게 미세한 번뇌를 끊을 수 있겠습니까?

물론 재가자 가운데에도 전혀 음행을 하지 않고 독신으로 살면서 수행하는 분이 계십니다. 이런 분들은 출가자와 다름이 없습니다. 『유마경』을 보면 그 서두에서 유마거사 역시 범행자梵行者, 즉 음행을 하지 않고 사는 분이라고 묘사합니다. 화엄학의 대가인 중국의 이통현 장자 역시 범행자로 보아야 합니다. 이런 분들은 사는 곳만 세속이고 그 외형만 재가자일 뿐 출가하신 스님과 다름이 없습니다. 질문 올린 분께서 성생활 없이 생활하신다면 그 외형과 관계없이 출가자라고 볼 수 있으며 올바른 수행을 통해서 최고의 깨달음까지 체득하실 수 있을 겁니다.

026

대승에서도 출가자와 재가자를 구분합니까?

● 대승적인 출가자의 의미는 따로 없습니까?

○ 대승불교권의 출가자 수행에 대해 물으셨는데 말씀하신 김에 대승불교의 출가자와 재가자 간의 관계에 대해 잠깐 설명하고 답해 보겠습니다.

국내외의 불교학자들 중에 대승불교에서의 승속 관계는 소승불교의 승속 관계가 다르다고 설명하는 분들이 많이 계십니다. 대승불교의 경우 승속 모두 보살도를 닦기에 승과 속이 평등하다고 주장하는 분도 계십니다. 그래서 대승불교의 경우 삼보 가운데 마지막 승보의 범위에 출가자와 재가자가 모두 포함된다고 주장하면서 삼귀의를 다음과 같이 변형시켜서 봉독하는 단체도 있습니다.

거룩한 부처님께 귀의합니다.
거룩한 가르침에 귀의합니다.
거룩한 승가에 귀의합니다. (원래는 "거룩한 스님들께 귀의합니다.")

그런데 단적으로 말해서 승가僧伽 속에 재가불자는 포함되지 않습니

○

다. 비구, 비구니, 우바새, 우바이라는 '사부대중' 속에는 재가불자인 우바새와 우바이가 포함되지만 일반적인 재가불자는 절대 승가가 아닙니다.

또 삼보三寶 가운데 승보僧寶에 해당하는 분들은 원래 사향사과四向四果의 성인聖人들뿐입니다. 수다원향, 수다원과, 사다함향, 사다함과, 아나함향, 아나함과, 아라한향, 아라한과의 여덟 성인입니다. 전문용어로 팔배중생八輩衆生이라고 부릅니다. 향向은 과果 직전의 단계에서 과를 지향하는 분을 가리키고, 과는 그 지위에 오른 분을 가리킵니다. (재가불자 가운데 이런 팔배중생의 지위에 오른 분들은 승보에 포함됩니다. 그러나 승가에는 소속되지 않습니다.)

용수의 『중론』에서도 팔배중생만을 승보라고 봅니다. 그런데 후대의 대승불전에서는 출가한 스님 모두를 승보에 포함시킵니다. 사미, 사미니, 식차마나, 비구, 비구니의 출가오중 모두를 승보로 격상시켜 귀의의 대상으로 삼습니다. 어쨌든, 초기불전이나 대승불전 그 어디에서도 재가불자를 승가에 포함시키는 경문은 없습니다.

앞에서 말씀드렸듯이 대승불교의 경우 출가자와 재가자 모두 보살도를 닦기에 평등하다고 주장하는 분들이 계시지만, 이는 대승에 대한 오해에서 비롯한 잘못된 해석입니다. 대승불교에서 말하는 보살은 '신분'이 아니라 '이념'입니다. 성불을 지향하면서 끝없는 윤회 속에서 상구보리 하화중생의 삶을 살기로 다짐한 분들, 또 그렇게 살고 있는 분들이 보살입니다. 따라서 대승불교의 경우도 출가자와 재가자는 판이하게 구분됩니다. 스님은 출가보살이고, 재가불자는 재가보살일 뿐입니다.

윤리규범인 계戒에 대해서도 잘못된 주장을 하는 분들이 간혹 계십니다. 우리가 대승불교권에 속하기 때문에 스님들이 250계(비구 스님)나 348계(비구니 스님) 등의 구족계를 받는 것은 잘못이라고 주장하는 분들입니다. 그러나 출가계에 있어서 대승과 소승이 다를 수가 없습니다. 보살도를 닦는 대승불교권의 스님이라고 하더라도 출가자인 이상 소승과 동일한 구족계를 받아야 합니다. 다만 그 수행 목표가 현생에 아라한이 되는 것이 아니라 무량겁 후에 부처가 되는 것이기 때문에 그에 덧붙여 보살계를 더 받을 수는 있습니다. 현재 우리나라 조계종에서는 이런 방식으로 수계식을 치릅니다. 초기율장인 『사분율』에 의거하여 구족계도 받고, 『범망경』에 의거하여 보살계도 받습니다. 과거의 눈밝은 우리 율사 스님들께서 정해 놓으신 여법한 방식입니다.

대승불교의 출가자가 소승불교의 출가자와 다른 점은 '지적인 깨달음'에 조급해 하지 않는다는 점입니다. 3아승기 100겁 동안의 보살도를 닦아 복덕 자량을 축적한 후 성불하겠다는 보살의 길을 가는 분들이기 때문입니다. 무한정진의 서원을 하고, 목표가 아니라 과정에 충실한 수행을 하는 분들이 대승불교의 수행자입니다. 소승불교 출가자의 경우, 계, 정, 혜 삼학을 닦는 데 전념하는 반면 대승불교 출가자의 경우는 계, 정, 혜 삼학의 수행과 아울러 복덕을 쌓는 삶을 살아갑니다. 즉, 스님으로서 청정한 삶을 살아감과 아울러 중생을 위한 교화의 삶을 살아갑니다. 『대지도론』에서는 소승불교 수행자가 목표로 삼는 '아라한'과 대승불교 수행자가 목표로 삼는 '부처님', 그리고 세속적 욕락 속에서 살아가는 일반인들 가운데 가장 최고의 지위인 '전륜성왕', 이 세 분의 차이에 대해 설명하는데 복덕과 지혜의 유무에 의한 비교를 소개하면 다음과 같습니다. (이해의 편의를 위해 단순화 시켰습니다.)

	아라한	부처님	전륜성왕
복 덕	×	○	○
지 혜	○	○	×

아라한은 생사를 초월하는 지혜는 있으나 복덕은 적습니다. 전륜성왕은 온 세상을 지배하는 복덕은 있으나 생사를 초월하는 지혜는 없습니다. 부처님은 온 세상을 지배하는 복덕과 함께 생사를 초월하는 지혜도 갖추고 계십니다.

따라서 성불을 지향하는 대승불교의 출가자들이 아라한을 지향하는 소승불교의 출가자와 다른 점은 부처의 복덕을 갖추기 위해 '복덕을 쌓는 수행'을 한다는 점입니다. 예를 들면, 육체노동과 같은 것이 복덕을 쌓는 수행입니다. 육체노동을 통해서 남에게 도움을 줄 경우 노동의 고통으로 전생의 악업이 씻어지고 노동의 결과물로 남에게 보시의 선업을 짓게 됩니다. 악업을 씻고, 선업을 쌓는 수행 중 일상생활 속에서 가장 쉽게 할 수 있는 것이 육체노동이라고 생각합니다. 그래서 대승불교권인 중국의 선승 '백장百丈 스님' 께서는 "일일

부작 일일불식(一日不作 一日不食: 일하지 않는 날에는 굶겠다)"을 지침으로 삼아 후학들을 지도하신 것입니다.

소승불교에서는 출가자에게 육체노동을 하지 못하게 합니다. 그러나 대승불교의 경우 출가자든 재가자든 앞장서서 육체노동을 해야 합니다. 성불의 길에서 복덕의 자량을 쌓는 가장 손쉬운 방법이기 때문입니다. 짧게 질문하셨는데, 너무 긴 답이 된 것 같습니다.

요약하면, 대승불교 출가자의 경우 '부처의 복덕'을 갖추기 위해 자량을 쌓는 수행에 적극적이고 현생에 완전히 깨닫고야 말겠다는 조급한 마음을 내지 않는 것이 소승불교 출가자와의 차이점이라고 말할 수 있겠습니다.

불교수행과 생업을 어떻게 조화시킬 수 있을까요?

● 　유달리 명상적 수행을 강조하는 불교의 가르침에 비추어 보자면 다른 학문이나 일, 가령 쓸데없는 사변적 철학, 예술 같은 것은 불교의 궁극적 목표인 열반과는 무관할 뿐더러 오히려 장애요인인 것 같습니다. 궁극적 견지에서 보면 음악, 미술, 문학, 연극 같은 것은 사실 있으나마나 한 것이고 오히려 네거티브적인 요소인지요? 교수님의 허심탄회한 고견을 듣고 싶습니다. 가령 어떤 극단적인 스님들은 한 글자도 읽지 말고 도만 닦으라고 하시는 분들도 계시지 않습니까? 참고로 저는 예술과는 무관합니다.

○ 　사변적 철학이나 음악, 미술, 문학, 연극 등의 예술이 불교수행과 무관한지 아닌지, 혹 장애가 되는지 물으셨습니다. "일상생활을 하면서 불교수행을 할 수 있는지?"에 대해 먼저 답하겠습니다. 먼저 말씀드릴 것은 가부좌 틀고 앉아 명상하는 것만이 불교수행이 아니란 점입니다. 불교수행은 계, 정, 혜 삼학을 통해 완성되는데, 이 가운데 가장 중요한 수행이 계학입니다.

즉, 윤리적이고 도덕적인 삶입니다. 부처님께서 재가자에게는 보시, 지계, 생천生天의 차제次第설법을 베푸십니다. 많이 베풀고, 고

●

1.2.2.

결하게 살면 내생에 하늘나라에 태어난다는 설법입니다. 불교수행 가운데 계행은 생업과 함께할 수 있습니다.

음욕, 재물욕, 명예욕 등 세속에 대한 욕심도 버리지 못해서 출가하지 못한 사람이 재가자입니다. 그런 재가자가 '아예 윤회에서 벗어나, 다시는 태어나지 않는 해탈'을 추구하기는 쉽지 않습니다. 따라서 일상생활을 하는 재가자에게 현실적으로 가능한 수행은 '남을 돕고 고결하게 살고, 항상 참회하고 사는 것'입니다. 이를 통해서 지극히 착한 사람이 되어야 자연스럽게 해탈을 추구하고 싶은 마음이 날 것이라고 생각됩니다.

음악, 미술, 철학적 사변 등등과 불교수행의 관계에 대해 물으셨는데, 옳게 사용할 경우 불교수행과 조화를 이루며 도움이 될 수 있지만, 잘못 사용할 경우 불교수행에 장애가 됩니다. 음악 중에는 마음을 정화하는 음악도 있지만, 마음을 격앙시키는 음악이 있습니다. 미술도 마음을 정화해 주며 번득이는 지혜가 보이는 것도 있지만, 우리 마음을 더 혼란스럽게 만드는 미술도 있습니다. 철학적 사변 중에는 '광혜(狂慧: 미친 지혜)'가 많다고 합니다. 그러나 자신과 세상에 대해 스스로 곰곰이 생각하는 것은, 그대로가 불교의 지관 수행입니다. '곰곰이'가 '지止'에 해당하고 '생각하는 것'이 '관觀'에 해당합니다. 그러나 지가 없는 관, 즉 선정이 수반되지 않은 혜를 광혜라고 부릅니다. (『대지도론』의 가르침입니다.) 서양철학 중에는 광혜가 많습니다.

음악, 미술, 철학직 사변을 불교수행과 접목시킨 불교가 바로 티베트의 불교입니다. 티베트 불교수행은 현교顯敎와 밀교密敎로 이루어져 있는데 '드러난 가르침인 대소승'의 현교 수행을 어느 정도 완성한 사람에 한해 밀교수행을 허용합니다. 이 중 현교수행에서는 철학적, 분석적, 논리적 사변을 통해 반야의 지혜를 계발합니다. 그리고 밀교수행에서는 음악과 미술, 연극, 무용과 같이 시청각 자료와 행위를 통해 마음을 정화하고 자비심을 키우고, 성불을 위한 자량을 쌓습니다. 미술작품과 같은 만다라를 그리면서 삼매와 신앙을 훈련하고 만다라를 보면서 그 속의 부처와 자신을 일치시키는 '이미지트레이닝'을 하며, 마치 음악과 같은 만뜨라[眞言]를 암송하면서 공덕을 쌓고 신앙심을 키우며, 마치 무용과 같은 무드라[手印]를 지으면서 자신의 몸을 부처와 합치시킵니다. 예술과 철학이 이와 같은 취지로 사용될 때 불교수행과 조화를 이룰 수 있을 겁니다.

또 질문 말미에 적은 "한 글자도 보지 말고 수행하라!"는 가르침은 선불교 수행에만 해당하는 얘기입니다. 선불교 수행은 전등법傳燈法이기에 반드시 눈 밝은 스승이 있어야 가능합니다. 스승이 지도해 줄 자신이 있으니까, 글자를 보지 말라고 하는 것입니다. 불전은 불교수행의 지도와 같습니다. 목적지에 가려 할 때 지도가 필요하듯이 스승 없이 홀로 수행을 할 때 그것이 불교수행이 되기 위해서는 경전의 지도가 있어야 합니다. 부처님과 조사 스님, 큰스님들의 은혜는 '수행의 지도'를 남기신 은혜입니다. 그러나 인도해 줄 스승이 있는 경우 경전을 보는 것은 수행에 방해가 될 뿐입니다. "한 글자도 보지 말라!"고 말씀하신 것은 당신께서, 이끌어 줄 자신이 있었기 때문입니다.

II

꼬리

028 불교에서는 우주에 대해 어떻게 가르치나요?

● 시간과 공간에 대해 불교에서는 어떻게 설명하는지요? 또 우주관은 어떤지요? 우문(고의 해탈에는 전혀 도움이 안 되는 희론)이라 조심스레 질문합니다.

○ 불교의 시간관과 공간관, 즉 우주론을 알고자 하는 것은 결코 우문도 아니고 희론도 아닙니다. 초기불전은 물론이고 후대 아비달마 문헌에도 우주론에 대해서는 자세히 설명되어 있습니다. (참고로 초기불전의 무기설無記說에서 "세간은 상주하는지 아닌지, 세간이 유변有邊인지 무변인지?"와 같은 물음에 대해 부처님께서 답을 하지 않으시는데 이런 문제는 우주론이 아닙니다. 세간 상주의 문제는 전생과 현생이 이어지는지 단절되어 있는지에 대한 물음이고, 세간 유변, 무변의 문제는 현생이 내생으로 이어지는지 아닌지에 대한 물음입니다. 전생과 현생, 현생과 내생은 불상부단不常不斷, 불일불이不一不二의 연기 관계에 있는데 이에 대해 상주常住와 단멸斷滅 여부를 묻기에 부처님께서 침묵으로 답하신 것입니다.)

불교의 우주론은 불교를 신행하려는 사람들이 가장 먼저 자세히 파악해야 할 중요한 교리입니다. 불교의 우주론에서 윤회의 현장, 윤회하는 모습에 대해 상세히 설명하기 때문입니다. 불교의 우주론

●

은 고집멸도 사성제 가운데, 고제苦諦에 대한 설명이라고 볼 수 있습니다. 윤회의 진상은 '일체개고'입니다. 윤회의 정체를 정확히 알아야 윤회에서 벗어나는 해탈, 열반을 진심으로 희구할 수 있습니다. 불전의 가르침 가운데 삼계설은 '공간론'이고, 십이연기설은 삼계 속에 살고 있는 중생의 삶에 대한 '시간적 조망'입니다.

시간론 _ 시간적으로 볼 때 우주는 무시무종無始無終하게 '성, 주, 괴, 공'한다고 합니다. 우주는 성립되었다가[成] 머물다가[住], 파괴되었다가[壞] 텅 비고[空], 다시 성립되었다가 머무는 등의 과정을 무한히 되풀이 합니다. 마치 삼각함수의 싸인 곡선과 같이…. 한 번 '성주괴공'하는데 80겁이 걸리고 이를 대겁大劫이라고 합니다. 성겁, 주겁, 공겁, 괴겁 각각의 기간은 20겁이며 이를 중겁中劫이라고 합니다. 그리고 1겁을 소겁小劫이라고 합니다.

사물은 생주이멸하고, 중생은 생로병사하며, 우주는 성주괴공합니다. 위빠사나 수행은 호흡이나 신체감각의 무상을 자각하는 수행이지만, 이 거대한 우주 역시 무상합니다.

공간론 _ 삼계설과 삼천대천세계설이 불교의 공간론입니다. 우리가 사는 태양계에 삼계가 하나 갖추어져 있습니다. 멀리서 보면 태양은 별에 다름 아닙니다. 밤하늘 우리 눈에 보이는 모든 별마다 이런 삼계가 하나씩 갖추어져 있습니다. 따라서 생명체는 이곳 태양계에만 살고 있는 것이 아니라, 온 우주 어디든지 살고 있습니다. 광막한 우주의 모든 별들이 우리가 윤회하며 태어날 장소가 될 수 있습니다. (무색계는 물질계가 아니기에 공간적 위치를 갖지 않습니다.)

시간에 따른 공간의 변화 _ 우주가 성주괴공함에 따라 삼계도 수축, 팽창합니다. 우주가 파괴된 공겁의 시대가 되면, 모든 중생은 삼계 가운데 색계의 제2선천 이상 하늘나라에 올라가 산다고 합니다. 색계 제2선천 이상은 빛과 같은 미세한 형상으로 만들어진 세계이기에 파괴되지 않는 것입니다. 손에 만져지는 물질은 파괴할 수 있어도, 빛은 만져지지 않기에 파괴되지 않습니다. 그러다가 제2선천에 살던 중생 가운데 그 선업이 가장 먼저 소진된 중생이 제2선천에서 탈락하며 초선천에 태어나는데 이 생명체가 '창조주 행세를 하는 대범천'입니다. 대범천은 "나는 마치 아버지와 같은 창조주이다."라고 말하지만, 부처님께서는 "모든 세계는 중생의 업력으로 나타나는 것이고, 대범천은 대교어(크게 교만한 말)를 발한다."고 비판하십니다.

029

시간에 시작이 있습니까? 우주공간에 끝이 있습니까?

● 　시간과 공간에 대하여 저는 엄청난 의문과 어지러움을 느낀 적이 있었습니다. 어제와 오늘 그리고 내일이라는 시간의 흐름이 분명하게 존재한다면 그 어제 이전의 어제 ⋯ 자꾸 거슬러 올라가서 시간의 시작은 존재하는 것인가요? 만약 존재한다면 그 시작의 앞 시간은 정지되어 있는 건가요? 정지되었다면 그 정지된 시점은 언제부터인가요? 또한 공간의 모습은 성주괴공成住壞空하지만 그 성주괴공의 규모, 다시 말하면 공간Space의 한계가 있을 것이 아닙니까? 만약 한계가 없다면 우리 인간의 지능으로는 계산이 안 될 것 같습니다. 그러나 우주의 끝이 있다면 (호킹의 『호두껍질 속의 우주』), 그 끝의 밖에는 또 뭐가 있느냐는 것입니다. 이런 시간과 공간이 수평선에서 흐른다면 도저히 답을 얻을 수가 없었습니다. 그래서 시간과 공간은 수직선상에서 오르락내리락하지만 항상 제자리라고 생각하면 약간의 의문은 해소되었습니다. 그러나 우리가 피부로 분명히 감지하는 시간의 흐름을 알 수 있지 않습니까? 그 예는 우리의 피부가 시간이 흐를수록 노쇠해져 가는 모습입니다. 그런데도 시간과 공간은 단지 허깨비고 아지랑이라고 말한다면 그 또한 많은 의문을 낳을 것이며, 우리가 보는 분명한 시간의 흐름과 동반하여 생로병사

○

1.3.1.

生老病死하는 만물을 어떻게 설명하겠습니까? 일본 NHK에서 발간한 시간과 공간의 존재를 알기 위한 책을 읽은 적이 있었습니다만 그 또한 결론이 안 나는 의문투성이였답니다. 교수님께서는 시간과 공간의 시작(출발점)과 끝에 대하여 어떻게 생각하시는지요?

     ○   시간의 시작과 끝, 공간의 한계에 대해 물으셨습니다. 불전에서는 시간의 시종에 대해서는 무시무종無始無終이라고 가르치고, 공간의 한계에 대해서는 무변無邊허공이라고 가르칩니다. 그런데 불전에서 사용하는 모든 '무無' 자가 그렇듯이 이때의 '무' 자는 '없을 무' 자라기보다, '틀렸음'을 의미하는 '무'입니다.

예를 들어 무아無我라고 할 때, 자아가 없다는 것을 주장하는 것이 아니라, 자아가 존재한다는 생각이 틀렸다는 것을 의미하듯이…. 따라서 무시무종은 이 우주에 시작점이 없다거나 있다, 또는 공간적 한계가 있다거나 없다는 의미가 아니라 이 우주에 시작이 있다는 생각이나 끝이 있다는 생각이 틀렸다는 것을 의미합니다. 우주에 시작이 있다는 물리학 이론으로 스티븐 호킹의 '빅뱅 이론'이 있는데 그런 빅뱅 이전에 대해서도 다시 의문을 품을 수 있기에 '빅뱅 이론'은 우주의 시작에 대한 의문을 풀어 주는 답이 될 수 없습니다. (그리고 본서의 문답 가운데 '물질과 마음, 그리고 인간과 지구와 우주는 어떻게 생겨났나요?' 항목에서 '빅뱅 이론'에 대한 저의 비판적 생각을 적어 보았습니다. 참조하시기 바랍니다.)

'시작'이나 '끝'이라는 언어는 우리가 밥 먹고 잠자는 일상생활

속에서 만들어진 것들입니다. 그런데 그렇게 만들어진 언어가 주제 넘게도 우주 전체에 대해 적용되어 우리에게 우주에 시작이 있는가, 없는가, 공간적 한계가 있는가, 없는가? 등등의 형이상학적 의문을 일으키는 것입니다. 따라서 이런 의문들은 허구의 의문들이라고 볼 수 있습니다.

오늘 아침 뉴스 시간은 시작과 끝이 있고, 내가 산 땅의 넓이에 는 한계가 있지만 우주 전체에 대해서는 시작이나 끝, 한계 등의 언어가 적용될 수 없습니다. 전체이기 때문입니다. 엄밀히 말하면 전체라는 말도 못 붙입니다. 『금강경』에서 비판되는 일합상一合相이 바로 이런 전체를 의미합니다. 일합상은 '하나의 떡 덩어리[piṇḍa-grāha]'라고 직역되는데, 우리가 사는 이 세계 전체에 대해 '한 덩어리의 전체'라는 규정을 할 수 없습니다. 우주 속에서 우리의 분별적 사유가 작동하는 것이지, 우리의 분별적 사유 속에 이 우주 전체를 담을 수는 없기 때문입니다.

지금 이 순간에도, 엄밀히 추구해 들어가면 시간도 없고, 공간도 없습니다. 과거는 지나가서 없고, 미래는 오지 않아 없고, 현재는 과거와 미래의 틈에 끼어 있을 곳이 없습니다(『중론』, 제2 「관거래품」 제1게의 가르침). 이를 『금강경』에서는 "과거심 불가득, 현재심 불가득, 미래심 불가득(過去心 不可得 現在心 不可得 未來心 不可得)"이라고 가르칩니다. 우주의 시작이나 끝을 묻는 물음은 얼핏 보기에는 참으로 궁금하고, 당연한 물음 같이 보이지만, 엄밀히 볼 때에는 허구의 물음입니다. 시간 자체가 존재하지 않기 때문입니다. 아인슈타인의 우주론에 의하면 로켓을 타고 우주를 향해 직선으로 날아가면 언젠가 지구 반대편을 향해 되돌아온다고 합니다. 우주는 둥근 구체인데, '3차원적인 공'이기 때문에 그 모습을 우리의 사유 속에 담을 수 없다는 것입니다. 우주를 한 바퀴 도는데 일정 시간이 걸리기에 우주가 무한한 것은 아니지만, 아무리 가도 벽과 같은 한계는 나타나지 않기에 우주가 유한한 것도 아니란 겁니다. 즉, 우주는 무한하지도 않고 유한하지도 않다는 것이 아인슈타인의 우주론입니다. 그런데 이런 이론을 불교적으로 조망하면 우주에 공간적 한계가 있는 것도 아니고, 없는 것도 아니다, 라는 말이 되며, 이는 중관학에서 가르치는 사구분별四句分別 가운데 제4구에 해당할 뿐입니다.

우리가 어떤 사건이나 사태에 대해 내릴 수 있는 판단의 종류는 네 가지이며, 이를 4구라고 부르는데 이는 다음과 같이 정리됩니다.

제1구 : A는 B이다.

제2구 : A는 B가 아니다.

제3구 : A는 B이면서 B가 아니다.

제4구 : A는 B도 아니고 B가 아닌 것도 아니다.

그런데 이런 4구는 모두 우리의 생각이 만든 판단일 뿐 이 세상의 참모습과 무관합니다. 아인슈타인의 우주론이 참으로 그럴듯해 보이지만, 결국 제4구일뿐입니다. 지금 이 순간에도 시간이 없고, 공간도 없습니다. 엄밀히 볼 때…

030

객관세계는 무엇인가요? 도대체 존재하기나 하는 건가요?

● "객관세계를 어떻게 해석할 것인가?"의 문제입니다. '인도불교의 사상과 역사'라는 강의 중 유식唯識에 대한 강의에서 교수님은 "외부 객관세계는 식識이 만들어 낸 허상의 세계이기에 내가 멸하면, 즉 식이 멸하면 이 우주도 멸한다. 내가 죽는 날이 이 우주가 멸하는 날이다."라는 취지의 강의를 하신 걸로 이해하고 있습니다. 그런데, 내가 죽어도 여전히 이 우주는 건재하다는 것을 우리는 주위의 죽어간 제3자들을 통해서 확인하며 살고 있습니다. 꿈도 꾸지 않는 깊은 잠을 자는 동안 제게는 객관세계가 존재하지 않지만 제 옆에서 여전히 자지 않고 객관세계를 지키고 있는 제 동생이 객관세계가 멸하지 않았었다는 것을 잠에서 깨어난 제게 증언을 해 줍니다. 객관세계는 객관세계를 인식하는 '나'의 식識과는 별도로 말 그대로 객관적으로 존재하는 것 같습니다. 깨달은 자의 입장에서 보면 이원적 인식을 극복하기에 주관이나 객관이랄 게 없을 테고, 이른바 제가 지금 이분법적으로 분별하여 식이니, 객관이니, 주체니 하는 분별적 존재가 존재하는 것이 아니라 주체나 혹은 식과 객관이 일체이기에 무엇이 실상[識]이고 무엇이 허상이랄 것도 없지 않은가라는 생각을 해 봅니다. 하지만 일반적인 제3자와 객관세계의 존재

○

방식 혹은 주체와의 관계 설정에 대해 어떻게 이해할 것인가? 라는 논의를 할 때 역시 어려움에 직면합니다. 객관세계는 무엇이고 어떻게 존재하고 있는지요? 존재하고 있기나 한 건가요?

　　　　　○　　질문이 길기 때문에 단락을 나누어 답해 보겠습니다.

1 · "객관세계를 어떻게 해석할 것인가?"의 문제입니다. '인도불교의 사상과 역사'라는 강의 중 유식 부분에서 교수님은 "외부 객관세계는 식이 만들어 낸 허상의 세계이기에 내가 멸하면, 즉 식이 멸하면 이 우주도 멸한다. 내가 죽는 날이 이 우주가 멸하는 날이다."라는 취지의 강의를 하신 걸로 이해하고 있습니다.

우리의 앎은 '생각의 차원'과 '체험의 차원'으로 구분됩니다. "내가 멸하면, 즉 식이 멸하면 우주도 멸한다."는 말은 '체험의 차원'에서 본 조망입니다. '생각의 차원'에서 '나'는 하나의 개념으로 떠오르고, '우주 또는 세계'도 하나의 개념으로 떠오릅니다. 따라서 '나'라는 개념을 없애도 '우주'라는 개념은 그냥 남아 있을 수 있고, '우주'라는 개념을 없애도 '나'라는 개념은 지워지지 않을 수 있습니다. ^{(생}각의 차원에서는 이 세상에 실재하지 않는 '토끼의 뿔[兎角]'도 떠올릴 수 있고, '거북이의 털[龜毛]'도 떠올릴 수 있습니다.) 그러나 '체험'이라는 면에서 보면, '나'가 사라지면 '내가 대면했던 우주' 역시 사라집니다. 인명학因明學, 즉 불교 인식논리학의 술어(術語: technical term)로 말하면 '체험'은 현량現量에 해당하고, '생각'은 비량比量에 해당합니다.

2 · 그런데, 내가 죽어도 여전히 이 우주는 건재하다는 것을 우리는 주위의 죽어간 제3자들을 통해서 확인하며 살고 있습니다.

우리는 "⟨그⟩가 죽어도 여전히 우주는 건재하다."는 것은 체험해 본 적이 있지만 "⟨내⟩가 죽어도 여전히 우주는 건재하다."는 것은 '체험' 해 본 적도 없고, '체험' 해 볼 수도 없습니다.

　　　죽어간 제3자들을 통해서 우리에게 확인되는 것은 "⟨그 제3자⟩가 죽어도 여전히 우주는 건재하다."는 것일 뿐입니다. 우리는 "내가 죽어도 여전히 우주는 건재하다."는 것을 '생각' 속에 떠올릴 수는 있어도 '체험'으로 '확인'할 수는 없습니다. "내가 죽어도 여전히 우주는 건재하다."는 '생각'은 '토끼 뿔'이나 '거북이 털'과 같은 '생각'일 뿐 '체험'은 아닙니다.

3 · 꿈도 꾸지 않는 깊은 잠을 자는 동안 제게는 객관세계가 존재하지 않지만….

'꿈도 꾸지 않는 깊은 잠'은 없습니다. 깊은 잠에 들어도 우리의 뇌파가 진동하고 있는 한 우리의 인식에는 계속 무언가가 나타납니다. 즉, 꿈을 꿉니다. 과거에는 수면 도중 'REM^Rapid Eye Movement' 상태에서만 꿈을 꾼다고 보았는데, 생리심리학[Physiopsychology]의 최근의 연구 성과에 의하면, REM 상태는 '구상적[具象的]인 꿈'을 꾸는 시기일 뿐이며, REM 이외의 수면 중에도 계속 꿈을 꾼다고 합니다. 무언가 계속 나타난다는 것입니다. 정리하면, 잠은 '꿈을 꾸는 잠'과 '꿈도 없는 잠'으로 구분되는 것이 아니라 '꿈을 회상할 수 있는 잠'과 '꿈이 회상되지 않는 잠'으로 구분됩니다. 수면 도중 우리의 인식에는 구상적인 형상이든, 추상적인 형상이든 항상 나타납니다. 즉, 항상 꿈을 꿉니다. 따라서 꿈속에서도 나름대로의 '객관대상'이 출현합니다. 다시 말해 꿈속에서도 '객관세계'로 '생각' 되는 것이 '체험' 되는 것입니다. "꿈도 꾸지 않고 깊이 잠에 들었을 때, 나는 어디에 있는가?"라는 화두話頭가 있는데 그에 대한 대답은 "꿈도 꾸지 않는 깊은 잠은 없다!!!"입니다. (그리고 '잠을 자지 않고 깨어 있는 지금 이 순간' 도, 엄밀히 보면 '꿈을 꾸다가 잠에서 막 깨어난 순간'과 다를 게 없습니다. 지금 이 순간의 우리에게, '이전에 체험했던 모든 일들' 이 한꺼번에 기억되는 것이 아니라, '바로 직전의 일들' 만 뚜렷하게 기억이 됩니다. 아침에 잠에서 깨어 자는 동안 꾸었던 꿈을 회상할 때 잠을 깨기 직전에 수 초 동안 꾸었던 꿈만 기억나는 것처럼…. 잠을 자지 않는 지금 이 순간에도 우리의 앎은, '잠에서 깨어 꿈을 회상' 하듯이 작동됩니다.)

4 · … 제 옆에서 여전히 자지 않고 객관세계를 지키고 있는 제 동생이 객관세계가 멸하지 않았었다는 것을 잠에서 깨어난 제게 증언을 해 줍니다. 객관세계는 객관세계를 인식하는 '나' 의 식과는 별도로 말 그대로 객관적으로 존재하는 것 같습니다. '내가 잠에서 깨어났을 때 내게 보이는 객관세계' 는 '내가 잠에 들기 전에 내게 보였던 객관세계' 와 똑같지 않습니다. 모든 것이 무상하게 흘러가기에 우리에게 인식된 어느 것 하나 머물러 있지 않지만, 우리의 감각기관이 정밀하지 못하기에, '잠을 자기 전에 보였던 세계' 가 잠을 깬 다음에도 변치 않고 그대로 머물러 있는 것으로 착각하는 것입니다. '내가 잠이 들기 전에 내 옆에 있었던 동생' 과 '내가 잠을 깬

후에 만난 동생' 역시 똑같은 사람이 아닙니다(물론 다른 사람도 아닙니다: 不一不異). 따라서 내가 잠에서 체험한 '객관세계로 생각되는 대상들', 즉 '꿈의 내용'도 잠 속에서 무상하게 변화했지만, '잠을 자지 않았던 동생'과 '동생의 눈에 비친 객관세계' 역시 원래는 한 순간도 머물지 않고 무상하게 변화하고 있습니다. '잠에 들기 전 객관세계'와 '잠을 깬 후의 객관세계'가 같다는 것은 '현량으로서의 〈체험〉'이 아니라 '비량으로서의 〈생각〉'입니다. '제행무상'의 가르침에서 보듯이 〈체험의 영역〉은 항상 변합니다. 무상無常합니다. 그러나 〈생각〉의 기초 단위인 '개념'은 '상주常住함'을 그 속성으로 삼습니다. "체험의 영역이 항상 변한다."는 점을 체득하게 하는 수행이 바로 '위빠사나 수행'입니다. 제행무상諸行無常을 체득하게 하는 것입니다. 진속이제설로 설명하면, '체험인 현량現量'은 진제眞諦에 해당하고, '생각인 비량比量'은 속제俗諦에 해당합니다. 엄밀히 보면 매 순간 찰나찰나 변하는 식識의 흐름만 있을 뿐입니다. 찰나찰나 명멸하는 한 점 식의 흐름만 있을 뿐입니다. 그 식識이 그려내는 1차원의 선의 흐름이 '3차원적인 입체의 세계', 즉 '우리가 사는 우주'로 나타나 보이는 것일 뿐입니다. 여기서 '나타나 보이는 것'은 '생각의 차원'에 속합니다. 그런 '생각의 차원'에서 '객관세계'라는 인식이 떠오르는 것입니다. '체험의 차원'에서 보면 '나의 식識'과 별도로 존재하는 객관세계는 없습니다. '생각의 차원'은 속제俗諦에 속하는 허구이고, '체험의 차원'이 우리에게 확인되는 '찬된 실상'으로서의 진제眞諦입니다. (인도불교적 이제관二諦觀에 근거한 설명입니다.)

5 · 깨달은 자의 입장에서 보면 이원적二元的 인식을 극복하기에 주관이나 객관이랄 게 없을 테고, 이른바 제가 지금 이분법적으로 분별하여 식이니, 객관이니, 주체니 하는 분별적 존재가 존재하는 것이 아니라 주체나 혹은 식과 객관이 일체이기에 무엇이 실상(識)이고 무엇이 허상이랄 것도 없지 않은가라는 생각을 해 봅니다.

맞습니다. 주관이라든지, 객관이라든지, 실상이라든지, 허상이라는 것이 모두 우리의 '생각'이 우리의 '체험'을 제멋대로 오려내어 만든 '개념'들일 뿐입니다. 이렇게 우리 생각의 '오리는 작용 [Scissoring]'을 불교 전문 용어로 '분별分別'이라고 부릅니다. 세상을 잘라버린다는 의미입니다. 그러나 모든 것이 얽혀 있기에 세상은 잘라지지 않습니다. 우리의 생각은 '체험'을 조각조각 잘라내어 갖가지 '개념'들을 만들어내지만, 그렇게 자르는 순간 우리의 앎은 '이 세상의 참모습'에서 멀어집니다. 이 세상은 잘라지지 않습니다. '객관'과 '주관'으로 잘라지지 않고, '허상'과 '실상'으로 잘라지지 않고, '나'와 '우주'로 잘라지지 않습니다. 굳이 말로 표현하면 모두 '한 덩어리'입니다. 얽혀 있는 한 덩어리입니다. 연기적인 한 덩어리입니다. 자르는 순간 연기실상을 위배하고 맙니다. 그렇게 '생각으로 세상을 자르는 행위'가 분별입니다.

6 · 하지만 일반적인 제3자와 객관세계의 존재방식 혹은 주체와의 관계 설정에 대해 어떻게 이해할 것인가? 라는 논의를 할 때 역시 어려움에 직면합니다. 객관세계는 무엇이고 어떻게 존재하고 있는지요? 존재하고 있기나 한 건가요?

엄밀히 말하면, 우리 모두는 남에게 대화를 건넬 때에도 모두 독백을 하고 있고, 남의 말을 들을 때에도 모두 오해를 하고 있습니다. '일반적인 제3자'와 '나' 사이의 관계 설정, '객관세계'와 '나' 사이의 관계 설정 모두 모호할 뿐입니다. 은유隱喩한다면 '한 치 앞도 보이지 않는 짙은 안개 속에서 얼핏 얼핏 보이는 서로의 손짓'으로 대화를 나눌 수 있을 뿐입니다. 질문에 쓰셨듯이, 객관세계는 존재하지 않습니다. 그리고 '객관'이 없기에 '주관'이랄 것도 없습니다. 길고 짧은 두 막대기를 나란히 놓았다가, 긴 막대기를 치우면 남은 막대기에 대해 짧다는 규정을 내리는 것이 무의미하듯이, '객관'이 무의미해지면, '주관'이란 말도 무의미해집니다. '객관'이나 '주관'이라는 개념 모두 우리의 '체험'을 가위질해서 만든 '생각'들일 뿐입니다. 우리의 체험에 대해서는 '언어'를 붙일 수 없습니다. 그냥 한 덩어리이기 때문입니다. "비가 내린다."라는 말이 '강우降雨'라는 하나의 사건을 '비'와 '내림'이라는 두 개의 개념으로 오려서 표현한 것이기에, '체험'의 세계에서 '비'만 홀로 있는 것도 찾아지지 않고, '내림'만 홀로 있는 것도 찾아지지 않듯이, 체험의 세계를 우리의 생각으로 오리는 순간 이 세계의 진실에서 멀어지고 맙니다. '객관'과 '주관' 역시 이런 '생각의 오리기'를 통해 생긴 '허구의 개념'입니다.

031

물질과 마음, 그리고 인간과 지구와 우주는 어떻게 생겨났나요?

● 물리학에서는 물질이 진화과정을 거치다가 마음이 생겨난 것으로 보고 있는 듯합니다. 이에 비하면 유식불교 쪽에서는 제가 알기로는 마음(견분見分)이 연기하여 상분相分인 물질[境界]을 만들어낸다고 보고 있는 듯합니다. 즉 물리학은 물질이 먼저고 마음이 나중이라는 것인데 반해 불교는 마음이 먼저고 물질이 나중이라는 것으로 이해됩니다. 결국 물리학과 불교는 완전히 반대되는 사상에 근거하고 있는 듯합니다.

불교를 가르치시는 모 교수님은 "하나님이 우주를 창조하였다고 하면 그 하나님을 창조한 존재가 또다시 있어야 하기 때문에 이는 모순"이라는 생각을 어릴 적부터 하셨다고 합니다.

저는 불교에서 똑같은 모순을 발견합니다. 물질이 마음의 연기로 인하여 비롯된 것이라면 그 마음은 어디에서 비롯된 것인가요. 마음은 있는 것도 아니고, 없는 것도 아니라거나, 본래무일물本來無一物이라거나 하는 답변은 "하나님은 누구에 의해서도 창조된 자가 아니라는 답변"과 별로 다를 것도 없어 보입니다.

선어록에도 이에 대한 지적이 있는 듯한데, 이에 대한 조사들의 답변은 저의 무지와 무인연으로 인하여 도무지 감이 잡히지 않습니

●

1.4.2.

다. 제가 "무언가 있어야 하지 않을까?"하는 생각에 집착하여 드리는 질문은 아닙니다. 불교에서는 이 부분을 어떻게 보고 있는지 궁금해서 여쭙는 것입니다. 부처님께서 무기로 일관하신 부분은 모두 연기법이 답변인 듯한데, 저의 질문이 비현실적이고 '무기無記'의 대상이라면 연기법적으로는 어떻게 이해해야 할지도 궁금합니다.

○　　　　기독교(개신교와 가톨릭), 유대교, 이슬람교와 같은 셈족의 종교에서는 "조물주인 하느님(가톨릭의 번역어), 또는 하나님(개신교, 이슬람교의 번역어)이 모든 것을 만들었다."고 합니다. 그런데 "그런 조물주는 누가 만들었는지?"라는 의문이 들어 기독교 신앙을 버리게 되었다고 말하는 사상가로 버트란트 러셀을 들 수 있습니다. 『나는 왜 기독교인이 아닌가? Why I am not a Christian?』라는 책에서 러셀은 셈족의 종교에서 주장하는 창조설이 갖는 위와 같은 패러독스에 대해 자세히 설명합니다.

기독교인이나 이슬람교도뿐만 아니라, 고대 인도의 바라문교의 종교인들이나 중국의 제자백가는 물론이고, 과거 아프리카나 아메리카 원주민 등 아직 인지능력이 발달하지 않은 사람들에게는 "이 세상은 누군가가 만들었을 것이다."라는 생각이 들게 마련입니다.

독일 철학자 칸트는 『순수이성비판』이라는 저술을 통해 '창조설'이란 이율배반적으로 작동하는 인간의 사유가 만들어 낸 이론理論의 한 축일 뿐이라고 역설力說합니다.

○

1. 4. 3.

또 현대물리학의 경우 우주 발생론으로 '빅뱅(대폭발) 이론'을 주장하지만, 이는 별빛의 적색 변위變位와 배경 복사라는 현상에 근거하여 추론된 이론일 뿐입니다. 저는 별빛의 적색변위는 도플러 효과로 인해 나타나는 것이 아니라, 먼 곳에서 오는 별빛이 우주에서 전자와 부딪혀 에너지를 상실함으로써 파장이 늘어져 나타난 현상이라고 생각합니다. 물리학에서는 이런 현상을 '콤프턴 효과'라고 부릅니다. 다시 말해 우주 저 멀리에서 지구까지 오는 빛의 노화老化로 인해 일어나는 현상일 뿐인데 물리학자들이, 이를 우주가 팽창하고 있기에 일어나는 현상일 것이라고 잘못 해석한 후 시간적으로 소급해 올라가 창조의 시점이 있고 그 순간에 빅뱅(대폭발)이 일어났다는 이론을 만들어 낸 것입니다. 제가 빅뱅이론에 대해 의심을 하게 된 이유는 "지구에서 떨어진 거리에 정비례하여 적색변위의 양이 커진다."는 사실 때문입니다. 스티븐 호킹과 같은 사람은, 이런 관찰에 근거하여 지구가 우주의 중심일지도 모른다는 망언까지 합니다.(호킹은 현대판 프톨레마이오스입니다. ✦프톨레마이오스: 지구가 우주의 중심이라고 주장했던 고대 그리스의 천문학자. 그가 주장한 천동설은 15세기까지 유럽 그리고 기독교도에게 진리로 숭배되었다. ─편집자주)

수류탄의 경우 폭발할 때, 그 파편들이 제각각의 속도로 산만하게 흩어지는데 빅뱅을 통해 폭탄의 파편과 같이 흩어지고 있는 온 우주 도처의 별들이 지구에서 떨어진 거리에 정비례한 속도로 멀어진다는 것은 너무나 부자연스럽습니다. 그런데 별빛의 적색변위를 '빛의 노화' 때문이라고 해석할 때 '정비례'에 대한 의문점은 해결됩니다. 온 우주의 전자밀도가 균일하다고 볼 때, 별빛이 지구에 도달하기까지 충돌한 전자의 수는 그 이동거리에 정비례할 것이고 별빛이 상실하는 에너지의 양도 이동거리에 정비례할 것이기 때문입니다. 혹 별빛이 지구까지 오는 데 걸린 시간에 비례하여 에너지를 상실하기도 하고, 우주공간의 전자와 부딪힘으로써 에너지를 상실하기도 한다면, 적색변위의 정도는 지구에서 떨어진 거리에 '제곱비례'할 수도 있을 겁니다.

이런 제 해석이 일리가 있다면 현대 물리학자들이 '태초의 빛'이라고 해석하고 있는 '우주배경복사[cosmic background radiation]'에 대해서도 다시 해석해야 할 것입니다. '빅뱅 우주론' 역시 '물리학의 탈을 쓴 기독교적인 우주론'이라고 생각합니다. 이런 생각들을 주변의 물리학 전공 교수님들께 여쭈어 보아도 가타부타 속 시원한 답을 들어보지 못했습니다. 물리학 교수님 가운데 한 분만 콤프턴 효과의 힌트를 주시며 제 생각을 긍정하시더군요.

우리가 다른 여러 원시종교에서 가르치는 창조설이나 우주의 시초에 대해 불교적으로 조망할 때, 빅뱅과 같은 현대의 최첨단 이론을 제외시켜서는 안 될 것입니다. 물리학의 이론이 아무리 난해하고 고매하다고 하더라도 결국 우리의 주관적 사유가 만들어 낸 것일 뿐이기 때문에 종교적 믿음이나 철학자가 만든 형이상학과 본질적으로 다를 게 없습니다. 현대 물리학의 빅뱅이론이든 셈족이나 바라문교의 창조설이든, 시간을 거슬러 올라가 태초에 시작이 있었다는 생각이라는 점에서 공통됩니다. 불교적 관점에서 창조설을 비판할 때, 이런 모든 생각과 이론들을 함께 묶어서 다루어야 할 것입니다.

2 · 불교의 우주생성론과 창조 신화에 대한 해명

불전에서는, 우주가 성주괴공成住壞空을 무한히 되풀이한다고 가르칩니다. 우주 역시 무상의 법칙에서 예외일 수 없기에 과거 언젠가 생성되었다가, 지금 지속되고 있는데, 앞으로 언젠가 파괴되었다가, 온 우주가 텅 비게 되겠지만, 시간이 흐르면 다시 생성되고 지속되고, 파괴되는 과정을 무한히 되풀이 합니다. 성겁成劫, 주겁, 괴겁, 공겁을 되풀이 하는 것입니다. 공겁의 상태, 즉 우주가 텅 빈 상태는 모든 것이 파괴된 상태가 아니라 지옥, 아귀계, 축생계, 인간계가 파괴되고 색계 초선천의 하늘나라까지 파괴된 상태라고 합니다.

색계 제2선천 이상은 빛과 같이 조촐한 물질로 만들어진 세상이고 그곳에 태어나는 생명체의 몸 역시 빛과 같은 물질로 되어 있기에 결코 파괴되지 않는다는 것입니다. 그곳에 모든 생명체가 모여 있다고 합니다. 즉, 모든 생명체가 착해지고 선禪 수행을 하여 색계 제2선천의 극광천極光天, 무량광천無量光天 등의 하늘나라 이상의 세계에 태어나게 되는 때가 공겁의 상태입니다. 불교적으로 볼 때에는 '모든 생명체가 악해지는 세상'이 말세末世가 아니라 모든 생명체가 어느 정도 이상으로 선善해지고 삼매를 닦아서 지옥계, 축생계, 아귀계, 인간계가 텅텅 비고 색계 초선천까지 텅텅 비게 될 때가 말세라는 말입니다.

모든 생명체가 색계 제2선천 이상에 태어나게 되어 지옥계, 축생계, 아귀계, 인간계에 태어날 중생이 없을 경우, 그런 물리적 세계 역시 사라진다고 합니다. 중생의 업력으로 인해 물리적 세계가 만들어지는데, 그곳에 태어날 중생이 없다면 그런 물리적 세계 역시 있을 수 없기 때문입니다. 공겁의 상태에서 긴 시간이 지나면 색계 제2선천에 살던 중생 가운데 복덕의 힘이 가장 먼저 소진된 생명체가 밑으로 타락하게 되는데 그 생명체가 '바라문교에서 창조주 행세를 하는 대범천大梵天'이라는 것입니다. 이때가 성겁成劫의 시작입니다. 대범천의 타락墮落 이후 색계 초선천부터 시작하여 인간계, 아귀계, 축생계, 지옥계 등의 아래 세계들이 차례차례 나타나게 됩니다. 그런데 대범천 이후에 초선천으로 떨어진 천신들이, 대범천이 그 이하의 세상을 만든 것으로 착각하고서 창조주로 섬기기 시작했으며 대범천 역시 자신이 세상을 만들었고 마치 아버지와 같으며 모든 것을 만들었다[云我能作能化能幻。云我如父於諸事中自作]고 주장했다고 합니다. 부처님께서는 이런 일화를 소개하신 후 이는 교만에 가득 찬 말로 옳지 않으며[如是憍大語言。即生我慢] 이 세계는 누가 창조하는 것이 아니라 중생의 업력에 의해 만들어진다고 가르치십니다.[諸比丘 彼梵世中 有一梵主 威力最强無能降者 統攝千梵自在王領 云我能作能化能幻 云我如父於諸事中自作 如是憍大語言 即生我慢 如來不然 所以者何 一切世間各隨業力現成此世: 『起世因本經』, 大正藏 제1권, p.365c].

　　불교의 성주괴공 우주론을 굳이 다른 종교의 창조설과 회통한다면, 성겁의 시작이 창조의 순간이라고 말할 수 있겠지만 불전의 경우 그런 성겁이 무수히 있어 왔고, 앞으로도 무수히 있을 것이라고 가르치기에 불교의 우주론은 한 번의 창조와 한 번의 종말만을 얘기하는 다른 종교의 우주론과는 본질적으로 다릅니다. 또 어떤 인격체가 우주를 만든 것이 아니라, 중생의 업력에 의해 우주가 생겨난다고 가르친다는 점에 불교의 특징이 있습니다. 이것이 물리적 우주에 대한 불교적 설명입니다.

3 · 인간과 생명체의 기원에 대해서

지금 우리가 살고 있는 지구에 생명체가 생겨난 후 인간으로 진화하는 과정에 대해서는, 불교적으로 다음과 같이 설명할 수 있습니다. 『생명조류』의 저자이며 옥스퍼드 대학 교수였던 라이얼 왓슨에 의하면, 얼음덩어리인 혜성이 DNA의 공급원이라고 합니다. 생명체의 토대가 되는 DNA가 온 우주에 가득하다는 말입니다. 라이얼 왓슨의 이런 가설은 불교의 우주관, 생명관에 합치합니다. 태양계에서 지구가 생겨난 후 어느 정도 식어서 'DNA로 이루어진 생명체'가 살 수 있는 조건이 되었을 때 혜성에 묻어 있던 바이러스 등의 원시 생명체들이 지구로 떨어져 기생하면서 진화를 거듭하여 인간의 모습까지 갖추게 되었다고 볼 수 있습니다.

창조과학회라는 '일부 개신교도 과학자 모임'에서는 진화의 속도가 너무 빠르다는 점을 근거로 대면서 진화론을 부정하는데, 이에 대해서는 윤회설로 설명할 수 있습니다. 부처님 가르침에 의하면 생명체가 지구상에만 존재하는 것이 아닙니다. 불전의 삼계설, 육도윤회설, 삼천대천세계설 등에서는, 온 우주에 생명체가 가득하다고 가르칩니다. 10억 개의 삼계가 삼천대천세계가 된다는 이론에 의거할 때, 우리와 같은 인간의 모습을 한 생명체도 지구상에만 존재하는 것이 아니라 온 우주 도처에 존재한다고 볼 수 있습니다. 저 북두칠성 부근에도 인간과 같은 존재가 생로병사生老病死하고, 저 안드로메다 별자리에도 인간과 같은 존재가 생로병사한다고 볼 수 있습니다. 믿거나 말거나 한 얘기지만, 칠성각에 가서 빌어서 난 아이들은 얼굴이 비슷하다고 합니다. 북두칠성 부근의 외계에 살던 같은 부류의 생명체가 어머니의 태내에 들어와서 그럴 것이라고, 농담하기도 합니다. 진화가 '일반적인 확률' 보다 급격히 일어나는 이유는, 외계에 살던 이런 존재들의 영혼이 죽은 후 지구상 생명체의 수정란에 결합되면서 '상향上向 돌연변이' 를 일으켰기 때문이라고 설명할 수 있습니다. '온 우주에 DNA가 가득하다는 라이얼 왓슨의 이론' 과 '불교의 우주론과 윤회설 그리고 다윈의 진화론' 을 결합하면, 지구상에 생명체가 생기게 되는 과정 및 인간으로 급격히 진화하는 과정에 대해 누구나 납득 가능한 위와 같은 이론을 구성할 수 있습니다.

　　지금까지의 제 설명이 황당무계하게 들릴지 몰라도, '기독교의 창조설만' 을 '다윈 진화론의 대립이론' 으로 간주하고서 "교육현장에서 진화론과 함께 기독교의 창조설을 가르쳐야 한다."고 주장하는 '황당무계한 종교인들' 이 정상인 행세를 하면서 버젓이 활보하는 '우리 사회' 이기에 부처님 가르침에 근거하여 그에 대한 대척 이론을 구성[construct]해 본 것입니다. 교육현장에서 '다윈의 진화론과 대립하는 이론' 으로 '기독교의 창조론' 을 거론할 경우, 불교적인 '윤회와 진화의 결합 이론’역시 소개해야 할 것입니다.

4 · 마음은 진화과정에서 새롭게 발생하는 것이 아니다.

또 ‘질문 글’에서 쓰셨듯이 현대 과학에서는 마음이란 물질의 진화 과정에서 생겨난 것이라고 가르칩니다. 현대 생물학에서는 진화와 함께 신경의 종단終端부위가 발달하면서 뇌가 형성됨에 따라 사유의 능력이 생겼으며 주름으로 가득한 대뇌피질에서 고급의 사고 능력을 담당한다고 가르칩니다. 요컨대 ‘마음 발생론’을 주장합니다. “물질만 존재하고 마음은 원래 없었는데, 어느 순간 생명체가 생겨났고 진화를 통해 생명체의 기능이 복잡해지면서 사고 작용을 하는 마음이 새롭게 발생했다.”는 이론인 것입니다. 그러나 불교의 윤회설에서는, 마음이란 물질에서 새롭게 발생한 것이 아니라, 우주나 물질과 마찬가지로 무시무종하게 원래 존재하는 것으로 봅니다. 우리의 마음, 즉 영혼은 지구의 어떤 생명체 또는 먼 우주의 어느 별나라의 어떤 생명체의 육체에 결합되어 살아가다가, 그 육체가 늙어 죽으면, 그 육체를 벗어나 다른 생명체의 육체로 자라날 씨앗인 수정란과 결합한다는 것입니다. 재탄생하는 것입니다. 윤회하는 것입니다.

부처님 가르침은 진제眞諦와 속제俗諦의 이제二諦로 구분됩니다. 진제는 ‘참된 가르침, 진실한 가르침’이며, 속제는 ‘일반인들의 사고방식, 언어습관에 부응한 가르침’이라고 풀이됩니다. “인간을 포함한 모든 생명체, 지구를 포함한 온 우주가 어떻게 해서 생겨났을까?”라는 의문에 대해 앞에서 ‘윤회와 진화의 결합 이론’을 제시한 것, 또 "물질의 진화를 통해 마음이 생겨났다."는 현대 생물학의 이론에 대해 위에서 "마음은 물질과 마찬가지로 무시무종하게 존재하며, 윤회를 통해 육체적 물질인 DNA와 결합한다."는 이론을 제시한 것 모두 진속 이제二諦 가운데 철저하게 속제俗諦에 근거한 설명입니다.

5 · 마음의 기원에 대한 진제적 설명

진제眞諦에 근거한 설명은 다음과 같습니다. '일체유심조一切唯心造'라는 격언에서 보듯이 대승불전에서는 마음이 모든 것을 만들었다고 설명하기도 합니다. 그런데 이는 마음을 실체시한 후 그런 마음이 물질을 포함한 외계 전체를 만들었다는 가르침이 아닙니다. 마음에 실체가 있고 그런 마음이 모든 것을 만들었다면, 질문에 쓰셨듯이 그런 마음의 기원에 대해 다시 묻지 않을 수 없을 겁니다. 마음을 실체시한 후, 그런 마음이 모든 것을 만들었다는 주장이 불교의 유식 이론이라면, 이는 영국 경험론 철학자 버클리의 유심론唯心論과 다를 게 없을 겁니다. 그런데 '일체유심조' 라는 가르침은 "마치 그릇 속에 과일이 들어 있듯이, 누군가가 만든 이 세계에 내가 태어나 살아간다."는 생각을 비판하기 위해 제시되는 방편적 가르침입니다. 또는 "주관인 마음과 객관인 물질세계는 전혀 다르다."는 사고방식을 비판하기 위해 제시된 방편적, 과정적過程的 가르침입니다. '일체유심조' 의 가르침을 통해 '주관과 객관이 다르다는 주객 이원론' 이나 '외부의 객관세계가 실재한다는 생각' 등을 세척할 경우, 일체유심조의 가르침은 그 역할을 다한 것입니다. 예를 들어 '확실히 존재하는 것 같아 보이는 외부의 시각대상'은 '안근이라는 감각기관'과 '의근이라는 생각작용'의 공조共助를 통해 그 존재가 나타납니다. 색깔이나 모양 등 외부의 시각대상은 '태어날 때부터 시각장애인인 사람'에게는 무의미합니다. 또 무엇이 크다는 생각은 작다는 생각과의 비교를 통해 발생합니다. 그런 비교는 우리의 생각, 우리의 마음속에서 일어납니다. 큰 것 작은 것이 외계에 실재하는 것이 아닙니다. 더 나아가 나의 눈이나 귀, 삶이나 죽음 모두 실재 존재하는 것이 아니라 우리의 생각, 우리의 마음이 비교와 대조를 통해 만들어낸 것들입니다. 그래서 『반야심경』에서는 눈도 없고, 코도 없고 … 등등의 선언을 하는 것입니다. 연기緣起한 것들이란 말입니다. 왜 이런 모든 개념들, 모든 단어에 해당하는 사물들이 실재하는 것이 아닌지에 대해 논리적으로 설명하는 문헌이 용수 보살의 『중론』입니다. 모든 개념들이 실재하는 것이 아니라는 점에서 "공하다."고 말하지만 이런 공에 대해 역으로 표현하면 "우리의 마음이 만들었다."고 말할 수 있습니다. 마음의 작용을 통해 연기한 것이란 말입니다. 그러나 이는 마음이 만들었다는 점을 주장하는 것이 아닙니다. "원래 존재한다."는 착각을 시정하는 의미에서 "우리의 마음이 만들었다."고 말하는 것입니다. "모든 것을 마음이 만들었다."고 말할 때, 이 말이 '도그마와 같은 주장'인지 아니면 '모든 것이 실재한다는 생각에 대한 비판'인지는 이 말만으로는 알 수 없습니다. 무아無我의 경우도 원래는 '아뜨만 실재론에 대한 비판'인데 '무아의 주장'으로 오해될 수 있듯이…. 무아설이 '무아의 주장'으로 잘못 이해될 경우, 부처님께서는 '무아'도 부정하십니다. 따라서 일체유심조의 가르침은 '선행先行하는 실재론에 대한 비판적 가르침'이지 일체유심조를 주장하는 가르침이 아닙니다. 불교의 궁극적 가르침은 '주장'이 아니라 '작용'입니다. 잘못된 생각을 시정해 주는 작용입니다. 이런 작용이 바로 진제입니다. 궁극적 가르침, 참된 가르침, 진실한 가르침입니다. 따라서 "모든 것은 어떻게 만들어졌는지?"라고 물을 경우 "모든 것을 마음이 만들었다[一切有心造]"라는 답을 할 경우, 이는 조물자造物者로서 '마음'을 제시하는 답이 아니라 질문자의 생각에 깔려있던 실재론적 세계관을 타파해 주는 역할을 하는 대답일 뿐입니다.

실재론적 세계관의 타파로 의문이 모두 해소되었다면 더 이상 질문이 이어지지 않겠지만 "마음이 만들었다."는 말에서 '마음'을 실체화하여 "그런 마음은 무엇이 만들었냐?"고 다시 물을 경우에는 '마음'이라는 개념을 소재로 삼아서 그것에 실체가 없다는 점에 대해 설명하게 됩니다. 앞에서 얘기한 연기의 가르침을 통해, 이 세상에 '물질'과 '마음'이 별개로 존재하는 것이 아니고, "모든 것이 다마음이다."라는 점을 확실히 이해한 사람이라면 마음에 대한 고착에서도 벗어날 수 있습니다.

다음과 같은 논리가 가능하기 때문입니다. 즉, "모든 것이 마음이라면, 마음 아닌 것이 없기 때문에, 모든 것에 대해 마음이라고 말을 붙일 필요도 없다." 모든 것이 마음이라면 마음이랄 것도 없다는 것입니다. 유식무경唯識無境에서 한 단계 더 올라간 경식구민境識俱泯의 경지입니다. 마음의 존재에 대해 다시 물을 때 "마음은 있는 것

도 아니고, 없는 것도 아니다.”라고 답을 하거나, “본래무일물本來無
一物”이라고 답을 하는 글을 보셨다면, 그 모두 이상과 같은 논리를
바탕에 깔고 있을 겁니다.

　“이 세상은 어떻게 생겨났는가?”, “이 세상은 누가 만들었는
가?”, “인간은 어떻게 생긴 것일까?”, “나는 누구인가?” 등등의 종
교적, 철학적 질문에 대한 불교의 궁극적 해결 방식, 즉 진제眞諦의
해결 방식은 ‘문제의 해소’입니다. 불교 전문용어로 이런 해소를
‘희론적멸戲論寂滅’ 이라고 부릅니다. “갖가지 이론理論들이 고요해
진다.”는 의미입니다. 사실 엄밀히 보면 지금 이 순간이 우주창조의
순간입니다. 모든 것이 무상하기에 모든 것이 다 새롭게 나타납니다.
나의 신체, 생각, 집, 날씨 등등 눈에 보이는 것이든, 귀에 들리는 것
이든 모두 새롭게 나타난 것들뿐입니다. 또, 지금 이 순간에 대해 역
逆으로 접근하면 지금 이 순간이 우주종말의 순간입니다. 모든 것이
무상하기에 모든 것이 다 소멸하기 때문입니다. 나의 신체든, 신체감
각이든, 눈에 보이는 모습이든 모두 과거로 흘러가버립니다. 이렇게
지금 이 순간이 천지창조의 순간이고, 지금 이 순간이 천지종말의 순
간이기에 천지창조의 순간이 천지종말의 순간입니다. 창조가 종말입
니다. 발생이 소멸입니다. 삶이 죽음입니다. 언어가 무너집니다.

　또, 과거는 항상 지나가 있기에 만난 적이 없습니다. 미래는 아
직 오지 않은 것이기에 만날 수가 없습니다. 그리고 ‘바로 이 순간’
이라는 현재는 과거와 미래의 사이에 끼어서, 있을 곳이 없습니다.
따라서 과거도 없고, 미래도 없으며, 현재도 없습니다. 『금강경』에서

가르치듯이, 그야말로 '과거심불가득, 현재심불가득, 미래심불가득 過去心不可得 現在心不可得 未來心不可得' 입니다. 이 세상의 참 모습에 대해 한 걸음만 깊이 들어가면 언어가 무너지고 생각이 무너집니다. 이 세상이 어떻게 만들어졌는지, 언제 사라지는지 등등의 의문은 모든 것이 콸콸 흘러가는 이 세상과 무관하게 나의 생각이 지어낸 허구의 의문들입니다. 이 세상에 대해 품는 그 어떤 생각도 제대로 된 것이 아닙니다. 이 세상과 무관한 생각입니다. 본래무일물本來無一物이기 때문입니다. 이를 자각할 때 모든 철학적 종교적 의문이 해소됩니다. 이상은 진속이제 가운데 진제眞諦에 근거한 답변이었습니다.

그리고 "견분이 연기하여 상분이 만들어졌다."고 쓰셨는데 그렇지 않습니다. 식識을 증자증분證自證分, 자증분自證分, 견분見分, 상분相分의 사분四分으로 나누는 것은 유식가唯識家 가운데 호법(護法, Dharmapala, 530~561년경)의 학설일 뿐입니다. 또, 굳이 발생론적으로 해석하더라도 견분과 상분은 동시에 나타납니다. 마치 긴 것과 짧은 것이 그렇듯이 동시에 연기합니다. 실재하는 것이 아니라 생각의 분할작용(분별)을 통해 나타나는 것이기 때문입니다. 생각이 거짓되게 주관(견분)과 객관(상분)을 나누는 것입니다.

032

불교에서는 하늘나라天上와 신神을 어떻게 보나요?

● 불교에서는 하늘나라天上와 신神을 어떻게 보나요?

○ 윤회의 세계 가운데 천상天上, 즉 '하늘나라'가 '신神'이 사는 곳입니다. 그리고 신神도 그 선업의 공덕이 다 소진되면 다시 짐승이나 인간이나 아귀 등의 세계로 떨어집니다. 남에게 많이 베풀고 지극히 윤리적으로 사는 착한 사람의 경우 죽은 후 '천신天神'으로 태어납니다. 천신들의 경우 세 가지 공포가 있는데 첫째 자신보다 지위가 높은 천신에 대한 두려움, 둘째 천신으로 살다가 죽으면 복이 탕진되어서 내생에 대개 아귀나 짐승으로 태어나는데 이를 미리 알고 느끼는 죽음의 공포, 셋째 아수라천이 전쟁을 걸어올 때 함께 나가 싸우다가 베이고 잘리고 살해당하는 공포라고 합니다.

하늘나라는 욕계천, 색계천, 무색계천의 세 가지 종류로 구분됩니다. 현생에 어떻게 사는가에 따라 그 태어날 곳이 정해집니다. 이성에 대한 관심을 끊지 못한 착한 사람의 경우 욕계천(몸과 정신과 욕망이 남아 있는 하늘나라)에 태어나고 이성에 대한 음욕을 완전히 끊고, 약

●

간의 삼매 체험도 있는 사람의 경우 색계천(몸과 정신만 남아 있는 하늘나라)에 태어나며 이성은 물론이고 몸에 대한 집착도 끊고 정신적 삼매만 추구한 사람의 경우 무색계천(정신적 삼매의 경지만 지속되는 하늘나라)에 태어납니다. 이 세 곳에 태어난 존재 모두 천신입니다. 그런데 욕계천이든, 색계천이든, 무색계천이든 모두 윤회의 세계에 속하기에 그런 곳에 태어나는 것이 불교신행의 궁극적 목표는 아닙니다.

또 자신을 창조주로 생각하며 행세하는 천신으로 범천이 있습니다. 부처님께서는 "범천은 자신이 이 세계를 창조했다고 말하며, 자신은 마치 중생의 아버지와 같다."고 하지만 이는 교만한 말로 옳지 않다고 가르치십니다. 부처님께서는 이 세계는 누가 창조한 것이 아니라, 각각의 중생의 업력業力, 즉 '업의 힘'으로 만들어지는 것이라고 가르치십니다. 신이 되는 것, 또는 신의 세계에 태어나는 것은 불교신행의 궁극적 목표가 아닙니다. 그런 신의 세계에조차 태어나지 않는 열반이 궁극적 목표입니다.

     연기의 핵심은 무엇입니까?

● 　연기에 대해 저는 다음과 같은 골격으로 공부해가고 있습니다: '12지 연기 → 부파불교의 업감 연기 → 중관의 팔부중도 연기 → 유식의 아뢰야 연기 → 여래장 연기 → 화엄의 법계연기' 연기설이 이렇게 변화하는 과정에 대해 알고 싶습니다. 특히 화엄의 법계연기에 대해 알고 싶습니다.

○ 　초기불교든, 아비달마든, 중관이든, 유식이든, 화엄이든 연기의 본질이 달라질 수는 없습니다. 연기의 핵심은 '의존성'입니다. 초기불교와 아비달마의 12지연기는 시간의 흐름에 따라 삶과 죽음을 되풀이 하는 중생의 삶에 대한 연기적 조망입니다.

소위 소승의 12지연기의 경우 연기관계가 일방향一方向입니다. '무명 → 행… 명색 → 육입 → …'에서 보듯이….

소위 대승인 반야사상이나 중관학의 경우 연기관계가 쌍방향雙方向입니다. '눈 ↔ 시각대상', '긴 것 ↔ 짧은 것', '나 ↔ 세계'에서 보듯이….

그러나 소승과 대승, 양대兩大 사상의 연기사상이 달라진 것이 아닙니다. 12지연기의 경우, 시간의 흐름에 따라 불가역적으로 살아가는 중생(생명체)에 대해 연기를 적용했기에 일방향의 연기로 표현이

●

된 것입니다. 중관의 경우 눈과 시각대상, 긴 것과 짧은 것 등 시간적으로 공존하는 사태에 대해 연기를 적용하기에 쌍방향의 연기로 표현이 됩니다. 연기법이 달라진 것이 아니라 '연기를 적용하는 대상'이 달라진 것일 뿐입니다. 초기불교와 아비달마에서는 아我에 대해 연기를 적용했고 반야와 중관 등 대승불교에서는 법法에 대해 연기를 적용한 것입니다.

더 간단히 정리하면, 초기불교의 연기관의 경우 연기에 대한 존재론적 적용이고 중관학, 반야학의 연기관의 경우 연기에 대한 인식론적 적용입니다. 존재론적 조망에서는 원인 때문에 결과가 생하지만, 거꾸로 결과 때문에 원인이 있을 수는 없습니다. 그러나 인식론적 조망에서는 원인 때문에 결과가 있고, 거꾸로 결과 때문에 원인이 규정됩니다. 예를 들어, 진흙이 원인이 되어 항아리가 생기지만, 항아리가 생겨야 과거의 진흙이 항아리 재료(원인)라고 규정이 됩니다. 항아리 공장에 진흙이 아무리 많이 쌓여 있어도, 나중에 그 흙으로 기와를 만들면 그 진흙은 항아리 재료가 아니라, 기와 재료로 정체가 바뀝니다. 즉, 결과가 발생한 다음에 원인의 정체가 규정이 되는 것입니다. 이런 논리에 대해서는 『중론』 도처에서 상세히 설명합니다. 따라서 초기불교와 중관학의 경우 연기설이 달라진 것이 아니라, 연기를 적용하는 대상이 달라진 것일 뿐입니다.

초기불교의 경우 시간의 흐름에 따라 생로병사한 후 다시 윤회전생輪廻轉生하는 '자아'에 대해 연기를 적용했기에 12연기설의 가르침으로 표현된 것이며, 중관, 반야학의 경우 '눈과 시각대상', '긴 것과 짧은 것’, ‘진흙과 항아리’와 같은 ‘법’에 대해 연기를 적용했기에 쌍방향의 연기를 설하는 법공法空의 사상으로 표출된 것입니다. 과거 동아시아에서 소승은 아공, 대승은 아공과 함께 법공을 가르친다고 대승과 소승을 구분한 것이 모두 옳습니다. (물론 아공을 제대로 체득하면 법공은 저절로 체득된다고 보는 것이 중관귀류논증파 월칭의 연기관입니다.)

유식학의 경우 아뢰야 연기론을 통해 연기를 가르칩니다. 이는 초기불교, 부파불교의 12연기설과 큰 차이가 없습니다. 다만 윤회에 대해 보다 구체적으로 설명하기 위해 아뢰야식을 도입한 것일 뿐입니다.

『대승기신론』의 여래장사상 등의 연기설에서는 물과 파도의 비유로 연기를 가르칩니다. 심환멸문心還滅門으로 규정되는 ‘물’은 중관학의 공성에 해당하고 심유전문心流轉門으로 규정되는 ‘파도’는 유식학에서 가르치는 마음이 창출해낸 만법에 해당합니다. 심환멸문은 연멸緣滅에 해당하고, 심유전문은 연생緣生에 해당합니다. 따라서 여래장사상의 연기설은 연기 그 자체에 대한 설명이 아니라, 연기에 대한 메타적Meta的 조망이라고 볼 수 있습니다.

화엄의 법계연기는 중관학, 반야학의 법공 사상과 맥을 같이 합니다. 예를 들어 ‘나’는 ‘학생’에 대해서는 ‘교수’이지만, ‘아들’에 대해서는 ‘아버지’이고 ‘부인’에 대해서는 ‘남편’이고 ‘배고픈 사자’에 대해서는 ‘고기 덩어리’이고 우리 집의 ‘바퀴벌레’에 대해서는 ‘당장 밟아 죽일 수 있는 괴물’입니다. 또, 적군에 대해서는 ‘무기’이고 화학자가 볼 때에는 ‘탄소, 수소, 산소, 질소, 칼슘의 복합

체'일 뿐인 '물질'입니다. 따라서 나의 진정한 정체는 교수도 아니고, 아버지도 아니고, 남편도 아니고, 고기 덩어리도 아니고…. 물질도 아닙니다. 다시 말해 나의 실체는 공합니다. 이는 반야, 중관에서 가르치는 절대부정의 조망입니다. 그러나 거꾸로 보면 나는 아버지가 될 수도 있고, 남편이 될 수도 있고… 물질이 될 수도 있습니다. 다시 말해 나는 모든 것이 될 수 있습니다. 이는 화엄에서 가르치는 절대긍정의 조망으로 '일즉일체一卽一切'라고 표현됩니다. '나'라는 '하나'가 곧 '모든 것'에 해당한다는 말입니다. 그러나 '학생'에 대해서는 나는 반드시 '교수'입니다. 또, '아들'에 대해서는 나는 반드시 '아버지'입니다. 마치 '긴 것'이 있어야 '짧은 것'이라는 생각이 발생 가능하듯이 교수나 아버지라는 규정 모두 원래 그런 것이 아니라, 상대방에 맞추어 연기하는 것입니다.

화엄에서는 모든 것이 될 수 있다는 절대긍정을 통해 연기법의 연멸緣滅을 가르치고, 반야, 중관에서는 그 어떤 것도 아니라는 절대부정을 통해 연기법의 연멸緣滅을 가르칩니다. 화엄의 법계연기는 사사무애事事無碍연기라고 합니다. 사사무애연기는 '일즉일체, 일체즉일多卽一'로 표현됩니다. 풀이한다면, "하나가 곧 무한이요, 무한이 곧 하나다."라는 의미입니다. 그런데 위에서 교수, 학생 등등의 예에서 보듯이 이 역시 의존성이라는 연기의 법칙에서 도출된 명제이며 연멸緣滅인 공空의 경지를 절대긍정의 표현을 통해 나타낸 것일 뿐입니다. 어떤 개념이든 곰곰이 생각하면, 그 테두리가 무너집니다. 이것이 화엄의 법계연기입니다.

『반야심경』의 '색즉시공 … 수상행식 역부여시'의 경문을 이용하여 반야중관과 화엄과 선불교의 연기가 모두 한 맛이라는 점에 대해 설명해 보겠습니다. 불교에서는 색色, 수受, 상想, 행行, 식識의 오온五蘊을 말하는데, 오온 각각에 대한 이해가 쉽지 않습니다. 그 이유는 오온 각각이 분리되어 있는 것이 아니기 때문입니다. 눈앞에 볼펜 한 자루를 들 때, 그것은 색이기도 하지만, (불고불락不苦不樂의) 수受이기도 하고, (볼펜이라는 이름이 붙은) 상想이기도 하고, (나의 주의력을 집중하는) 행行이기도 하고 (나의 안식에 나타난) 식識이기도 합니다. 비단 볼펜뿐만 아니라 이렇게 세상만물은 색수상행식色受想行識의 오온을 모두 갖추고 있습니다. 이는 하나 속에 모든 것이 들어 있다는 일중일체, 하나가 곧 모든 것이라는 일즉일체의 진리로 '화엄의 사사무애事事無碍 연기'입니다. 또, 『반야심경』에서 색즉시공, 공즉시색 … 수상행식 역부여시, 라고 가르치는데 이는 다음과 같이 정리됩니다.

색 = 공

수 = 공

상 = 공

행 = 공

식 = 공

이는 '반야중관의 연기관'입니다. 그런데 수학, 또는 산수에서는 다음과 같이 가르칩니다.: 'A = B'이고 'C = B'이면, 'A = C'이다. 이를 위에 대입하면 다음과 같이 됩니다.

색 = 수 = 상 = 행 = 식

즉, 물질이 느낌이고, 느낌이 생각이고, 생각이 의지이고, 의지가 마음이며, 물질이 마음이고…. 이는 언어가 무너진 화두, 공안의 세계로 '선문답의 연기'입니다. 언어가 무너진 경지는 별다른 것이 아니라, 우리가 체험하는 지금 이 순간의 세상 그대로에 대한 조망일 뿐입니다. 색이 수이고, 수가 상이고, 상이 행이고, 행이 식이고, 식이 색이고, 색이 상이고, 상이 식이고…. 마치 "부처님이 마른 똥막대기"이고, "달마 스님이 인도에서 중국에 들어오신 뜻이 정전백수자庭前栢樹子"이듯이…. 생각이 무너지고, 언어가 무너진 것이 이 세상의 참 모습입니다. 생각이 무너지기에, 숭산崇山 스님께서 가르치신 '오직 모를 뿐[Only Don't Know]'인 자리입니다.

또, 간화선의 경우 화두를 들고, 생각을 막습니다. 생각의 출구인 사구四句 모두를 막습니다. 이는 중도中道 자리에 머무르는 수행이며, 중도는 그대로 연기입니다. 화두를 들고 있는 자리는 사구분별이 모두 끊어진 연멸緣滅의 자리입니다. 이것이 '간화선의 연기성'입니다. 따라서 간화선의 수행방식은 초기불교의 사상적 중도를 체득하는 여법한 수행이라고 볼 수 있습니다.

이상에서 보듯이 초기불교 이래 중관, 유식, 여래장, 화엄은 물론이고 간화선에 이르기까지 연기의 가르침을 그 본질로 삼습니다.

034

연기론은 결정론 아닙니까?

● 이렇게 글을 올린 것은 다름이 아니라 결정론 때문에 고민이 생겨서입니다. 부처님은 인간에게 자유의지가 있다는 것을 바탕으로 여러 가르침을 펴신 것으로 알고 있습니다. 그런데 불교이론인 연기설에 따른다면 앞의 원인이 뒤의 결과를 결정지으니까 이것을 결정론으로 볼 수 있지 않을까 하는 생각이 듭니다.

이것이 있으므로 저것이 있고	此有故彼有 차유고피유
이것이 생하므로 저것이 생한다	此生故彼生 차생고피생
이것이 없으므로 저것이 없고	此無故彼無 차무고피무
이것이 멸하므로 저것이 멸한다	此滅故彼滅 차멸고피멸

아무리 읽어봐도 원인과 조건에 의해 결과가 결정된다는 결정론으로 해석됩니다. "원인과 결과를 따로 분리해 놓고 생각해 볼 수 없다." 이것을 바탕으로 의문을 풀어 보려고 했는데 이해의 깊이가 부족해서 그런지 잘 안됩니다. 불교가 왜 결정론이 아닌지 쉽게 설명해 주시면 감사하겠습니다.

그리고 한 가지 질문이 더 있는데요. 씨앗에서 싹이 발생한다. 발생된 싹이 씨앗에 원래 있던 것이라고 착각할 경우 '생生, 일一, 상

●

1.6.4.

常, 거去’로 해석될 수 있다고 하셨는데 그렇다면 그것은 어떤 본질적 실체가 있다는 것으로 해석될 수 있는 건가요?

○ “이것이 있으므로 저것이 있다⋯.”고 할 때, 이것과 저것이라는 변항變項에는 갖가지 항목이 대입될 수 있습니다. 긴 것과 짧은 것, 눈인 능견能見과 시각 대상인 소견所見, 원인과 결과, 업과 과보 등등⋯. “긴 것이 있으므로 짧은 것이 있고 ⋯⋯ 업이 있으므로 과보가 있고⋯.”

그런데 자유의지와 결정론의 문제는 연기공식으로 표현된 이런 대립쌍 가운데 ‘업과 과보’와 관련된 문제라고 볼 수 있습니다. 연기공식에 업과 과보를 대입할 경우 다음과 같이 표현될 겁니다. “어떤 업을 지었기에 그에 대한 과보가 있고, 어떤 업을 짓지 않았으면 그에 대한 과보가 없다.”

그런데 이런 ‘업과 과보’ 가운데 자유의지가 작용하는 쪽은 ‘업’이고 결정론의 지배를 받는 쪽은 ‘과보’입니다. 질문에서 ‘결정론’이라고 표현하신 것은 일면 맞는 말씀인데 이는 과보에만 해당합니다. 과보는 업에 의해 결정됩니다. 예를 들어 우리가 현생을 살면서 겪게 될 갖가지 길흉화복, 즉 고락은 모두 과거나 전생에 지었던 업에 의해 결정되고 성숙되어 온 과보들입니다. 그러나 지금 짓는 업은 자유의지와 관련됩니다. 전생이나 과거에 지었던 업에 의해 현생이나 미래에 받을 과보가 잠정적으로 결정되어 있긴 하지만, 지금 짓는 업에 따라 그런 과보에 변화가 올 수 있습니다. 악업이나 선업을 많이 지을 경우 미래에 닥칠 불행이나 행복이 더 빨리 오게 되고, 악업에 대한 참회를 할 경우 미래나 내생에 올 고통의 과보가 줄어들 거나 사라집니다.

따라서 전생에 지었던 업의 종자는 결정되어 있지만, 그것이 피할 수 없는 숙명은 아닙니다. 현생에 짓는 선악의 업 및 참회 등의 행위로 인해 업종자에 변화가 생기기 때문입니다. 그래서 연기설, 인과응보설은 결코 숙명론이 아닙니다. 그렇다고 해서 우리의 미래가 완전히 자유로운 것도 아닙니다. 전생에 지었던 갖가지 업종자가 발아를 기다리고 있기 때문입니다. 또, 업을 짓는 모든 순간이 자유의지의 지배를 받는 것이 아닙니다. 기계적으로 업을 짓기도 합니다. 저는 이런 이치를 "자유의지는 마치 간헐천과 같은 방식으로 작용한다."고 표현한 적이 있습니다.

팔불게의 팔미八迷를 '생일상거生一常去'와 '멸이단래滅異斷來'로 묶은 사람은 중국 수나라 때 삼론학을 집대성했던 길장 스님입니다. 씨앗 속에 싹이 있다는 것은 '생, 일, 상, 거'의 사고방식이며, 지적하신 대로 싹에 본질적 실체가 있다는 잘못된 사고방식입니다. '생일상거'와 '멸이단래'가 아닌 팔부중도, 즉 '불생불멸, 불일불이 … 불거불래'의 팔불八不이 씨앗에서 싹이 나오는 모습에 대한 중도적 조망, 즉 참된 조망입니다.

035

윤회와 업보에 대해 어떻게 이해해야 할까요?

　　● 　최근에 윤회를 비판하는 어떤 기독교 신학자의 글을 읽은 적이 있습니다. 그 책에는 구체적으로 이런 내용이 있더군요. 윤회가 있고 업보설이 있다면 간디를 암살한 사람도 간디의 악업을 덜어준 훌륭한 집행자에 불과하다. 그렇다면 그 암살자는 오히려 칭찬을 들어야 한다는 내용과 함께 만약 냉혹한 업과 과보만 있다면 이 세계는 하나님의 사랑도 은총도 용서도 없는 메마른 곳이 된다. 하지만 성서에서 보는 바와 같이 하나님은 사랑이요 인간의 죄를 용서하시는 하나님이다. 따라서 윤회설은 일고의 가치도 없다는 내용이었습니다. 어쨌든 다른 종교나 사상을 비판하려는 조금이라도 알고서 비판해야 하는데 제가 읽고 생각해봐도 조금 우스꽝스럽고 유치하기 짝이 없는 논리이긴 한데요. 아무튼 3대종교인 이슬람교와 기독교 그리고 불교가 세상을 보는 방식이 너무 다르다는 겁니다. 그래서 범부들은 언제나 갈팡질팡하는 것 같습니다.

　　○ 　실제로 티베트의 불교인들은 "강도가 나의 은인이요 도둑이 나의 스승이다."라고 가르칩니다. 역설逆說적인 말입니다. 전생에 지었을 나의 악업을 씻어 주었기 때문입니다. 간디 암

살자의 경우도 간디의 악업을 씻어 준 은인이라고 볼 수 있습니다. 그러나 이런 생각은 간디가 해야 하는 것이지 암살자나 제3자가 하는 것이 아닙니다. 남이 나를 해쳤을 때 그에게 분노심을 품고 복수한다면 악업의 굴레에서 벗어날 수 없습니다. 간디의 악업을 씻어준 은혜로 인해서, 그 암살자가 천상에 태어나는 것이 아닙니다. 간디를 미워하고 그에게 고통을 준 악업으로 인해서 그 암살자는 지옥에 태어납니다. 질문에서 '윤회를 비판했던 어떤 기독교 신학자' 께서도 '그나마 불교를 비방한 악연惡緣' 을 통해 앞으로 언젠가 바른 종교의 길로 들어서기를 기원합니다.

인과응보설에 대해 깊이 통찰할 경우, 행복한 일이 생기면, 내가 전생에 지었던 공덕을 까먹고 있다고 생각하면서 경계를 해야 하고 불행한 일이 생기면, 내가 전생에 지었던 악업을 씻을 기회가 왔다고 생각하며 기뻐해야 합니다. 실제로 이런 마음가짐으로 살아가는 것이 인과응보를 숙지한 불교인의 올바른 삶입니다. 그리고 다른 종교에서 자랑하는 '은총과 용서' 에 대한 얘긴데, 우리가 지은 죄업을 '인격을 갖는 누군가' 가 없애줄 것이라고 바라는 것은 어리석은 우리 인간의 희망사항일 뿐입니다. 불전에서는 부처님이라고 하더라도 하지 못하는 일이 세 가지가 있다고 합니다. 이를 부처님의 3불능이라고 합니다. 부처님은 일체지자一切智者이십니다. 즉, 모든 것을 아는 '전지자全知者' 이십니다. 그러나 '전능자全能者' 는 아니라고 합니다. 부처님도 하지 못하는 세 가지 일은 다음과 같습니다.

① 인연 없는 중생은 제도하지 못한다.
② 남이 지은 업을 없애지 못한다.
③ 모든 중생을 제도할 수 없다.

불교의 이런 가르침을 접할 경우 '전지전능자'라고 가르치는 다른 종교의 절대자가 부처님보다 더 뛰어난 것 아닌가 하고 의아하게 생각하는 분이 계실 수 있습니다. 마치 유치원 아이들이 자기 아빠가 더 훌륭하다고 다투듯이…. 그런데 '전지전능자'는 어리석은 우리 인간의 희망사항일 뿐입니다. 그 어떤 존재도 전능할 수 없습니다. 불교의 특징은 '희망사항'들을 조합하여 만들어낸 종교가 아니라, 현실을 직시하여 발견한 종교라는 점입니다. 부처님의 3불능 중에 두 번째 항목은 "남의 업을 없앨 수 없다."는 것입니다. 그러나 이런 가르침은 결코 숙명론이 아닙니다. 우리가 전생이나 과거에 지었던 악업은 부처님께서 없애주는 것이 아니라, 우리 스스로 진심으로 참회함으로써 줄어들거나 없어집니다. 『천수경』에서 '살생중죄 금일참회, 투도중죄 금일참회殺生重罪今日懺悔, 偷盜重罪今日懺悔…'라고 하는 것이 모두 참회문입니다. 그리고 "다시는 그런 악업을 짓지 않겠다."는 다짐이 수반되어야 참회가 진정으로 성취된다고 합니다.

예를 들어 내생에 지옥에 태어날 악업을 지은 자도 진심으로 참회할 경우 현생에 골치가 아픈 정도의 과보만 받는다고 합니다. 불교와 다른 모든 종교의 차이점은 '현실을 직시하여 발견된 종교'인지, 아니면 '인간의 희망사항이 만든 종교'인지 여부에 있습니다. 어떤 종교를 믿는다고 해서 내생에 하늘나라에 태어나거나 인간계에 태어나는 것이 보장되는 것이 결코 아닙니다. 우리의 일거수일투족, 말한마디, 마음씀씀이가 내생을 결정합니다. 이슬람교도들은 기독교나 유태교를 믿으면 모두 지옥에 간다고 가르치고 기독교에서는 이슬람교나 불교를 믿으면 지옥에 간다고 가르칩니다.

불교에서는 불교를 믿든, 기독교를 믿든, 이슬람교를 믿든, 힌두교를 믿든 그 사람이 평생 지은 행위가 내생을 결정한다고 가르칩니다.

036

부처님은 윤회를 가르치지 않았다는 이야기가 있던데 사실입니까?

● 부처는 윤회를 말하지 않았다고 들었습니다. 그런데 우리나라 불교는 윤회를 당연시하지요. 정말 혼란스럽습니다. 마음 같아서는 빠알리어를 공부해서 원문을 제가 직접 해석해 보고 싶습니다. 너무 혼란스러워서 이렇게 글을 올립니다.

○ 부처님 역시 윤회를 가르치십니다. 윤회가 부정되면 불교 전체가 부정됩니다. 부처님께서 깨달음을 얻을 때 세 가지 신통력이 열렸다고 하는데 첫째는 숙명통宿命通이고, 둘째는 천안통天眼通이고 셋째는 누진통漏盡通입니다. 이를 삼명三明이라고 부릅니다. 삼명 가운데 숙명통과 천안통은 윤회에 대한 깨달음입니다. 숙명통은 자신의 전생을 모두 기억하는 신통력이고, 천안통은 다른 생명체의 전생과 현생의 관계를 모두 알고, 내생을 예측하는 능력입니다. 숙명통을 통해서 자신의 삶이 인과응보의 연기법에 의해 이루어진 것임을 자각하게 되고, 천안통을 통해서 인과응보와 연기의 법칙이 다른 생명체 모두에게도 적용되는 보편법칙임을 자각하게 되는 것입니다. 그리고 이런 보편법칙을 알게 됨으로써 모든 걱정이 사라지는 누진통을 얻습니다.

현대불교학은 서구에서 발생한 인문학에 기원을 두고 있으며, 초창기 서구의 불교학자들은 기독교 신앙을 갖고 불교를 비판하기 위해 불교를 연구했기에 기독교적 세계관에 맞지 않는 불교의 신비한 교리들은 모두 잘라버린 후 합리적이고 논리적인 교리만을 추출하여 불교라고 규정해 왔습니다. 만일 윤회를 부정한다면, 초기불전의 2/3 이상이 모두 폐기되어야 합니다. 윤회를 부정하면 모든 불교수행은 무의미해집니다. 왜냐하면 불교수행이 지향하는 열반, 해탈이란 '윤회에서 벗어나는 것'이기 때문입니다. 현대의 서구불교학자들은 '신앙심'이 아니라 인문학적 '호기심'으로 불교를 연구한 사람들이 대부분입니다. 앞으로 우리나라에서 '신앙과 수행의 불교학'이 새롭게 탄생해야 할 것입니다. 저는 이런 불교학을 체계불학[Systematic Buddhology]이라고 부릅니다.

037

윤회와 시공간 개념은 어떻게 이해해야 하나요?

● 교수님이 쓰신 「윤회에 대한 공간적 시간적 조망」을 읽으면서 저는 아인슈타인의 상대성 이론을 생각했습니다. 아인슈타인의 이론을 접하면서, 이 분은 분명 불교학과 인연이 닿은 자라고 생각했습니다. 제가 궁금했던 것은, 교수님이 윤회의 공간적 조망에 적으신 내용 중 색계, 무색계, 욕계가 과연 공간이라고 부를 수 있느냐는 것이었습니다.

공간은 무엇인가. 공간은 도대체 어디서 왔으며, 그 공간은 어떤 입체적 요인을 지니고 있는 것인지 궁금했습니다. "입체적 요인이 없다."라는 것은 불가능하다고 생각했습니다.

어쨌든 인간세계는 욕계에 속하며 욕계에는 공간이 분명 존재합니다. 그렇다면 색계와 무색계의 공간도 분명 어떠한 원리를 가지고 작용하는지 조건을 제시할 필요가 있다고 생각했습니다. 그것은 단순한 공간 그 자체의 습에서 온 공간인지요. 아니면, 인간의 습을 버린 공간인지요. 공간 그 자체가 그곳에서는 무엇을 의미하는 것입니까. 왜 색계와 무색계와 욕계를 공간이라는 분류로 나누면 안 되는 것이었는지. 색계와 무색계와 욕계가 인간계와는 다른 공간을 가지고 있고, 공간의 위치에 따라 각기 왜곡되는 성질을 가지고 있다면,

○
1.7.3.

그곳에 하나의 입자, 하나의 사물이 존재할 경우 욕계는 그 공간이 어떻게 성립하며 무색계, 색계는 어떻게 정립될 수 있는지 알 수가 없어졌습니다.

또한 윤회적 시간의 조망에서 전생, 현생, 내생으로 나뉘는 시간은 공간이 있어야 흐르는 시간인 것인지, 흐름이라는 것이 존재하고, 실존하기 때문에 공간을 향해 뻗어나가는 것인지 … 사춘기 이후 욕망에 눈을 뜨는 이유는 무엇인지, 인식한 욕망만이 욕망이고 인식되지 않은 욕망은 욕망의 조건에서 제외되는 것인지. 그 제외된 욕망은 각성한 욕망과는 다른 것의 유類로 흐른 시간의 찌꺼기인 것인지 … 또한 제2선천에 있던 자들이 선업이 소진되어 내려온다는데, 제2선천에서는 어떤 방식으로 선업을 쌓을 수가 있는 것인지요. 그리고 제2선천에서 내려온 자들은 이 인간계에서 어떤 삶을 받게 되는 것인지요.

죄송하지만, 궁금한 것이 너무도 많았고, 숙명통을 알지 못하는 저로서는, 굉장히 힘들고, 괴로운 글이었습니다. 저는 그 알지 못하는 숙명통으로 인하여, 구하는 바 구하지 못하고, 살아가고 있는 불쌍한 중생이며, 부처님의 그 뜻을 이제야 대단하다고 생각한 무지한 인간이기 때문입니다. 부디 좋은 말씀, 부족한 저에게 이 수많은 물음들에 대한 작은 공덕을 베풀어 주셨으면 하는 바람입니다.

○ **1 · 교수님이 쓰신 「윤회에 대한 공간적 시간적 조망」을 읽으면서 저는 아인슈타인의 상대성 이론을 생각했습니다. 아인슈타인의 이론을**

아인슈타인은 여러 종교를 비교하면서 유독 불교에 대해 극찬합니다. 과학이 발달할수록 그 진리성이 입증되는 '우주종교'라고 평한 바 있습니다.

윤회하는 생명체, 즉 중생이 사는 세계는 욕계, 색계, 무색계의 삼계로 이루어져 있습니다. 『구사론』에서는 기세간器世間과 중생세간衆生世間으로 나누어 삼계에 대해 설명합니다. 기세간은 '물리적 세계'를 의미하고, 중생세간은 '생명체의 세계'를 의미합니다. 삼계 가운데, 욕계와 색계는 물리적 우주 공간 속에 위치합니다.

욕계는 지구 또는 지구와 가까운 우주에 존재하는 장소이기에 '공간 속'에 존재합니다. 색계 역시 우주 공간 속에 존재하는데, 지구에서 멀리 떨어져 있으며 항상 대낮과 같이 밝아 밤이 없는 곳입니다. 밤이 없기에 색계 중생, 즉 색계 천신의 경우 잠도 자지 않습니다. 그러나 무색계의 경우, 무색無色이라는 말이 의미하듯이 물질이나 형상[色]이 없는 곳입니다. 예를 들어 요가수행자가 체득하는 삼매의 경지, 즉 순수 정신적 경지가 무색계의 하늘나라입니다.

중생세간의 경우, 욕계 중생은 '정신 + 육체 + 성性'을 갖추고 있습니다. 성적인 욕망에서 벗어나지 못한 중생이 태어나 살아가는 곳이 욕계입니다. 우리 인간이나 짐승, 그리고 남녀의 구분이 있는 하늘나라의 천신들은 욕계 중생에 속합니다.

색계 중생은 '정신 + 육체'만 갖고 있습니다. 성性은 없습니다. 모두 천신들입니다. 물론 이 때의 육체는 우리와 같이 고깃덩어리로 만들어진 조악한 육체가 아니라 빛으로 만들어진 정결한 육체입니다. 색계 천신의 경우 우리와 같이 덩어리로 된 음식을 씹어 먹는 것이 아니라 '감각, 생각, 인식' 등을 먹고 산다고 합니다. 색계천은 성적인 욕망, 식욕, 수면욕, 명예욕, 재물욕 등에서 벗어나 고결하게 살아간 수행자들이 태어나는 곳입니다.

무색계 중생은 오직 '정신'만 갖고 있습니다. 앞에서 얘기했듯이 요가수행자가 체득한 정신적 경지가 무색계에 해당합니다. 객관인 허공만 무한히 펼쳐진 '공空무변처천無邊處天', 주관인 의식이 온 우주에 편재함을 자각하는 '식識무변처천', 주관인 허공과 객관인 의식 모두 사라져 아무것도 없는 '무소유처천無所有處天', 없다는 생각조차 사라졌지만 그렇다고 해서 생각이 아예 없는 것은 아닌 '비상비비상처천非想非非想處天' 이 무색계에 속하는 네 군데 하늘나라입니다.

욕계에도 하늘나라가 있고, 색계, 무색계 모두 하늘나라이며 인도 내의 다른 종교에서 최고의 목표로 삼는 하늘나라들이지만 불교에서는 이 모든 하늘나라들에 태어나도 복덕이 다 소진되면 언젠가 다시 아래 세계로 떨어지게 되는 '윤회하는 세계'일 뿐이라고 격하시킵니다. 불교에서는 이런 삼계 그 어느 곳에도 태어나지 않는 '열반'만이 진정한 종교적 목표라고 봅니다.

2 · 공간은 무엇인가. 공간은 도대체 어디서 왔으며, 그 공간은 어떤 입체적 요인을 지니고 있는 것인지 궁금했습니다. "입체적 요인이 없다."라는 것은 불가능하다고 생각했습니다.

불교의 가르침까지 가지 않더라도 공간이 '우리의 인식과 독립적으로 실재하는 것'이 아니라는 점에 대해서는 서양의 많은 철학자들도 얘기하고 있습니다. 『중론中論』 제5 「관육종품觀六種品」에서는 허공, 즉 공간이 실재하는 것이 아니라는 점을 논증합니다. 참조하시기 바랍니다.

3 · 어쨌든 인간 세계는 욕계에 속하며 욕계에는 공간이 분명 존재합니다. 그렇다면 색계와 무색계의 공간도 분명 어떠한 원리를 가지고 작용하는지 조건을 제시할 필요가 있다고 생각했습니다. 그것은 단순한 공간 그 자체의 습에서 온 공간인지요. 아니면, 인간의 습을 버린 공간인지요. 공간 그 자체가 그곳에서는 무엇을 의미하는 것입니까. 왜 색계와 무색계와 욕계를 공간이라는 분류로 나누면 안 되는 것이었는지. 색계와 무색계와 욕계가 인간계와는 다른 공간을 가지고 있고, 공간의 위치에 따라 각기 왜곡되는 성질을 가지고 있다면, 그곳에 하나의 입자, 하나의 사물이 존재할 경우 욕계는 그 공간이 어떻게 성립하며 무색계, 색계는 어떻게 정립될 수 있는지 알 수가 없어졌습니다.

앞에서 욕계, 색계, 무색계에 대해 간략히 설명했는데, 먼저 삼계의 정확한 의미에 대해 파악하는 것이 중요할 것 같습니다. 삼계가 원래 존재하고 그 삼계의 공간 속에 천신이나 인간 등의 중생이 태어나는 것이 아니라, 색계 제2선천 이하의 세계는 중생의 업력에 따라 소멸했다가, 생겨났다가 합니다. 이런 과정을 성, 주, 괴, 공이라고 부르며 이 주기를 한 번 되풀이하는데 80겁이 걸린다고 합니다. 제 홈페이지에 올려진 '불교텔레비전 강의 / 인도불교의 사상과 역사' 가운데 '12. 삼계설1~15. 초기불교의 우주론' 강의를 참조하시기 바랍니다.

4 · 또한 윤회적 시간의 조망에서 전생, 현생, 내생으로 나뉘는 시간은 공간이 있어야 흐르는 시간인 것인지, 흐름이라는 것이 존재하고, 실존하기 때문에 공간을 향해 뻗어나가는 것인지….

분별하면 공간이 펼쳐져 있고, 시간이 흘러간다고 말할 수 있지만, 궁극적으로 말하면 공간도 존재하지 않고 시간 역시 존재하지 않습니다. 『중론』 제2 「관거래품」 제1게송의 가르침에 의거하여 풀어 말하면 지나간 것인 '과거'는 만날 수가 없고, 오지 않은 것인 '미래' 역시 결코 만나지 못하며 '현재'는 과거와 미래의 사이에 끼어서 있을 곳이 없습니다. 엄밀히 생각해 보면 과거와 미래는 물론이고 현재 역시 실재하지 않습니다.

5 · … 사춘기 이후 욕망에 눈을 뜨는 이유는 무엇인지, 인식한 욕망만이 욕망이고 인식되지 않은 욕망은 욕망의 조건에서 제외되는 것인지. 그 제외된 욕망은 각성한 욕망과는 다른 것의 유類로 흐른 시간의 찌꺼기인 것인지….

욕망은 동물적 감성입니다. 비단 사람뿐만 아니라, 짐승이든 벌레든, 천신이든 사춘기 이후에 성적 욕망에 눈을 뜨는 이유는 자신의 자손을 퍼뜨리고, 키우기 위해서입니다. 훌륭한 배우자를 차지하고 지키기 위해서 분노의 투쟁을 하게 되고 교미를 통해 낳은 자식을 먹여 살리고 키우기 위해서 이성異性과 재물에 대한 탐욕이 발생합니다. 성적으로 눈을 뜨는 사춘기 이후 '진정한 의미의 악업'을 짓게 되는 것입니다. 탐진치 삼독심이 본격적으로 발휘되는 시기는, 이렇게 강렬한 욕망과 분노가 시작되는 사춘기 이후입니다. 내가 인식하는 나의 욕망도 있지만, 스스로 인식하지 못하는 욕망이 대부분입니다. 프로이드는 이런 무의식 속의 욕망을 리비도Libido, 또는 이드Id라고 불렀습니다.

6 · 또한 제2선천에 있던 자들이 선업이 소진되어 내려온다는데, 제2선천에서는 어떤 방식으로 선업을 쌓을 수가 있는 것인지요.

제2선천을 포함한 모든 하늘나라에서는 이숙인異熟因에 해당하는 선업을 쌓기는 힘듭니다. 하늘나라이기에 불쌍한 중생이 없기 때문입니다. 그러나 하늘나라에서도 선정을 닦고 지혜를 개발할 수는 있습니다. 연기와 공의 지혜를 체득할 경우 번뇌를 부수고 열반을 체득하게 되는데 '이계과離繫果'라고 표현하듯이 열반의 경우 '계박繫縛에서 벗어남[離]으로써 얻어진 결과[果]'이기에 원인이 없습니다. 즉 선업을 지음으로써 체득되는 것이 아니라, 계, 정, 혜 삼학을 통해 번뇌를 제거함으로써 얻어지는 것입니다.

7 · 그리고 제2선천에서 내려온 자들은 이 인간계에서 어떤 삶을 받게 되는 것인지요.

제2선천의 천신들 가운데 그 복덕이 모두 소진되어 제일 먼저 초선천으로 타락한 천신이 대범천大梵天이라는 이름의 창조신 행세를 한다고 합니다. 그 후 두 번째, 세 번째 초선천으로 타락한 천신들이 '없던 나라'가 새롭게 생겼으니 대범천이 창조한 것이라고 생각하고 그를 창조주로 모신다는 것입니다. 이에 대한 설명 역시 앞에서 소개한 제 홈페이지의 〈불교텔레비전 강의〉를 참조하시기 바랍니다.

그리고 전생에 복덕을 많이 지어서 천신으로 태어나 하늘나라에 살다가 복덕이 모두 소진되어 아래 세계로 떨어지는 천신의 경우 인간으로 태어나기도 힘들다고 합니다. 『보리도차제론』에서는 "하늘나라에 살던 천신의 경우 내생에 대개 아귀나 짐승으로 태어난다."고 가르칩니다. 왜냐하면 하늘나라에서 행복을 누리면서 살다가 복덕을 모두 소진했기 때문입니다. '인간의 죽음'보다 '천신의 죽음'이 더 고통스럽다고 합니다. 천신은 '신통력'이 있어서 죽기 1주일 전부터 자신의 내세를 짐작하는데 그곳이 무시무시한 아귀나 축생의 세계이기 때문입니다. 이렇게 볼 때, 지옥, 아귀, 축생, 인간, 아수라, 하늘나라[天上] 가운데 그 어떤 곳도 진정한 종교적 목표가 될 수 없습니다. 이 모두 윤회의 세계일뿐입니다. 그래서 불교에서는 이런 모든 윤회의 세계에서 완전히 벗어난 '열반'을 진정한 종교적 목표로 삼는 것입니다.

8 · 죄송하지만, 궁금한 것이 너무도 많았고, 숙명통을 알지 못하는 저로서는, 굉장히 힘들고, 괴로운 글이었습니다. 저는 그 알지 못하는 숙명통으로 인하여, 구하는 바 구하지 못하고, 살아가고 있는 불쌍한 중생이며, 부처님의 그 뜻을 이제야 대단하

다고 생각한 무지한 인간이기 때문입니다. 부디 좋은 말씀, 부족한 저에게 이 수많은 물음들에 대한 작은 공덕을 베풀어 주셨으면 하는 바람입니다.

지금과 같이 각박한 시대에 '절실한 종교적 의문'을 품을 수 있는 분들은 흔치 않습니다. 폭넓고 깊게 공부하시어 '동물적 감각 문명의 이 시대', '겉만 화려할 뿐 마음에는 암흑이 가득한 이 시대'를 밝히는 잔잔한 등불의 역할 하시기 바랍니다.

악업의 종자는 수행이나 참회를 통해 사라지나요?

● 　교수님께서는 "악업의 종자는 수행이나 참회를 통해서 번뇌를 끊을 때 사라집니다."고 강조하셨습니다. 그런데 저는 지금까지 아래와 같이 정리하고 있었습니다: "악업의 종자는 수행과 참회를 통하더라도 절대 없어지지 않는다. 단지 그 악업을 엷게 만들기 위하여 많은 선업을 행함으로써 희석시킬 수 있다. 마치 소금덩어리(악업으로 비유)를 묽게 하기 위하여 많은 담수(선업으로 비유)를 섞어서 악업의 농도는 엷게 할 수 있지만 결국엔 아무리 많은 물일지라도 소금(악업으로 비유)의 질량은 없어지지 않고 그 물속에 담겨 있다는 것입니다. 그러므로 악업을 희석시키기 위하여 많은 선업을 행하여 그 과보를 적게 받아야 한다."

○ 　나를 떠올리고, 전생에 내가 지었을 죄업, 현생에 내가 지은 죄업을 떠올리고, 다시는 그런 죄를 짓지 않고 십선계十善戒를 잘 지키겠다는 다짐을 떠올리는 '분별적 참회'인 사참事懺의 경우는 악업의 종자가 줄어든다고 합니다. 그래서 '내생에 지옥에 태어날 죄'를 지은 사람도 '현생에 골치가 아픈 정도의 과보'만 받을 수 있다고 합니다. 물론 이런 사참이 여법하게 성취된 경우에

●

그렇다는 것입니다. 쫑카빠 스님의 『보리도차제론』 하사도 부분에서 이런 사참의 방법과 효과에 대해 자세히 설명합니다. 예로 드신 소금의 비유 역시 『보리도차제론』에 기술되어 있습니다.

그러나 계, 정, 혜 삼학을 통해 무아를 자각하는 이참理懺의 경우 악업의 종자가 끊어질 수 있다고 합니다. 이러한 이참에 대해서는 아함경과 같은 초기불전에서 자세히 가르칩니다. 선불교에서 "죄에 자성이 없다."는 자각을 통해 죄를 녹인다는 것도 이런 이참에 속합니다. 그런데 '무아와 공을 자각함으로써 성취되는 이참'은 아무에게나 가능한 것은 아닐 겁니다. 전문수행자가 아닌 사람이 "죄에 자성이 없다."고 머릿속에 떠올려 보았자, 그냥 그런 생각을 해 본 것일 뿐이지, 진실로 '죄에 자성이 없음'을 자각한 것과는 거리가 멀 것입니다. 세속에서 불교를 신행하는 사람의 경우 '사참'과 '지계의 다짐'을 통해 악업의 종자를 감소시키는 것이 가장 효과적인 참회수행법일 거라고 생각합니다.

<u>**039**</u> 윤회는 삼강오륜 등 유교적이고 상식
적인 가족관계를 파괴하는 이론이기
에 잘못된 것 아닌가요?

● 초세간적인 불교가 더욱 세계적인 종교가 되려면 무신론자나 유교와 같은 조금 더 상식적인 가치관 속에 살아가는 일반 중생들의 다양한 근기와 눈높이에 어떻게 맞추어 뿌리를 내리고 불교적 가르침으로 교화할 수 있어야 한다고 생각합니다. 저는 과거에 어느 국내의 영성 관련 사이트에서 윤회에 관해서 다음과 같은 설전을 본적이 있습니다. 윤회를 부정하는 논자의 이야기는 "윤회가 있다면 전생의 부부가 현재에 부모 자식 관계가 되고 할아버지가 죽어서 손자가 될 수도 있다는 이야기인데 이것은 삼강오륜, 유교적이고 상식적인 가족 사회질서 자체를 파괴하는 이론이다."라며 단칼에 윤회를 부정하더군요. 이런 상식적인 세계 속의 중생들에게 어떻게 눈높이를 맞추어 초세간적인 불교교리를 교화해야 할지 궁금합니다.

○ 가족관계는 현생의 일일 뿐입니다. 아버지가 아들이 되고, 아들이 삼촌이 되기도 하고 우리 집 강아지가 전생에 내 자식이기도 한 것이 윤회의 실상입니다. 공자님께 죽음에 대해 물을 때 "삶에 대해서도 잘 모르는데 죽음을 어찌 알랴"고 답하셨다고

●

합니다. 그러나 석가모니 부처님의 깨달음은 '열반의 체득'과 함께 '윤회의 발견'이기도 합니다. 사후도 알고, 전생도 안 분은 부처님뿐입니다. 소크라테스는 "너 자신을 알라."는 명제를 가슴에 품고 철학을 시작했지만, 죽을 때 아직 자기 자신이 무엇인지 모른다고 했습니다. 자아의 정체를 철견徹見한 분은 부처님뿐입니다. 자아의 정체는 '무아無我'입니다. 유교에서는 윤회는 몰라도 현생의 윤리에 충실하라고 가르치고 불교에서는 윤회도 알지만 현생의 윤리에 충실하라고 가르칩니다. 윤회를 전제한다고 해서 현생의 가족관계가 파괴되는 것은 절대 아닙니다. 불전에서도 삼강오륜 이상의 가족윤리를 가르칩니다.

극락정토에 왕생한다는 가르침은 다른 교학과 조화를 이룰 수 있습니까?

●　다들 부처가 되는 것이 물론 가장 중요한 일입니다. 하지만 성불을 위한 보살도의 과정을 빠르게 성취하는 사람도 있겠지만 대부분의 사람들에게는 멀기만 한 과정입니다. 그래서 정토신앙도 나오고 하는 것입니다. 우리나라는 예로부터 정토신앙이 왕성했습니다. 그래서 '나무아미타불'이라는 말을 흔하게 들을 수 있었지요. 정토신앙에서의 정토의 존재를 확신시켜주는 데 있어서 교학이 중요합니다. 이러이러한 이유로 정토가 존재하며, 정토의 존재는 기존 불교교리와 위배가 되지 않는다는 것을 교학의 힘을 빌려서 설명할 수 있을 때 그 신앙이 굳건한 뿌리를 내릴 수 있는 것입니다. 상좌불교의 가르침에는 서방정토가 등장하지 않습니다. 대승불교에만 등장하며 따라서 해당 경전도 대승불교에만 있습니다. 대승불교에서 정토의 존재 이유를 교학적으로 설명할 수 없으면 그 존재 근거는 위태롭기 그지없을 것입니다. 이런 이유로 제가 질문을 드리는 것입니다.

○　정토신앙의 교학적 근거에 대해 말씀하셨기 때문에 그에 대한 제 생각을 적어 보겠습니다. 저 역시 불교를 공부

●

1.8.6.

하는 사람으로서, 모든 불교교학의 일미성一味性을 찾기 위해서 노력해 왔습니다. 그런데 정토신앙의 경우 많은 학자들이 불교의 근본성에서 일탈한 것이라고 해석하기도 합니다. 그러나 저는 불교의 인과응보 교리 가운데 정토신앙을 뒷받침할 수 있는 교리가 있다고 생각합니다.

일반적으로 인과응보라고 말할 때 선인락과善因樂果 악인고과惡因苦果의 인과응보를 얘기합니다. 착하게 살면 그에 부응하는 즐거운 과보를 받게 되고 악하게 살면 그에 부응하는 괴로운 과보를 받는다는 인과응보설이지요. 이런 인과응보를 '이숙인異熟因 → 이숙과異熟果'의 인과응보라고 합니다. 원인과 다르게[異] 결과가 익었다[熟]는 뜻입니다. 선, 악, 무기無記의 삼성三性 가운데 원인은 선善과 악惡인데 과보는 무기성(선도 악도 아닌 것)인 고락이기 때문에 이숙(다르게 익음)이라는 표현을 쓰는 것입니다. 선악은 짓는 것이지만, 고락은 받는 것이기에 선도 아니고 악도 아닙니다. 괴로움이나 즐거움은 악한 것이거나 선한 것일 수 없습니다. 범주가 다른 얘기지요. 그래서 무기성입니다.

그런데 인과응보에 아주 중요한 것이 또 하나 있습니다. 그것이 선인선과善因善果 악인악과惡因惡果의 인과응보입니다. "착하게 살면 내생에도 그 착한 성품이 유지되고, 악하게 살면 내생에도 그 악한 성품이 유지된다."는 것입니다. 이를 '동류인同類因 → 등류과等流果'의 인과응보라고 합니다. 같은 종류의 인을 지으면 같은 흐름의 과보가 생한다는 뜻입니다. 부처님의 『본생담』의 경우 대부분의 일

화가 이런 동류인 등류과의 인과응보와 관계됩니다.『관무량수경』에
서는 정토에 태어나는 방법으로 십육관법十六觀法을 말하는데 이것
이 바로 동류인 등류과의 인과응보에 근거한 수행법이라고 해석할
수 있을 것 같습니다. 관(觀:visualization)을 해야 한다는 점에서 정토수
행은 그 본질이 밀교수행과 같습니다.

정토의 모습을 마음속에 떠올리는 수행을 되풀이하면 그것이
습관이 되어 죽은 다음에도 그런 세계가 나타난다는 것이지요. 같
은 종류의 인因이 같은 흐름의 과果를 초래하는 것입니다.『무량수
경』에서 정토의 모습을 보석으로 장식된 아름다운 나라로 그리는
것도 같은 이치에 근거한 것으로 생각됩니다.『무량수경』을 자꾸 되
풀이해서 읽으며 정토의 모습을 떠올릴 경우 내생에 그런 모습의 세
계가 나타나는 것입니다. 정토에 태어나는 것이지요. 아직 더 찾아보
고 정리해야 할 생각이지만, 말씀이 나온 김에 제 생각을 소개해 보
았습니다.

'선인선과善因善果 악인악과惡因惡果'와 '선인락과善因樂果 악인고과惡因苦果'는 무슨 차이가 있나요?

● 불교의 인과응보 원리가 반드시 선행에 대한 보상, 악행에 대한 징벌이 아니라 같은 행위패턴의 지속 역시 인과 과로 생각해 볼 수 있지 않은지요?

○ 맞습니다. '선인선과善因善果 악인악과惡因惡果'라고 표현되는 '동류인同類因 → 등류과等流果'의 인과관계가 그에 해당합니다. 이와 다른 것이 '이숙인異熟因 → 이숙과異熟果'의 인과관계로 '선인락과善因樂果 악인고과惡因苦果'라고 표현됩니다.

그런데 일반적으로 우리나라의 많은 불교인들이 '이숙인 → 이숙과' 역시 '선인선과 악인악과'라고 표현합니다. 그 이유는 우리말의 '좋다'와 '나쁘다'라는 형용사가 행위에 대해서도 사용되지만, 감수와 과보를 표현할 때도 사용되기 때문입니다. 구별해서 말하면 좋은 행위는 착한 행위이고 나쁜 행위는 악한 행위이며 좋은 과보는 즐거운 과보이고 나쁜 과보는 괴로운 과보입니다.

따라서 '선인선과 악인악과'로 표현되는 '동류인 → 등류과'의 경우 "착하게 사는 사람은 미래나 내생에도 착하게 살고 악하게 사

는 사람은 미래나 내생에도 악하게 산다.”는 의미로 풀이되고, ‘선인
락과 악인고과’로 표현되는 ‘이숙인 → 이숙과’의 경우는 “착하게
사는 사람은 미래나 내생에 즐거운 과보를 받고 악하게 사는 사람은
미래나 내생에 괴로운 과보를 받는다.”는 의미로 풀이됩니다.

　여기서 즐거움과 괴로움은 우리의 행위가 아니라 감수이기에
착한 것도 악한 것도 아닙니다. 달콤함이나 아픔이 착한 것도 악한
것도 아니듯이…. 그래서 ‘이숙인 → 이숙과’의 경우 인因은 선성善
性이나 악성惡性이지만 과果는 선도 악도 아닌 무기성無記性의 것이
라고 말합니다. 이렇게 “그 성질이 다르게[異] 익었다[熟].”는 의미에
서 이숙異熟이라고 부르는 것입니다.

의도적으로 짓는 업은 죄가 되지 않습니까?

● 업에 관해서 질문을 드리고 싶습니다. 의도적이고, 선악을 분별하는, 윤리적인 행위만 미래의 과보를 초래할 능력이 있는 업이라고 알고 있습니다. 여기서 의도적이라는 것은 어느 범주까지 포함하는 것입니까? 가령 저는 습관적으로, 무의식적으로, 업력에 끌려서 텔레비전을 켜고, 간식에 손이 가고, 메일을 확인합니다. 또한 자신도 모르는 사이에 선한 혹은 악한 행위를 하기도 합니다.

○ 나에게 인식된 업은 과보를 초래하지만 나에게 인식되지 않은 업은 과보를 초래하지 않습니다. 불전에서는 잘못된 일인 줄 알면서, 악업을 지은 경우보다, 잘못된 일인 줄 모르고 지은 악업의 과보가 더 크다고 가르칩니다. 우리의 일반 상식과는 좀 다릅니다. 잘못된 일인 줄 모르는 사람의 경우 구제불능이기에 그 과보가 더 크고, 잘못된 일인 줄 아는 사람의 경우 개과천선할 수 있기에 그 과보가 적습니다. "알고 지은 악업보다 모르고 지은 악업의 과보가 더 크다."고 할 때 말하는 '앎'은 가치론적 앎을 의미하고, "알고 지은 악업의 과보는 받지만 모르고 지은 악업의 과보는 받지 않는다."고 할 때 말하는 '앎'은 인식론적 앎을 의미합니다.

○

1.9.1.

      개미나 모기를 죽여도 악업이 됩니까?

● 업은 의도(의지)가 들어가야 성립된다고 들었습니다. 그러나 『깨달음으로 가는 올바른 순서』에 실린 캄닥겔이나 나가르주나의 예화에서 보면 의도와 관계없이 아무리 작은 행위라도 과보를 불러온다고 이해를 했습니다. 그러면 제 자신도 모르게 밟혀 죽은 개미, 차에 치인 개구리 한 마리에 대해서도 과보를 받는 건가요? 직접 모기를 잡지 않고 모기향을 피워놓는 건, 같은 살생업을 짓는 건지 궁금합니다.

○ 캄닥겔의 경우 전생에 파리였을 때 똥에 앉았다가 함께 물에 떠내려가면서 탑을 돈 공덕으로 출가할 수 있었다고 하며 나가르주나(Nāgārjuana: 龍樹)의 경우 전생에 풀을 베다가 벌레를 자른 과보로 현생에 두통에 시달렸다고 합니다. 이 일화만 보면 전생의 파리가 우연히 불탑을 돌 때, 이를 자각하고 있었는지 아닌지 알 수가 없습니다. 파리가 불탑인 줄 알고서 공경심을 냈다면 공덕을 지은 것이 되지만, 그렇지 못할 경우 공덕이 될 수가 없습니다. 위의 예화는 전자의 경우에 해당할 겁니다.

나가르주나, 즉 용수 보살의 경우도 풀을 베다가 벌레를 자른 것을 스스로 인지했는지 아닌지 여부에 대한 설명이 없습니다. 또 출

●

1.9.2.

가승의 경우 풀을 벨 때에는 세심하게 주의를 기울여야 합니다. 왜냐하면 풀에는 대부분 벌레가 산다는 것이 상식이기 때문입니다. 이를 아는데도 마구 풀을 벨 경우 악업이 됩니다. 벌레의 모습이 자신에게 보이지 않았다고 하더라도 악업이 됩니다. 풀에 벌레가 사는 것을 익히 알고서 함부로 풀을 베었기 때문입니다.

율장을 보면, 부처님 당시 스님들께서는 녹수낭漉水囊, 또는 여수낭濾水囊이라는 것을 지니고 있었다고 합니다. 물을 마실 때에 벌레를 걸러내기 위한 그물망 주머니입니다. 살생죄를 짓지 않기 위한 도구입니다. 녹수낭으로 걸러 마신 후 녹수낭을 물에 헹구어서 걸러졌을 것으로 짐작되는 벌레를 방생합니다. 혹 시냇물을 그냥 마실 경우 건장한 장년 비구 스님의 눈으로 보아 벌레가 없으면 마셔도 된다고 합니다.

이상과 같은 가르침에 비추어 볼 때 불교윤리의 원칙은 "조심하기 위해서 최선을 다했음에도, 인지認知되지 않은 죄는 죄가 되지 않는다."는 것입니다.

길을 갈 때에는 무리하지 않는 한도 내에서 개미나 지렁이와 같은 벌레가 있는지 살피는 것이 좋습니다. 개미집이 있을 것이 빤한데 마구 밟고 지나갈 경우 악업이 됩니다. 그러나 최선을 다했음에도 나에게 인지되지 않은 악업은 악업이 되지 않습니다. '보리심의 새싹 (http://www.borisim.net/ 지리산 토굴에서 정진하고 있는 천진, 현현 스님이 운영하고 있는 블로그. 두 스님의 수행이야기는 최근 불광출판사에서 『지리산 스님들의 못 말리는 수행이야기』라는 제목으로 출간된 바 있다 - 편집자주)' 홈페이지에 들어가면 모기에게 일부러 물려서 피를 보시하는 스님 세 분을 만나실 수 있을 겁니다. 티베트 스님들의 경우도 모기에게 물리는 것은 신경도 쓰지 않는다고 합니다. 일부러 모기에게 물리려고 나설 것은 없겠지만 혹 몸이 건강하시다면 모기 물리는 것에 대해 크게 신경 쓰지 마시기 바랍니다. 그런데 모기가 너무 많을 경우 잠을 못 자기 때문에 생활에 지장을 줍니다. 저의 경우 '보리심의 새싹' 스님들처럼 철저하게 살지 못하지만, 제 손으로 에프킬러와 같은 모기약을 뿌리지는 않습니다. 전자모기향을 피우고 자는데, 방문을 활짝 열어 놓습니다. 그러면 모기가 죽는 것이 아니라, 달아나거나 더는 방으로 들어오지 않습니다. 간혹 독한 모기가 물긴 하지만, 잠을 크게 방해하지는 않습니다. 모기가 물 때에도 쫓아 버리긴 하지만, 손바닥으로 쳐서 죽이지는 않습니다. 입장 바꿔서 생각하면 기가 막힌 일이기 때문입니다. 모기 입장에서 보면 목숨을 걸고 식사하려다가 세상을 하직하게 되기 때문입니다. 완벽하게 살 순 없어도 부처님 가르침대로 살기 위해서 최선을 다할 뿐입니다.

육식을 하는 사람들이 받게 될 과보는 무엇입니까?

● 연기법과 윤회에 대한 교수님의 답변을 읽다가 『능엄경』의 내용이 중첩되어지며 한 가지 조금 무시무시한 의문점이 떠오릅니다. 만약 윤회가 사실이고 연기법에 의해 현상세계가 굴러간다면 이런 생각을 추론해 볼 수 있습니다. 지금 현재의 특히 구체적으로는 대한민국의 대다수 사람들은 자각하지 못한 채 엄청나게 육식을 즐긴다. 사람들의 입에 들어가는 상상을 초월할 정도의 수많은 동물의 생명은 대부분 인간의 욕망과 쾌감을 위해서 인위적으로 사육되고 도살된 것이다. 그렇다면 도살된 가축과 이것을 즐겨 먹는 사람들 사이에는 어떤 인과 연(연기관계)이 성립한다. 그렇다면 현재의 사람들과 도살된 가축은 때가 되면 역할이 바뀌어서 반대로 태어날 수도 있을 것 같습니다. 이런 심각한 문제에 대해서 의견을 듣고 싶습니다.

○ 맞습니다. 부처님 가르침에 의거할 때, 우리 국민 전체는 물론이고 전 인류 대부분은 내생에 짐승 이하의 세계에 태어납니다. 지극히 청정하게 수행하시는 스님들이나 아주 착하게 사는 사람들만이 인간계 이상의 세계에 태어납니다. 육식을 하는 것

○

자체가 악업을 짓는 것은 아닙니다. 고기 중에는 오정육五淨肉이라고 하여, 나에게 악업을 초래하지 않는 육식이 있습니다. 오정육이란 ① 죽는 것을 직접 본 것이 아닌 고기, ②죽는 소리를 듣지 않은 고기, ③나를 위해 죽인 것이 아닌 고기, ④병들거나 다쳐서 스스로 죽은 고기, ⑤남이 먹다가 남은 고기입니다. 이런 고기를 먹는 것은 죄업이 되지 않습니다. 그런데 육식 말고도 우리 인간들은 서로가 서로에게, 또는 다른 생명체들에게 너무나 많은 죄업을 지으며 살아갑니다. 소위 서구와 같은 문명화된 사회일수록 그 사회의 복락을 유지하기 위해 짓는 죄업의 크기는 엄청나게 큽니다. 육식을 위한 살육, 약자를 파괴하는 전쟁, 약품 제조를 위한 실험동물의 살해 등등.

이렇게 사악한 현대문명 속에 살면서 내생에 또 다시 인간으로 태어나리라고 착각하는 사람들에게는 '지금 지율 스님의 단식'이 '엉뚱한 짓'으로 비쳐질 겁니다.

<u>**045**</u>　자연 정복으로 현대문명을 건설한
‘인간’은 과보를 받게 되는 겁니까?

●　현생에 인간이었던 자 가운데 다음 생에 인간으로 태어날 자는 거의 없다는 윤회의 비정함을 말씀하셨는데 이 구절은 어느 경전에서 확인할 수 있을까요? 왜냐하면 저 또한 유애有愛의 습기가 많았었는데, 이 구절은 좀 확실하게 관찰하고 싶습니다.

○　불전 도처에서 얘기하지만 그 근본 출처는 다음과 같습니다. 초기불전 중 『잡아함경』입니다. 그 외에도 사람 몸 받기 힘들다는 다양한 비유가 불전 도처에 등장합니다.

눈 먼 바다거북의 비유(大正藏 2, p.108c) _ 如是我聞　一時　佛住獼猴池側重閣講堂　爾時　世尊告諸比丘　譬如大地悉成大海　有一盲龜壽無量劫　百年一出其頭　海中有浮木　止有一孔　漂流海浪　隨風東西　盲龜百年一出其頭　當得遇此孔不　阿難白佛　不能　世尊　所以者何　此盲龜若至海東　浮木隨風　或至海西　南北四維圍遶亦爾　不必相得　佛告阿難　盲龜浮木　雖復差違　或復相得(대지 전체가 바다로 변했을 때, 바다 밑을 헤엄치던 눈먼 바다거북이가 100년에 한 번 바다 위로 고개를 내미는데, 그 위를 떠다니던 구멍 뚫린 나무판자에 목이 끼는 비유) 愚癡凡夫漂流

五趣 暫復人身 甚難於彼 所以者何 彼諸衆生不行其義 不行法
不行善 不行眞實 展轉殺害 强者陵弱 造無量惡故 (어리석은 범부가
오취의 세계를 표류하다가 잠시 다시 사람의 몸을 받는 것은 그것보다 더 어려우
니라. 왜 그런가? 저 중생들은 바른 이치대로 행하지 않고, 가르침대로 행하지 않
고, 선을 행하지 않고, 진실을 행하지 않으며 서로서로 살해하고 강자가 약자를 능
멸하여 무량한 악을 짓기 때문이니라) 是故 比丘於四聖諦當未無間等者
當勤方便 起增上欲學無間等 佛說此經已 諸比丘聞佛所說 歡喜
奉行

손톱 위의 먼지와 대지의 흙의 비교(**大正藏 2, p.114b~c**) 如是我聞 一時 佛住舍
衛國祇樹給 孤獨園 爾時 世尊以爪甲擎土已 告諸比丘 於意云
何 我爪甲上土爲多 此大地土多 諸比丘白佛言 世尊甲上土甚少
少耳 此大地土甚多無量 乃至算數譬類不可爲比 佛告比丘 …
如甲上土 如是衆生從地獄命終 生人中者亦如是 如大地土 如是
衆生從地獄命終 還生地獄者亦如是 如地獄 如是畜生餓鬼亦爾
如甲上土 如是衆生從地獄命終 生天上者亦如是 如大地土 如是
衆生從地獄命終 還生地獄者亦如是 如地獄 如是畜生餓鬼亦爾
如甲上土 如是衆生人道中沒 還生人道中者亦如是 如大地土 其
諸衆生從人道中沒 生地獄中者亦如是 如地獄 如是畜生餓鬼亦
爾 如甲上土 其諸衆生從天命終 還生天上者亦如是 如大地土
其諸衆生天上沒 生地獄中者亦如是 如地獄 畜生餓鬼亦如是(인
간으로 살다가 죽어서 지옥, 축생, 아귀로 태어나는 자는 대지의 흙과 같이 많지

만, 다시 인간으로 태어나는 자는 손톱 위의 흙[爪甲上土]과 같이 적다는 비유)

많은 사람들이 '착하게 살지 않는 이유'는 내생을 두려워하지 않기 때문입니다. 많은 사람들이 열반을 '사라짐'이라고 이해하지 못하는 이유는 일체개고의 진리, 즉 고성제를 모르기 때문입니다. 윤회의 세계는 무시무시합니다. 비정합니다. 그리고 세끼 밥 잘 먹고 밤에 편히 잘 수 있는 우리 인간들은 윤회의 세계에서 최상위 중의 상위에 위치한 희소한 존재들입니다. 인간의 탈을 쓰고 문명사회에서 사는 것 자체가 사악한 것이라고 볼 수 있습니다. 문명사회는 다른 생명의 희생 위에 건립된 것이기 때문입니다. 양계장, 도축장, 실험동물의 살해 등등…. 이를 망각하기에, 우리 대부분은 "내생에도 다시 인간으로 태어나려니" 하고 생각하며 안심합니다. 그러나 절대 그럴 리는 없습니다. 윤회의 법칙은 모든 생명체들에게 공평하게 적용되기 때문입니다. 서구인들에 의해 이룩된 현대문명은 생명의 세계에서 거꾸로 가는 열차입니다.

　　　　깨달은 부처님도 업을 짓습니까?

●　　부처님도 인과에서 자유로울 수 없다고 알고 있는데 어떠한 행위라도 과보를 초래할 수 있는 게 아닌가요. 다만 성인이 범부와 다른 점은 자신의 행위가 어떠한 과보를 초래할지 알고 악업을 줄이고 선업만을 짓는데 있다고 생각합니다. 업에 의해 형성된 몸이 있는 한 업을 지을 수밖에 없다는 것이지요.

○　　아라한이나 부처님의 경우 전생 업에 대한 과보는 받지만 그것에 미혹되지 않습니다. 그러나 깨달음에 이른 후 현생에 더 이상 업을 짓지 않습니다. 그래서 "45년 간 한 마디도 하지 않았다."는 선언이 가능한 것입니다. 남이 볼 때는 부처님께서 말씀도 하시고 행동도 하시지만(口業과 身業), 부처님 당신이 자신을 볼 때는 말을 해도 말을 하는 것이 아니고, 어떤 행동을 해도 행동을 하는 것이 아닙니다.

2.0.0.

색, 수, 상, 행, 식의 오온은 각각 무엇을 의미하는 것입니까? ❶

● 보통 불교에서 수행修行한다고 할 때 행을 닦는다고 합니다. 즉 빠알리어로 상카라(형성)를 닦는다는 의미로 알고 있습니다. 그만큼 불교가 마음의 형성력을 중시한다고 알고 있습니다. 그런데 오온의 정신적인 요소인 '수상행식' 중에서 언제나 잘 구분이 가지 않고 모호한 부분이 상, 행, 식입니다. 우리나라의 불교개론서를 보면 보통 상想은 '인식, 표상, 지각'으로 번역하고 행行은 형성, 의지, 결합, 사고작용, 식識은 역시 인식, 식별, 요별, 의식작용으로 적혀 있습니다. 그런데 아함경을 보면 어떤 부분에서는 행이 사思로 되어 있으며 인간의 광범위한 정신작용 중 대부분을 행行=思에 넣는 것 같습니다. 그런데 또 어떤 책을 보면 '색수상행'이 식에 의존해 있기 때문에 '식'이 가장 중추적이고 광범위한 정신작용이라고 합니다(콘즈, 『인도불교사상사』). 어떤 분은 오온은 순서 없이 모두 함께 찰나 생, 찰나 멸이라고 이야기하고 함께 일어나는 오온 중에서 어떤 지분이 강한가가 중요시된다고 합니다. 혹은 전반적으로 '색 → 수 → 상 → 행 → 식'의 순서로 일어난다고 하는 분도 계십니다. 그런데 또 아함경을 보면 '근, 경, 식(촉) → 수 → 상 → 행'의 순으로 일어난다고 합니다.

불교의 대표적 가르침이 ‘오온무아五蘊無我’이기에 오온에 대한 이해는 불교의 중추요 심장인데 정말 아무리 생각해도 선명하게 이해가 되지 않습니다. 가령 사지선다형의 문제지를 받은 수험생이 추리, 유추, 사고해서 답을 정하는 과정을 놓고 보자면 ‘색수상행식’이 모두 일어나는 것인지 아니면 적극적으로 업을 만드는 요소는 없기 때문에 행은 제외해야 하는 것인지 궁금합니다.

다른 예를 들어, 상상하는 작용(음악을 듣고 무엇을 떠올리는 것 등)은 상, 행, 식 중 어디에 넣어야 하는지도 알고 싶습니다. 다른 예로 오온이 찰나생멸인데 어떻게 “색이 무상함을 관하라. 수가 무상함을 관하라. 상이 무상함을…. 행이 무상함을…. 식이 무상함을…”의 경문과 같이 무상함을 관찰할 수 있을지 그것도 의문입니다. 그리고 오온을 관찰한다며 그 관찰하는 기능은 상인지 식인지 아니면 그도 저도 아닌지 혹은 불성(아뜨만)인지 알고 싶습니다. 자세한 설명 부탁드립니다.

○　　오온에 대해서는 제 홈페이지의 ‘불교텔레비전 강의’인 ‘인도불교의 사상과 역사’ 중에서 ‘초기불교’ 부분이나 ‘구사학의 5위 75법’ 부분 중 어딘가에 설명되어 있을 겁니다. 찾아보시기 바랍니다.

그리고 오온이 잘 이해가 되지 않는 것은 원래 한 덩어리의 사태인데 언어에 의해 이를 분별해 놓았기 때문입니다. 『반야심경』에서 ‘색즉시공 공즉시색 … 수상행식 역부여시’라고 가르치는데, ‘수상행식 역부여시'라는 경문을 풀면 '수즉시공 공즉시수, 상즉시공 공즉시상, 행즉시공 공즉시행, 식즉시공 공즉시식'이 됩니다. 색도 공이고, 수도 공이고 … 식도 공이란 말입니다. 앞에서 설명한 바 있지만 '색=공, 수=공, 상=공, 행=공, 식=공'이기 때문에 '색 = 수 = 상 = 행 = 식'입니다. 즉 '색이 수이고 수가 상이고 상이 행이고 행이 식입니다. 또 수가 식이고 행이 색이고 식이 상이고 색이 수'입니다. "부처님이 마삼근이다."라고 하듯이 개념 간의 차별이 타파됩니다. 사실, 우리 눈앞에 컵이 보일 때 그 컵은 '색'이면서, '수'이면서, '상'이면서, '행'이면서, '식'입니다. 우리 면전의 컵에서 '색, 수, 상, 행, 식'을 따로 따로 떼어 낼 수가 없습니다. 컵뿐만 아니라 우리가 체험하는 모든 사건은 오온을 다 갖추고 있습니다.

그리고 행은 범어 '상스까라samskāra'의 번역어입니다. 『구사론』의 5위 중 '수와 상을 제외한 심소법 전체'와 '심불상응행법 전체'가 모두 '행'법입니다. 탐, 진, 치, 만의 번뇌 모두가 행법에 속합니다.

048

색, 수, 상, 행, 식의 오온은 각각 무엇을 의미하는 것입니까? ❷

● 답변 감사합니다. 그런데 그건 너무 후대(?) 불교적이고 대승불교적인 차원에서 이루어지는 오온에 대한 조망이라고 생각됩니다. 초기불교의 교리나 가르침에 대한 깊은 이해가 없으면 어떤 불교공부도 모래 위에 쌓은 집처럼 견고하지 못하고 잘못하면 지적 유희로 그칠 위험이 많다고 생각됩니다. 초기불교 교리와 수행체계는 생각할수록 그렇게 간단하지 않은 것 같습니다. 이건 21세기 불교학의 가장 큰 과제라고 생각합니다. 자등명하겠습니다.

○ 다른 많은 분들 역시, 오온에 대한 분별적 이해에 관심이 많을 것 같아서, 다시 답을 올립니다. 앞에서 설명했듯이 오온이 쉽게 이해되지 않는 이유는 우리가 체험하는 모든 사태에 오온이 모두 중첩되어 있기 때문입니다. 그래서 일체법에 대한 세 가지 분류법[三科說]에 대해 설명할 때 오온설은 상근기를 위한 것, 십이처설은 중근기를 위한 것, 십팔계설은 하근기를 위한 것이라고 평합니다.

색, 수, 상, 행, 식色, 受, 想, 行, 識의 오온 가운데, 가장 앞에 있는 색色은 객관대상이고, 가장 뒤에 있는 식識은 주관인 우리의 마음입니다. 주관이 객관을 대하듯이 식識이 색色을 대하는데, 색과 식의 사이에서 작용하는 마음작용이 수, 상, 행입니다.

수受는 보통 '느낌'이라고 번역하는데, 그 종류는 고苦, 낙樂, 불고불락不苦不樂의 세 가지입니다. 순서대로 '괴롭고 싫은 느낌', '즐겁고 좋은 느낌', '무덤덤한 느낌'이라고 풀이할 수 있을 겁니다. 우리가 살아가면서 느끼는 느낌은 대부분 무덤덤한 느낌들일 겁니다.

상想은 '생각'이라고 번역되는데, 범어로 '삼즈냐 또는 삼갸 samjñā'라고 씁니다. 'sam'은 '함께'란 의미이고 'jñā'는 '앎'이란 의미이기에 '함께 모아서 아는 것'이라고 풀이되는데, 심리학에서 말하는 '심리적 연합association]'과 거의 그대로 일치합니다. 심리적 연합이란 '조건반사적 앎'입니다. 파블로프의 실험에서 종소리를 들은 개가 먹이를 떠올리며 침을 흘리게 만드는 것이 바로 상온의 작용입니다. 종소리와 먹이는 아무 관계가 없는 것인데, 먹이를 줄 때마다 종소리를 울림으로써 개에게 '종소리=먹이'라는 생각이 각인됩니다. 우리가 눈으로 귤을 볼 때, 입에 침이 고이는 것 역시 이런 상온의 작용입니다. 귤의 '둥그런 모양과 주황색'은 '신맛'과 아무 관계가 없는데, 어릴 때부터 귤을 먹어 보았기에, 귤의 형상만 보면 신맛이 떠오르게 되는 것입니다. 이렇게 '아무 관계가 없는 양자를 관계시키는 것'이 상온의 작용입니다. 그리고 이런 상온의 작용과 관계된 것 가운데 대표적인 것이 바로 '인간의 언어'입니다. 예를 들어 '자동차'라는 소리를 들으면 우리 머릿속에 자동차의 영상이 떠오릅니다. 원래 '자—동—차'라는 소리와 실재의 자동차는 아무 관계가 없습니다. 반복된 학습을 통해 심리적 연합이 일어나서 '자—동—차'라는 소리와 실재의 자동차가 '필연적 관계'를 갖는 것처럼 생각하게 되는 것입니다. 인간은 물론이고 짐승에게 있어서도 이렇게 '개념'을 만드는 작용이 바로 상온입니다.

행行은 조작이라고 번역됩니다. 그 원어가 '상스까라saṃskāra'이기에 '함께 모여서[sam] 지음[kāra]'이라고 풀이됩니다. 즉 '여러 가지 조건들이 함께 모여 짓기'가 행의 의미입니다. '탐, 진, 치, 만' 등의 번뇌와 같은 갖가지 심리현상도 행이지만, 사물의 세계에서 인연이 모여 이루어지는 사건은 모두 행입니다.

『구사론』에서는 우리가 체험하는 모든 것을 '5위位 75법法'으로 분류합니다. 색色법, 심心법, 심소心所법, 심불상응행心不相應行법, 무위無爲법이 5위인데 이런 5위의 항목에 속하는 갖가지 법들을 75가지로 정리한 것이 5위 75법 이론입니다.

색법은 5근인 '안이비설신', 5경境인 '색성향미촉', 그리고 무표색無表色의 열한 가지로 재분류됩니다. 무표색無表色은 '겉으로 드러나지 않는 색'이란 의미로 우리의 '의식의 내용[法處]' 가운데 포함되기에 '법처소섭색法處所攝色'이라고 부르기도 합니다. 수계할 때 "앞으로 살생하지 않겠다."고 다짐을 하는데 그것이 바로 무표색입니다. 이런 다짐은 평소에 겉으로 드러나지 않지만[無表], 살생의 기회가 왔을 때 수계의 다짐을 떠올리고 살생을 하지 않게 만듭니다. 우리의 '마음속에 패인 골'이라고 비유할 수 있습니다.

그리고 수受와 상想은 심소법에 속합니다. 어떤 상태에서도 항상 존재하기에 '우리가 언제나 밟고 사는 땅과 같이 큰 토대'라는 의미인 '대지법大地法'에 소속시킵니다.

행行은 다시 두 가지로 분류될 수 있는데 하나는 '마음과 관계된 행'[心相應行]이고 다른 하나는 '마음과 관계된 것만은 아닌 행'[心不相應行]입니다. 마음과 관계된 행은 위에서 얘기했듯이, 갖가지 번뇌들입니다. 마음과 관계된 것만은 아닌 행에는 생生, 주住, 멸滅, 명名, 구句, 문文 등이 있습니다. 발생과 머묾과 소멸을 의미하는 생주멸의 경우, 우리 마음에서도 일어나지만, 외부의 물리적 세계에서도 일어납니다. 우리 마음에서 '교만한 마음'이 발생했다가 소멸하기도 하지만, 외부 세계에서 '천둥소리'가 발생했다가 소멸하기도 합니다. 명, 구, 문은 문장, 단어 등을 의미하는데 우리가 사유할 때도 이런 문장이나 단어를 사용하지만, 외부세계에 속하는 '책'이나 '비석'에도 단어나 문장이 씌어 있을 수 있습니다. 그래서 생주멸, 명구문 등을 심불상응행법이라고 부릅니다.

앞에서 말한 수受와 상想, 그리고 행行 가운데 심상응행, 즉 '심소법에 속하는 행'이 객관인 색色과 주관인 식識 사이에서 작용하는 마음작용(심소법)들입니다.

이상은 색, 수, 상, 행, 식 각각에 대한 분별적 해설입니다.

아함경의 '근, 경, 식(촉) → 수 → 상 → 행'은 12연기설과 관계됩니다. 12연기의 '… 육입 → 촉 → 수 → 애 …'로 이어지는 과정에서, '촉 → 수'의 단계에 대한 상세한 설명일 뿐입니다. 12연기의 각 지분 모두 오온을 갖추고 있습니다. 각 지분의 오온 가운데 가장 세력이 강한 것을 지분의 이름으로 삼았기에 12연기 각 지분은 '증상연增上緣 관계'를 갖는다고 합니다. 12연기 각 지분을 펼쳐 놓으면 삼세양중인과三世兩重因果적이고 태생학胎生學적인 연기설인 분위연기分位緣起로 나타나고, 쌓아 놓으면 한 찰나에 12지분 모두가 중첩되어 쌓여 있는 '찰나연기'로 나타납니다. 언어학의 용어를 빌어 말하면 전자는 통시적通時的 조망, 후자는 공시적共時的 조망이라고 풀이되는데, 이런 통시적 조망과 공시적 조망은 상반된 것이 아니라, 12연기의 두 측면일 뿐입니다.

다시 질문으로 돌아가 답하면, 수험생이 문제를 풀 때든, 그 어느 때든 오온은 모두 관여합니다. 곰곰이 생각해 보시기 바랍니다. 음악을 듣고 무엇을 떠올릴 때 역시 오온 모두 작용합니다. 음악 소리는 색온, 음악 소리에서 느껴지는 느낌은 수온(기쁨, 덤덤함 등등), 음악 소리를 들으며 무슨 악기 소리인지 연관시키는 것은 상온, 음악 소리에 집중하는 것 등의 의지적 행위는 행온, 음악 소리를 아는 것은 식온입니다.

참고로 『구사론』에서 색, 수, 상, 행, 식의 오온에 대해 요리에 비유한 내용을 소개하면 다음과 같습니다. '색: 그릇 / 수: 감자, 두부 등 음식 재료 / 상: 소금, 고춧가루 등 양념 / 행: 요리하는 것 / 식: 요리된 음식을 먹는 자'

"오온은 찰나생멸인데 어떻게 무상함을 관하는지?"에 대한 대답은 다음과 같습니다: 찰나생멸이란 말이나 무상하다는 말이나 같은 의미입니다. 초기불전에서 가르치는 무상을 아비달마교학에서는 찰나론에 의해 정교하게 이론화합니다. 그리고 질문은 "흘러가는 것을 어떻게 관하는지?"란 의미 같은데, 단순하게 생각하시기 바랍니다. 지금 있는 것을 그대로 관해 보면, 아까 있던 것은 단 하나도 없음을 알게 됩니다. 그래서 '무상'을 알게 됩니다. 물론 이런 수행의 목적은 '고'와 '무아'(안주할 곳이 없음)를 알게 하는 것이고, 결국 열반을 추구하게 하는 것입니다.

"오온을 관찰할 경우 그 관찰 기능은 무엇인지?"에 대해 답하겠습니다: "오온을 관찰할 때에도 오온 모두 동원됩니다!"

그리고 불교교리를 접할 때, 이론체계의 논리적 정합성도 추구해 보아야 하겠지만 보다 중요한 것은 이런 이론들의 취지입니다. 초기불전이든 아비달마교학이든 그 이론의 정합성을 끝까지 추구하면 항상 모순이 발견됩니다. 이런 모순을 드러내는 불교사상이 바로 반야 공사상이고, 중관학입니다. 초기불교교리나 아비달마가 내적 모순을 갖고 있지만, 그 취지를 수용할 경우 그런 교리는 우리의 인식과 감성을 정화하는 좋은 도구가 됩니다. 차안에서 피안으로 건네주는 뗏목과 같이….

불교연구에서 초기불전이 가장 중요하다는 것은 '불교학계의 상식'입니다. 대승교학이 초기불교사상과 수미일관한 체계가 되도록 살려내는 것이 불교학의 과제 중 하나입니다. 또, 초기불전을 연구해도 불교의 정체가 그대로 드러나지 않습니다. 불교는 벗기고 벗겨도 끝이 없는 양파와 같습니다. 그런데 우리가 잊지 말아야 할 것은 '양파'는 알맹이가 아니라 그 껍질을 먹기 위해 존재한다는 점입니다.

　질문에 대해 개괄적 답을 해 보았습니다. 자세히 설명하려면 한 권의 책을 써도 모자랄 것입니다. 질문자는 나름대로 공부를 많이 한 분 같습니다. 그런데 불교공부에는 '지식공부' 와 '감성공부' 의 두 가지가 있다는 점을 명심하시기 바랍니다. 감성공부는 '교만한 마음' (만), '화내는 마음' (진), '탐내는 마음' (탐)을 정화하는 공부입니다. 이런 마음들이 정화되어야 이 세상, 이 윤회의 세계에 대해 맺힌 한이 모두 없어져서 '다시는 태어나지 않는 열반' 을 진심으로 희구할 수 있게 됩니다. 불교공부에서 지식공부보다 더 중요한 것이 감성공부입니다. 수학에서 미분학 문제를 풀려고 할 때 가장 먼저 훈련해야 하는 것이 '덧셈과 뺄셈' 이듯이….

049

12처가 공하다는 깨달음을 어떻게 이해해야 합니까? ❶

세상만사가 '안이비설신의'와 '색성향미촉법'으로 구성되어 있다면 이런 12처(제대로 된 개념인지 모르겠습니다)가 공하다는 깨달음도 12처의 형식으로 나타나는지요? 만약 깨달음이 직관적인 방식으로 나타나는 것이라도 결국 오온이나 12처의 형태로 나타날 수밖에 없다면 어떻게 공이라는 12처 바깥의 어떤 것에 대하여 12처를 통한 직관, 인지(깨달음)가 가능한지 궁금합니다. 이것이 조사들이 말한 "마음 밖에서 부처를 찾지 말라"는 것과 상통하는 말인가요?

불교의 깨달음은 '어떤 상태를 획득하는 것'이 아니라, '잘못된 것을 제거하는 것'일 뿐입니다. 따라서 "12처가 공하다."는 자각은 '12처가 공한 상태'에 도달한 것이 아니라 '12처에 실체가 있다는 착각이 제거됨'을 의미합니다. 용수 보살의 『회쟁론』에서는 공성의 의미를 설명하면서 다음과 같은 비유를 듭니다.

집에 데와닷따Devadatta라는 아이가 없는데도 불구하고 누군가가 집에 데와닷따가 있다고 생각할 때 그에게 "집에 데와닷따가 없다."고

○

말할 경우 '데와닷따 없음'을 만들어낸 것이 아니라 "데와닷따가 있
다."는 착각을 제거해 준 것일 뿐이다.

또, 쫑카빠 스님의 『보리도차제광론』에서는 다음과 같은 비유를 듭
니다.

추운 겨울 홀로 나그네 한 사람이 히말라야의 산길을 가다가 밤이 되
었다. 노숙을 할 경우 얼어 죽을 것이 뻔해서 집을 찾아 헤매다가 추
위를 피할 집을 발견했는데, 그 집에는 무서운 귀신이 있다는 소문
을 들은 적이 있어서 망설이다가, 얼어 죽느니 귀신에 시달리는 편
이 낫다고 생각하고서 추위를 피하기 위해서 그 집에 들어갔다. 여
기저기서 귀신 소리가 나는 것 같아서 나그네는 공포에 시달리며 잠
을 못 이루고 뜬 눈으로 밤을 지샜다. 그러던 중 문이 열리면서 다른
나그네가 추위를 피하기 위해 그 집으로 들어왔다. 그 나그네에게
'이 집이 귀신이 있는 집'이라고 전하자 그 나그네가 말하기를 "귀
신이 있는 집은 이 집이 아니라, 저 언덕 너머에 있는 다른 집입니
다."라고 대답하였다. 그 때 공포에 시달리던 사람은 갑자기 마음이
편안해진다. 이렇듯이, 공의 가르침은 우리 마음속에 무언가를 만들
어내는 것이 아니라, 우리 마음속에 있던 잘못된 착각을 시정해 주
는 것일 뿐이다.

용수 보살과 쫑카빠 스님의 이러한 가르침에 비추어 볼 때 12처가 공

2.1.2.

하다는 깨달음은 12처로 나타나는 것이 아니라고 볼 수 있습니다. 아비달마교학의 육인오과六因五果 이론에서는 세상만사를 여섯 가지의 원인과 다섯 가지 종류의 결과의 관계로 해석합니다.

원 인		결 과
능작인能作因	→	증상과增上果
동류인同類因, 변행인遍行因	→	등류과等流果
이숙인異熟因	→	이숙과異熟果
상응인相應因, 구유인俱有因	→	사용과士用果
×	→	이계과離繫果

그런데 '공의 궁극에 해당하는 열반'은 이 가운데 이계과에 포함됩니다. '계박(번뇌의 속박)에서 벗어난 과보'라는 의미입니다. 그런데 여기서 보듯이 이계과의 경우 원인이 없습니다. 따라서 '이계과인 열반'은 '만들어진 그 무엇'이 아닙니다. 비유한다면, 연필로 쓴 낙서를 '지우개로 지우는 것'이 '지우개 색깔을 칠하는 것'이 아닌 것과 같습니다. 물론 그렇게 지워진 것을 표현하거나 남에게 전달할 때에는 '눈, 귀, 코, 혀, 몸 … 등등'의 12처를 이용하지 않을 수 없습니다.

요컨대 공空은 12처 밖의 어떤 것이 아니라 12처에 대한 착각을 지우는 것입니다. 12처가 실재한다는 착각에 대한 비판입니다.

050

12처가 공하다는 깨달음을 어떻게 이해해야 합니까? ❷

● 　교수님의 말씀을 듣고 또 다른 의문이 생겨서 더 여쭈어볼까 합니다. 깨달음이란 '12처에 실체가 있다는 착각이 제거됨'을 의미한다고 말씀하셨는데, 결국 깨달음이란 어떤 새로운 상태를 '경험'하는 게 아니라는 말씀인가요? 깨달음이 '12처 밖에 있는 어떤 것'에 대한 경험이 아니라고 하더라도 깨달음이 철학적 사유의 결론에 불과한 것이 아니라면 착각을 제거하는 방식(수행)과 제거된 결과가 12처의 형태로 된 경험이어야 하는 것 아닌가요? 그게 아니라면 철학적 사유로 12처가 공하다는 결론에 도달할 뿐 깨달음의 상태는 영원히 상상만 하게 되는 게 아닙니까? 깨달은 후에는 공(나의 실체가 공이므로)이 공을 인식하는 것이라고 하더라도 최초 깨닫는 순간은 내(경험적인 나)가 12처가 공함을 경험적 방식으로 인식하는 것 아닌가요?

○ 　앞에 말씀드린 제 답변은 저의 주장이 아니라, 불전에 의거한 답변입니다. 아비달마교학이든, 대승교학이든 후대의 티베트불교든 '깨달음'이나 '공성'에 대한 설명에서 일미성(一味性: 한 가지 맛)을 느낄 수 있습니다. 그리고 다시 올리신 질문에

2.1.4.

대해 답을 하면 아래와 같습니다.

우리나라의 불교인들은 '깨달음'이라고 할 때, 대부분 '지적知的인 조망'만을 떠올립니다. 그러나 원래적 의미에서 깨달음에는 '지적인 조망'에 덧붙여 '감성의 정화'가 수반되어야 합니다. 지적인 조망은 '인지의 번뇌가 없어진 것'으로 '공성에 대한 조망'을 의미하며, '분별이 만든 고통'이 사라진 것을 의미합니다. 우리나라의 불교인들이 말하는 깨달음은 이런 지적인 조망에 해당합니다. 그런데, 감성의 정화는 탐욕, 분노, 교만심과 같은 '정서적 번뇌'가 없어진 것을 의미합니다.

'분별이 만든 고통' 가운데 대표적인 것은, 예를 들어 "나는 왜 죽을까?"라든지, "이 세상 만물은 어째서 없지 않고 존재하는가?"라든지, "죽으면 어떻게 될까?" 등등의 번뇌들입니다. 그런데 이런 '분별'을 내기 위해서는, 이런 분별에 사용된 '나', '죽음', '세상', '만물', '없음', '존재', '됨' 등등의 개념들이 이 세상에 실재해야 합니다. 나도 실제로 존재하고, 죽음도 실제로 존재하고…. 그런데 반야공성의 지혜로 치밀하게 분석해 들어가면 '나', '죽음' 등등의 개념들이 모두 허구의 것임을 알게 됩니다. '나'도 공하고[無我, 我空], '죽음'도 공하고 … 등등 모든 개념들의 공성[法空]을 알게 된다는 말입니다. 이것이 '공성'에 대한 지적知的인 자각입니다.

이런 공성에 대한 자각이 철저할 때, 우리는 우리의 생각이 만들어 내는 분별이 모두 이 세상의 참모습과는 관계없는 허구임을 자각하게 됩니다. 물론 이런 분별 중에는 위에서 예로 든 철학적 종교적 고민 역시 포함됩니다. 철학적 종교적 고민 역시 우리가 머리를 굴려서 분별해 낸 것이기 때문입니다. 이런 자각이 철저할 때, 철학적 종교적 고민에서 해방됩니다. 그런 고민들에 어떤 분별적 답을 내어 해결함으로써 해방되는 것이 아니라, 그런 고민들을 해소시킴으로써 해방되는 것입니다. 즉, 그런 고민들이 잘못 구성된 허구의 고민임을 자각함으로써 마음이 편안해집니다. 그리고 이렇게 공성에 대한 조망이 생길 때, 우리는 그 어떤 철학적 형이상학적 고민도 할 수 없다는 사실을 자각하게 됩니다. 분별이 만들어 낸 고민이기에 모두 엉터리입니다. 참으로 희한한 일입니다. 그래서 눈을 훤히 뜨고 있는 지금 이 자리에서 '종교적 고민', '철학적 고민'에서 해방됩니다.

그런데 이런 설명을 깊이 이해한다고 해도 "자신이 해탈했다."는 생각이 전혀 들지 않는 사람이 대부분일 겁니다. 그 이유는 아직 '감성'이 정화되지 않았기 때문입니다. 음욕, 식욕, 수면욕, 명예욕, 재물욕 등등과 같은 탐심이 아직 남아 있는 한, 분노, 질투, 시기, 화 등등의 진심瞋心이 아직 남아 있는 한, 또는 불교 이외의 다른 종교를 기웃거리는 어리석음[癡心]이 아직 남아 있는 한 그 사람은 아직 해탈한 사람이 아닙니다.

이 모든 감성들을 정화하는 일, 즉 세상에 대한 미련을 완전히 씻어버리고 세상에 대해, 타인에 대해 맺혔던 한도 다 풀어버릴 때 진정으로 마음이 편안한 성자가 됩니다. 아라한이 되는 것입니다. 아라한은 공성의 자각을 통해 인지가 완전히 정화되었기에 더 이상 철학적 종교적 고민이 떠오르지 않으며 계, 정, 혜의 수행을 통해 감성을 완전히 정화했기에 세상에 맺힌 것이 없습니다. 그래서 죽을 때 너무나 행복하게 편안히 눈을 감습니다. 죽음이 가까울수록 마음이 편안해지는 분이 불교 수행을 잘 한 분입니다. 수억 겁에 걸친 긴긴 윤회의 고통을 접고 이제 완전한 열반에 들어 영원히 쉴 수 있겠다는 마음이 진심으로 들기 때문입니다.

질문에 대한 답이 길어졌습니다. 요컨대, 12처에 실체가 있다는 착각이 제거된 후에는 '별다른 깨달음의 경지' 속에서 사는 것이 아니라 더 이상 '철학적 종교적 고민'을 떠올리지 않으며 살아가게 됩니다. 물론 12처가 모두 작동되며, 깨닫기 전의 십이처와 달라진 것은 없습니다. 다만 '철학적 종교적 고민을 구성하던 12처'가 더 이상 작동하지 않는 것일 뿐입니다.

그런데 주의할 것은 '짐승'에게도 철학적 고민이 없다는 점입니다. 이상과 같은 설명을 오해하여 "종교나 철학이 필요 없다."는 결론만 수용할 때, 그 사람은 축생으로 전락하고 맙니다. 배부름만 추구하는 돼지와 같이 되는 것입니다. "배부른 돼지보다 고민하는 소크라테스로 살아가는 것이 낫다."는 격언이 있습니다. 불교의 가르침은 '고민하는 소크라테스'를 '고민 없는 성자'로 만들어 주는 길입니다. 돼지처럼 생각을 닫고 사는 것이 아니라…. 물론 돼지와 같이 '생각을 닫고 사는 것'을 권장하고, '사이좋은 돼지들'과 같이 살라고 가르치는 종교도 있습니다. '부~자 되기', '잘 먹고 잘 살기'가 종교의 목표인 것처럼 현혹시키는 종교도 있습니다. 사람을 '가축'과 같이 다루는 종교입니다. 또 대부분의 사람들은 그것이 올바른 종교인 줄 압니다. 우리나라의 종교현실이 너무나 걱정됩니다. '불교를 바로 알고 신행하는 분'들이 해야 할 일이 너무 많습니다. 공성에 대해 자각할 때, 종교적 철학적 고민이 허구라는 점을 알게 된다고 말씀드리면서 혹 이를 오해하여 '생각 없이 사는 것'을 올바른 삶이라고 착각하는 분이 계실까 봐 걱정되어 한 마디 더 보탰습니다.

'일부는 닫히고 일부는 열린 채 작동하던 생각이란 놈'이 완전히 열리는 것이 공성에 대한 자각이라고 볼 수 있습니다. 그 어떤 철학적 종교적 의문이 제기되어도 논리와 말을 통해 그것을 해소시킬 수 있는 능력이 완전히 갖추어진 사람, 또, 세상에 대한 감성적 맺힘이 전혀 없는 사람이 되기 위해서는 계(윤리, 도덕)를 잘 지켜서 욕망과 분노를 정화하고, 정[三昧]과 혜[智慧]를 닦아서 연기緣起와 공의 이치를 깨달아야 합니다. 계정혜 삼학, 즉 팔정도의 삶을 살아가야 한다는 말입니다.

말이 길어지긴 했지만 질문하신 내용에 대한 직접적인 답은 위에서 말했듯이 "12처가 모두 작동되지만, '철학적 종교적 고민을 구성하던 12처'가 더는 작동하지 않는다."입니다.

051

12처가 공한 것을 자각해도, 고통은 그대로 있는 것 아닙니까?

● 낙태를 위한 가위가 자궁에 들어올 때 태아는 본능적으로 가위를 피하고, 개념이라고는 전혀 없는 갓난아이도 배가 고프면 울고, 다치면 고통스러워합니다. 그렇다면 12처가 공함을 깨달아 생로병사의 개념이 허구인 것을 알게 되어도 철학적 고민만이 해결되고 고통 자체는 해결되지 않는 것 아닙니까? 개념은 허구일 수 있어도 사태 자체는 허구가 아닌 것 아닙니까? 분명한 고통이 있는데 고통이라는 것도 허구라는 걸 깨달아서 더 이상 고통스럽지 않을 수 있다는 것이 믿겨지지가 않습니다.

○ 공사상을 통해 지금의 우리가 체득할 수 있는 것은 '분별의 고통'에서 벗어나는 것입니다. 공에 대한 자각을 통해 철학적, 종교적 의문에서 벗어나는 것이지 배고픔을 해결한다든지, 병을 고친다든지, 아픔을 제거하는 것이 아닙니다. 물론 모든 것이 무상하고, 공하기에 배고픔이나 병이나 아픔 역시 언젠가는 사라집니다. 병이 들어서 너무 아플 경우, 혼절하든지 더 나아가 죽음으로써 결국 고통이 사라집니다.

인식의 고통에서 벗어나는 것은 이 순간에 이룰 수 있어도, 존재

○

의 고통에서 벗어나는 것은 오래 걸립니다. 공과 연기에 대한 자각을 통해 존재의 고통에서 벗어나려면 삼학[戒定慧] 의 수행을 통해 깨달음을 얻어 생존의 세계, 윤회의 세계에 다시 태어나지 않아야 합니다.

우리가 내생에 다시 태어나지 않을 경우, 태아가 될 리도 없고, 자궁 내에서 가위를 만날 리도 없고, 뛰어다니다가 넘어져 다칠 리도 없습니다. 존재의 고통조차 완전히 사라지는 것입니다.

연기에 대한 자각이 깊어질 때, 인과응보의 이치를 알게 되고 배고픔의 과보나 질병의 과보가 무슨 원인에 의해 일어나는지 알게 됩니다. 그래서 그런 고통스러운 과보를 초래하지 않으려면 악한 업인業因을 짓지 않아야 하겠다는 것을 알게 됩니다.

공성에 대한 자각을 통해 '분별의 고통' 이 해소되어도 과거나 전생에 지었던 악한 업인業因으로 인해서 현재 내가 받고 있는 여러 가지 '존재의 고통' 을 쉽게 피할 수가 없습니다. 이를 피하고 행복을 구하기 위해서 우리가 할 수 있는 것은 두 가지입니다. 하나는 보시와 지계 등의 선업을 지어서 미래의 행복을 기약하는 것이고, 다른 하나는 지극한 참회를 통해 과거나 전생의 업장을 씻어버리는 것입니다. 당장의 내 고통은 쉽게 없어지지 않지만 선행善行과 참회라는 종교생활을 통해서 나의 미래를 밝게 만들 수 있습니다.

그러나 보다 바람직한 것은 미래나 내생의 행복조차 마다하는 것입니다. 즉, 내생이 아예 나타나지 않게 하는 것입니다. 즉 죽음과 함께 대열반에 들 수 있도록 나의 모든 번뇌를 제거하는 것입니다. 그 방법은 계, 정, 혜 삼학으로 요약되는 팔정도의 수행입니다.

052

공이란 무엇입니까?

● 공부를 하다 보니 여기저기에서 '공空'이라는 용어와 부딪치게 됩니다. 개념의 생소함으로 인하여 헤매던 중 "색의 자성은 공하다自性空"는 개념으로 이해하고 책을 읽으니 무리가 없어 이것이 공의 의미로구나 생각하게 되었습니다. 그런데 요즘 고민이 생겼습니다. 불교 개념 중 '진여'도 '공'이라고 설명되어 있어 무자성의 의미만으로는 공을 제대로 이해한 것이 아니라는 생각이 들었고, 나아가 불교를 아는 물리학자들은 '질량-에너지 호환', '진공상태에서의 물질(소립자)의 출현' 등을 설명하면서 질량이나 물질에 대비되는 '에너지'나 '진공'의 의미로 공을 말하기도 합니다. 도대체 공을 어떤 의미로 이해해야 할까요? 인도불교에서의 공의 원래 의미가 무엇인지, 그 의미로 포괄할 수 있는 범위가 어디까지인지, 시대에 따라 공의 개념이 변형된 것인지 알고 싶습니다. 그리고 공의 의미를 잘 설명해 놓은 책도 소개해주시면 더욱 고맙겠습니다.

○ '1. 공성에 대해, 2. 진여와 공성의 관계에 대해, 3. 물리학으로 해석하는 공성에 대해' 라는 제목을 달아 답해보겠습니다.

1 · 공성에 대해

공에 대해 논리적으로 설명한 불전이 바로 용수龍樹 보살(150-250 C.E. 경)의 『중론』입니다. 졸저拙著 『중론, 논리로부터의 해탈 논리에 의한 해탈』(불교시대사 간)과 『중관사상』(민족사 간)이라는 책이 『중론』의 공 사상에 대한 해설서, 개론서입니다. 『중론』에 공의 원래적 의미가 담겨 있습니다. 『중론, 논리로부터의 …』만 참조하셔도 공의 본래적 의미에 대해 정확히 파악하실 수 있을 겁니다.

『반야심경』에서 '색즉시공 공즉시색色卽是空 空卽是色' 이라고 하듯이 '물질이나 형상[色]' 은 모두 실체가 없습니다. 예를 들어 어떤 긴 막대기를 보았을 때, 길다는 생각은 짧은 것과의 대비를 통해 [緣] 생긴[起] 것일 뿐이며 그 막대기가 원래 '긴 것' 이 아닙니다. 그 막대기의 길이는 '연기緣起한 것' 이기에 고정불변의 실체가 없으며 공합니다. 고정불변의 실체(= 自性)가 없다는 점에서 무자성無自性하다고 표현하기도 합니다.

그런데 『반야심경』의 이어지는 경문에서는 '수상행식 역부여시受想行識 亦復如是' 라고 노래합니다. '수受즉시공 공즉시수, 상想즉시공 공즉시상, 행行즉시공 공즉시행, 식識즉시공 공즉시식' 을 "수상행식도 역시 (色과) 마찬가지다."라고 줄여서 표현한 것입니다. '물질이나 형상色' 뿐만 아니라 느낌受, 생각想, 의지나 조작行, 마음識과 같은 다른 법(法 = 요소)들도 모두 공空하며(수상행식卽공), 공이 이런 것들과 별개의 어떤 것이 아니라(공卽수상행식)는 의미입니다. '색즉시공…' 이라는 앞의 구절에서는 공성을 가르치고 '공즉시색…' 이라는 뒤의 구절에서는 공성에 대한 오해를 시정합니다. 그런데 ‘색수상행식의 오온은 ‘우리에게 인식되고 존재하는 모든 것[一切]’을 의미하기에 『반야심경』의 “색즉시공 … 수상행식 역부여시”까지의 경문은 “일체는 그 자성이 공하고, 공성은 일체와 유리된 별개의 것이 아니라 일체 그 자체이다.”라는 의미입니다.

이렇게 ‘모든 법(法: 생명과 세상의 구성 요소)들’이 공하기에 ‘공성空性’은 모든 법에 공통된 성질입니다. 그래서 ‘법성法性’이라고 부릅니다. ‘공성[śūnyatā, śūnyatva]’의 성(性: tā, tva)이나 법성[dharmatā, dharmatva]의 ‘성[tā, tva]’은 보편성을 의미합니다. 특수한[particular] 개개의 법들이 모두 공하기에 공은 그런 법들의 보편적[universal] 성질이 되는 것입니다. 예를 들어 얼룩소, 황소, 물소 등 낱낱의 소는 모두 다르지만, 발굽이 갈라지고, ‘음매’ 하고 울며, 위장이 네 개인 점 등 등의 공통점이 있기에 그 모두를 소라고 부릅니다. 즉 ‘소 보편[cow-ness]’이 낱낱의 ‘특수한 소’에 내재합니다. 이와 마찬가지로 세상을 이루고 있는 구성 요소인 낱낱의 법들은 제각각이지만, “궁극적으로 공하다.”는 점에서는 모두 일치합니다. ‘공’이 모든 ‘법’들의 공통점인 것입니다. 그래서 ‘공성’을 ‘법성’이라고 부르기도 하고, 제법실상(諸法實相: 모든 법들의 참모습)이라고 부르기도 합니다.

그리고 오온설五蘊說에서는 세상을 이루고 있는 구성요소를 다섯 가지로 줄였지만 이는 설명의 편의를 위한 것일 뿐입니다. 일체를 12가지 법으로 나누면, 초기불전의 ‘12처설’이 되고, 18가지 법으로 나누면 ‘18계설’이 되며 75가지 법으로 나누면 『아비달마구사론』의

‘5위75법설’이 되며, 660가지로 나누면『유가사지론』의 ‘660법설’
이 됩니다. 그리고 세상을 더 세분하면 국어사전에 등재된 단어 수만
큼의 법들로 나눌 수도 있습니다. 그 모든 법들, 요소들이 실체가 없
으며 공합니다.

2 · 진여와 공성의 관계에 대해

진여(眞如: tathatā)는 ‘있는 그대로의 것’을 의미합니다. 사태[fact]나
사물[matter]의 ‘진상眞相’을 의미합니다. 즉 공성을 의미합니다. 그
어떤 사태나 사물이든 분석하고, 분석해 들어가면 궁극적으로 공함을
알게 됩니다. 모든 사태와 사물의 참모습이 공성임을 알게 된다는 말
입니다. 이상은 반야경과 중관학에 근거한 공의 원래적 의미입니다.

　　그런데 유식, 여래장 사상이 흥기한 후기 대승시대가 되면 ‘진
여’와 ‘여래장’과 ‘공성’을 동치同値시킵니다. ‘중생세계(생명체들)’
나 ‘물리적 세계’ 모두가 공하지만, 그 가운데 중생에게 내재하는 법
성으로서의 공성을 ‘부처가 되게 하는 잠재적 힘’으로 간주하여 여
래장(如來藏, tathagata-garbha: 여래의 胎)이라고 표현하기도 합니다.

　　앞에서 설명했듯이 모든 것이 공함에도 불구하고 우리 눈앞에
는 온갖 사물과 사태가 어우러진 삼라만상이 나타납니다. 그래서『대
승기신론』에서는 ‘모든 사물과 사태의 본질인 공성’을 바닷물에 대
비시키고 ‘갖가지 사물과 사태를 구성하는 법들’을 파도에 대비시
키는데 ‘바닷물로 비유되는 본질의 세계’를 진여문眞如門이라고 표
현하고 ‘파도로 비유되는 현상의 세계’를 생멸문生滅門이라고 표현

합니다. 진여문은 중관학적 공성의 조망이며, 생멸문은 유식학적 환幻의 조망입니다. 그래서 현대학자들은『대승기신론』의 여래장사상을 중관학과 유식학의 종합이라고 평합니다.

그런데 '진여'나 '여래장'이라는 표현의 경우 마치 공성이 실체와 같이 우리 마음속에 내재하는 것같이 생각될 수 있습니다. 그래서 마츠모토나 하카마야와 같은 일본 고마자와 대학의 교수들을 중심으로 여래장 사상에 대한 비판 운동이 일어난 적이 있습니다. 불교가 아니라는 것입니다(마츠모토 시로, 혜원 역,『연기와 공』(운주사 간) 참조). 이는 "현상의 이면에 변치 않는 아뜨만이 내재한다."고 보는 우빠니샤드의 아뜨만 이론과 같다는 것이지요. 그리고 일부 일본 불교인들(조동종)의 도덕불감증은 이런 여래장 사상에 기인한다고 분석해 내었습니다. 그러나 이는 잘못된 비판이고 분석입니다.(우리나라 불교학자들의 이에 대한 비판적 연구논문들이『비판불교의 파라독스』(고려대장경연구소, 1999)라는 책으로 발간된 적이 있습니다.)

예를 들어, 우리가 어떤 아름다운 여인을 보았을 때, "저 여인은 엄청나게 아름답다."고 표현하기도 하지만 "저 여인은 엄청난 아름다움을 갖고 있다."고 표현할 수 있습니다. 후자와 같이 표현했다고 해서 '아름다움'이라는 실체가 저 여인 어딘가에 내재한다고 오해하지는 않습니다. 여래장사상에 대한 마츠모토 교수 등의 비판은 '언어의 기능'에 대한 몰이해에서 비롯되었다고 볼 수 있습니다. (자세한 내용은『비판불교의 파라독스』에 실린 제 논문「중관사상에 대한 마츠모토의 곡해」를 참조하시기 바랍니다.)

○
2.2.5.

3 · 물리학으로 해석하는 공성에 대해

'질량-에너지 호환', 즉 'E=MC²'이라든지 '입자와 반입자가 충돌하며 사라지는 현상' 등을 예로 들면서 『반야심경』에서 가르치는 '색즉시공'을 설명하는 분들이 계십니다. 물질에 대한 과거의 착각을 시정해준다는 점에서는 현대물리학의 이론들이 가치가 있지만 물리학으로 불교가 완전히 설명되지는 않습니다. 물리학은 현재도 계속 추구 도중에 있는 학문이며 불교는 완성된 가르침이기 때문입니다. '거시적 우주'나 '미시적 소립자'의 정체에 대한 각종 설(說: Theory)들만 있을 뿐이지 확증된 것은 아무것도 없습니다. 우리의 인식의 범위를 넓힌 것이 물리학이며, 일상세계의 많은 문제들을 해결해 준 것이 물리학이긴 하지만 사물의 궁극에 대해 완전히 밝혀 놓고 있지는 못합니다. 물리학은 객관세계의 진실을 추구하지만 객관세계는 '끝'이 없습니다. 보다 먼 우주를 보고, 보다 미세한 입자를 분석하는 새로운 연구기기가 개발되어도, 우리가 인지할 수 있는 영역이 그만큼 확장되는 것일 뿐, 계속 새롭게 미지의 사태가 나타날 겁니다. 객관세계는 무한합니다. 탐색도구가 개발되는 데 맞추어 그 범위가 계속 넓어집니다. 그런데 불교에서는 '주관세계의 진실'을 추구합니다. 우리가 그 어떤 객관세계를 탐구한다고 해도 결국 주관적 인식으로 그 탐구결과를 해석해야 합니다. 따라서 '주관적 인식의 끝'이 바로 '객관세계의 끝'이라고 볼 수 있습니다. '주관적 인식의 본질'이 '객관적 물질세계의 본질'인 것입니다. 연기緣起의 법칙은 주관에 대한 깊은 천착을 통해 석가모니 부처님께서 발견하신 것이지만 우리는 언제나 주관을 통해 객관을 해석하기에 연기의 법칙은 결국 주관과 객관을 포괄하여 삼라만상을 지배하는 유일무이의 법칙인 것입니다. 그리고 연기의 원래적 의미에 대해 가장 정확하게 가르치는 문헌이 바로 『중론』인데 『중론』 제5장 「관육종품觀六種品」에서는 '허공'이라는 '법'이 공함을 논증합니다. 참조하시기 바랍니다.

'색즉시공'의 '공'은 범어로 '슈냐śūnya'이지만, 허공의 '공'은 범어로 '아까샤ākāśa'입니다. 한문으로는 모두 공空으로 번역되었지만 양자의 의미는 다릅니다. 색즉시공의 의미는 '색, 수, 상, 행, 식 = 허공'이 아니라 '색, 수, 상, 행, 식, 허공 = 공'입니다.

053

중관학에서 4구 판단 모두를 비판한
다고 하지만, 그런 비판 역시 제4구
아닙니까?

●　　　교수님의 중관에 관한 번역서와 저서를 읽어
보았습니다. 판단에 대한 비판에서 4구를 이용하여 중관적 해체의
논리를 전개한다고 이해하고 있습니다. 제1구와 제2구에 대해 논리
가 전개되고, 제3구와 제4구는 우리의 논리적 인식 범위를 벗어난 판
단이기에 제외시키고 있습니다. 중관논리에서는 어떠한 별도의 주장
을 세우기 위해서 논리를 전개하는 것이 아니라 분별에 의해 오인하
거나 그릇되게 자성이 있다고 주장하는 대론자를 치료하기 위해 단
지 대론자의 세계관에 근거하여 대론자의 논리를 모순에 빠뜨린다고
이해하고 있습니다. 하지만 중관 또는 중관론자가 결론적으로 도달
하는 것은 모두 제4구의 판단입니다. 제4구는 "긍정도 아니고 부정
도 아니다."입니다. "처음의 불꽃인 것도 아니고, 그렇다고 처음의
불꽃이 아닌 것도 아니다.", "우주의 끝이 있는 것도 아니고, 끝이 없
는 것도 아니다.", "원인 속에 결과가 있는 것도 아니고, 원인 속에
결과가 없는 것도 아니다." 등에서처럼 사실상 제4구의 형식을 취하
고 있습니다. 하지만 제4구도 우리의 머리가 만들어낸 생각이기에
해체되어야 할 논리입니다. 제가 잘못 이해하고 있는지 모르겠습니

●
2.2.8.

다. 중관적 논리전개에서 결론이나 별도의 주장이 있을 수 없다는 점을 생각해보면 위에서 제가 결론이라고 인용한 것들이 결론이 아니라 문제가 틀렸다는 주장이라고 볼 수도 있겠지만, 『중론』의 결론 아닌 결론은 제가 보기에 모두 제4구적 판단으로 귀결되고 있는 게 아닌가 생각됩니다. 이점에 대해서 교수님은 어떻게 생각하시는지요?

○　　　중관학中觀學에서는 외도들의 갖가지 종교, 철학적 '판단'들을 4구句로 정리한 후 하나하나 비판합니다. 4구는 다음과 같습니다.

제1구: 그것은 A이다

제2구: 그것은 A가 아니다

제3구: 그것은 A이면서 A가 아니다

제4구: 그것은 A도 아니고 A가 아닌 것도 아니다.

그런데 우리가 명심해야 할 것은 4구를 비판하는 '중관학의 언어' 역시 4구 가운데 어느 하나로 되어 있다는 점입니다. 우리의 생각이 언어를 통해 밖으로 표현될 때, 결코 4구에서 벗어나지 못합니다. 이는 '중관학의 언어'의 경우도 마찬가지입니다. 질문에서 쓰셨듯이, 중관론자가 결론을 내릴 때에는 대부분 제4구로 표현합니다. 공사상의 자가당착입니다. 중관학의 자가당착입니다. 역설에 빠지는 것입니다. 자기 스스로도 4구를 쓰면서 남에게 4구가 잘못되었다고 비판하기 때문입니다. '공의 역설'에 대한 이러한 지적과 그에 대한 용수의 답변이 실린 책이 바로 『회쟁론』입니다. 『회쟁론』에서 이에 대해 해명하는 과정을 소개한 제 논문으로 「역설과 중관논리」^(가산학보, 1997)라는 논문이 있습니다만 그 요점을 간단히 설명해 보겠습니다. 『회쟁론』에서는 '공의 역설'에 대해 다음과 같이 해명합니다.

> 혹은, 예를 들어 어떤 자가 허깨비 여인에 대해 "이것은 진짜 여인이다."라고 그릇되게 인식하는 것을, 다른 허깨비가 파기하는 것과 같다. 실체가 없는 말로 실체가 있다는 착각을 파기하는 것은 바로 이와 같으리라. (『회쟁론』제27게)

예를 들어 누군가가 벽에 낙서를 할 때, '낙서금지'라는 낙서를 할 경우 낙서가 방지될 수 있습니다. 이 때 '낙서금지'라는 낙서를 하는 것이 자가당착, 역설에 빠진 행위이긴 하지만, 그 이후의 낙서를 금지시키는 '효능'이 있습니다. 중관학에서 4구 판단을 비판할 때, 4구를 사용하는 것 역시 자가당착, 역설에 빠진 행위이지만 "우리의 분별을 끊어준다."는 점에서 '효능', '공능'이 있습니다. 이것이 중관학적 테크닉의 요점입니다.

한 가지 보탠다면, 부처님 역시 "자아가 존재한다."는 아뜨만 이론을 비판하실 때, "자아가 존재하지 않는다."라는 무아설을 말하셨는데, '4구 판단'에서 찾아보면, 그 외형상 외도의 아뜨만 이론은 '제1구'이고 부처님의 무아설은 '제2구'일 뿐입니다. 그러나 무아설의 부정은 '상대부정'이 아니고 '절대부정'입니다. 인도논리학 전통에서는 부정을 두 가지로 구분합니다. 다른 주장을 하기 위한 부정을 '상대부정[paryudāsa pratiṣedha]'이라고 부르고 단지 비판만 하기 위한 부정을 '절대부정[prasajya pratiṣedha]'이라고 부릅니다. 상대부정을 정립적 부정 또는 명사名辭부정, 절대부정을 비정립적 부정 또는 명제命題부정이라고 번역하기도 합니다. 그런데 무아설의 부정은 물론이고 불교의 모든 부정표현은 '비정립적 부정(非定立的 부정= 절대부정, 명제부정)'입니다. 다른 무엇을 주장하기 위한 것이 아니라, 단지 비판만 할 뿐입니다. 이런 비판을 중국적 중관학인 삼론학에서는 '파사현정破邪顯正'이라고 명명했습니다. '파사 후後 현정'이 아니라 '파사 즉卽 현정'이라는 의미인데 '비판 그 자체가 그대로 진리'라는 의미입니다. 고苦에서 '벗어난(= 부정) 열반' 역시 열반의 상태가 따로 있는 것이 아니라 '고의 소멸'일 뿐이듯이…. 다시 말해, 중관학의 결론처럼 보이는 제4구 역시 결론이 아니라, 제1구와 제2구를 함께 부정하는 표현, 또는 제3구를 부정하는 절대부정의 표현일 뿐입니다. 이에 대해서는 제 박사학위 논문, 「용수의 중관논리의 기원」(동국대, 1996)에서 자세히 논의한 바 있습니다. 참조하시기 바랍니다.

054

중관논리의 '판단 비판' 중에서 제1구가 오류에 빠지는 이유는 무엇입니까?

● "비가 내린다."는 말에서 비가 내림을 내포할 경우 동어반복, 또는 동의반복同意反復의 오류가 생긴다고 하셨는데 동어반복이 왜 오류가 되는지 잘 모르겠습니다. 내림을 갖는 비가 내린다고 하더라도 문법적 오류는 있겠지만 생각 상 중요한 오류가 생기는 것은 아닌 것 같은데요. 나머지 제2, 3, 4구는 틀렸다는 생각이 드는데 1구는 잘 이해가 안 됩니다. 명쾌한 느낌이 안 듭니다.

○ 중관학에서 제1구, 제2구, 제3구, 제4구적 판단에서 논리적 오류를 지적하는 이유는 이런 판단들이 이 세상에서 일어나는 '사실'에 그대로 대응되는 판단이 아니라는 점을 알려주기 위해서입니다. 예를 들어 창 밖에서 '비가 내리는 하나의 사태'가 발생했을 때 우리는 이를 묘사하기 위해 두 개의 단어를 동원합니다. '비'라는 단어와 '내림'이라는 단어입니다. 그리고 우리는 이 두 단어를 결합하여 "비가 내린다."라고 표현을 합니다. 그런데 여기서 비와 내림의 의미에 대해 곰곰이 생각해 보면 '내림 없는 비'는 이 세상 어디에도 존재할 수 없으며, '비 없는 내림' 역시 이 세상 어디에

●

도 존재할 수 없다는 점을 알 수 있습니다.

　　"이것이 없으면 저것이 없고, 저것이 없으면 이것이 없다."는 연기공식이 '비와 내림'의 관계에도 그대로 적용됩니다. "비가 없으면 내림이 없고, 내림이 없으면 비가 없습니다." '비'와 '내림'은 서로가 서로의 의미를 내포하고 있습니다. 이 두 단어를 결합하여 문장을 만들 때 '비'를 주어로 사용하고, '내림'을 술어로 사용해야 합니다. 그래서 "비가 내린다."고 말을 하게 됩니다. 그런데 '비'라는 단어, 즉 '비'라는 개념에는 '내림'이라는 의미가 이미 포함되어 있기에 "비가 내린다."라고 말을 하는 순간 "내림을 갖는 비가 다시 내린다."는 의미가 되고 맙니다. 그러나 '내림을 갖는 비', 즉 '이미 내리고 있는 비'라면 다시 내릴 필요가 없습니다. 이것이 "비가 내린다."는 판단에서 주어로 사용된 '비'라는 개념에 대한 제1구적인 사고방식에 대한 비판입니다. '역전앞'이나 '처가집'이라는 말의 경우 그 표현 자체에서 의미의 중복이 발견되기에 그것이 잘못된 표현인지 쉽게 알 수 있습니다. "비가 내린다."는 판단에 사용된 '비'라는 표현에서는 외견상 중복이 없어 보입니다. 그러나 위에서 설명했듯이 그 '의미의 중복'이 있음을 알게 됩니다.

　　중관학적으로 조망할 때 모든 판단은 의미중복의 오류를 범합니다. 엄밀히 말하면 '동어반복同語反復'이 아니라 '동의반복同意反復'입니다. 같은 의미가 반복된다는 것이지요. "얼음이 언다."라는 말에서도 '얼음'은 이미 얼어 있는 것인데 그것이 다시 언다고 말하니 '동의반복'의 오류, 의미중복의 오류가 발생합니다. "꽃이 핀다."

거나 "바람이 분다."는 등 모든 판단은 의미중복의 오류를 범합니다.
그런데 이런 조망은 조망 그 자체로서 의미 있는 것이 아닙니다. 이
런 조망을 실질적 문제에 적용할 수 있어야 합니다. 우리에게 떠오르
는 '종교적 의문', '철학적 의문'을 해소시키는 데 이런 조망을 사
용할 수 있어야 한다는 말입니다. 예를 들어, 우리를 '우리의 의사와
관계없이 이 세상에 던져진 존재'라고 간주하며 철학적 이론을 전개
하는 '하이데거의 실존주의철학'은 외견상 그럴듯해 보여도, '비'
와 '내림'을 별개의 존재로 간주하는 우리의 사고방식이 만든 '생각
의 질병'에 근거한 것일 뿐입니다. '이 세상'과 '나'는 전혀 분리되
지 않습니다. "마치 그릇 속에 과일이 들어 있듯이 이 세상 속에서
내가 살아간다."고 생각하는 것은 사실과 무관한 망상입니다. '비'
와 '내림'을 구분하는 사고방식이 만든 망상입니다. 왜냐하면 내 뱃
속도 이 세상이고, 내 입 속도 이 세상이고, 내 생각도 이 세상에서
이루어지기 때문입니다. 연기공식에서 말하듯이 '내가 없으면 이 세
상이 없고, 이 세상이 없으면 내가 없습니다.' 그런데도 불구하고 우
리는 '나'와 '세상' 사이에 선을 긋고서 "내가 세상 속에서 살아간
다."든지 "내가 세상 속에 태어났다."든지 "내가 죽으면 세상에서 떠
나간다."라고 생각하기도 하고 이를 말로 표현하면서 묘한 감상이나
철학적 경이감에 빠지기도 합니다. '나'와 '세상'이 별개의 것이라
고 간주해야 이런 감상이 가능합니다. 그러나 이는 허구의 감상, 허
구의 감정입니다. 마치 있지도 않은 귀신을 있다고 간주할 때 몸서리
치는 공포가 실제 느껴질 수 있지만, 그것이 모두 허구의 감정이듯

2.3.4.

이…. 이와 마찬가지로 나와 이 세상을 분리시킨 후 나를 '이 세상에 던져진 존재'라고 간주하면서 떠올리는 묘한 철학적 감흥은 '거짓된 허구의 감상'일 뿐입니다. "철학은 경이감에서 시작된다."고 하는데, 중관학에서 추구하는 것은 그런 철학적 경이감의 허구성을 자각하게 만드는 것입니다. 그 때 우리의 마음은 편안하고 고요해집니다. 삶과 죽음, 인생과 우주에 대한 고민 등 종교적 철학적 고민들이 모두 사라집니다. 『중론』에서는 이를 '희론적멸戱論寂滅'이라고 표현합니다. 이런 '인지적 조망'에 덧붙여 '탐욕, 분노, 교만' 등을 정화하는 '감성수행'을 완성하는 것이 불교에서 가르치는 '깨달음'입니다. 중관학에서 가르치는 인지적 조망을 얻는 것보다 더 어려운 수행은 식욕, 음욕, 수면욕, 재물욕, 명예욕 등의 오욕에서 벗어나는 탐욕의 정화, 누구에게도 화내지 않고 꿈에서 조차도 화가 나지 않게 착해지는 분노심의 정화, 결코 잘난 체하지 않는 교만심의 정화 등 '감성수행'이라는 점을 명심하시기 바랍니다.

그리고 중관학의 4구 비판에 대해 보다 많이 훈련하고 싶으면 졸저拙著, 『중론, 논리로부터의 해탈 논리에 의한 해탈』(불교시대사 간)을 읽어보시기 바랍니다.

055

불공不空은 무슨 뜻입니까?

● '불공不空'이라는 개념에 대해서 알고 싶습니다. "공의 진리는 있다."는 뜻인지 잘 모르겠습니다.『대승기신론』에서는 법체인 심진여心眞如에는 번뇌가 멸하고 지혜의 광명이 두루해서 '불공'이라고 했습니다. '불공'을 설명하는 부분을『대승기신론』이외의 어디에서 찾을 수 있는지요?

○ '공'과 '불공'의 개념을 반야경이나 중관학의 관점에서 파악할 경우 '공'은 '법에 실체가 없음'을 의미하고, '불공'은 "법에 실체가 있다."는 생각에 대한 비판입니다. '불공'은 문자 그대로 '공하지 않음'을 의미하며 "법에 실체가 있다."는 의미입니다. 반야경이나 중관학의 관점에서 보면 '불공'은 '옳지 않은 착각'입니다.

그런데 질문하신 '불공'은 '반야 중관'이 아니라 여래장 계통에서 사용하는 개념입니다. '공과 불공'을 긍정적 의미로 함께 다룰 경우 여래장 사상의 관점에서 이를 이해해야 합니다. 다시 말해 '공여래장'과 '불공여래장'을 말하는 것이라고 이해해야 합니다.

여래이신 부처님의 성품은 온갖 번뇌에서 벗어나 있다는 의미에서 '공'이며, 무루의 지혜광명이 갖추어져 있다는 의미에서 '불공’이라는 것입니다. 그런데 일반 중생의 경우 아직은 이런 성품을 갖추고 있지는 못하지만 이런 성품이 마음 깊이 내재해 있기에, 수행을 통해 그것을 잘 키울 경우 언젠가 부처가 될 수 있습니다. 이렇게 일반 중생의 마음 깊이 내장된 여래의 성품을 ‘여래의 태(如來의 胎, Tathāgata-garbha)’, 즉 여래장如來藏이라고 부릅니다. “마치 태아와 같이 내장되어 있지만 잘 키울 경우 부처로 자라난다.”는 의미입니다.

『대승기신론』에서 말하는 공과 불공은 반야 중관이 아니라 여래장사상에 근거한 것입니다. “법체인 심진여에는 번뇌가 멸하고 지혜의 광명이 두루하다.”는 것은 여래장의 속성을 표현한 것입니다. 그리고 이렇게 불공의 가르침을 설하는 경전으로『승만경』,『능가경』,『보성론』 등이 있습니다.

056 아공법유我空法有는 어떻게 이해해야 합니까?

    ● 교수님의 『중관사상』을 통하여 어려운 『중론』을 보다 쉽게 접할 수 있을 것 같습니다. 그런데 150쪽에서 일체 유위법이 생주멸生住滅한다면 유부有部의 아공법유我空法有에서의 법유는 어떻게 이해해야 합니까?

    ○ 한문 불교권에서는 소승에서 아공법유(자아는 없지만 그 구성요소인 법은 존재한다)를 주장했다고 가르치지만 티베트 불교권에서는 소승 역시 대승과 마찬가지로 아공과 법공을 모두 알고 있으며 소승과 대승의 차이는 자비심의 대소에 있다고 가르칩니다. 예를 들어 수레를 태우면, 굴대와 바퀴와 손잡이가 모두 타듯이 아공을 자각하면 법공 역시 저절로 자각된다는 것입니다.

그런데 소승의 경우 아라한을 수행목표로 삼기 때문에 자비심의 양이 적은 반면, 대승에서는 성불을 지향하면서 보살도를 닦기에 자비심의 양이 엄청나다고 합니다. 아라한 역시 자비심이 넘치지만 열반하기 전인 현생에만 중생제도를 할 수 있기 때문입니다. 소승과 대승을 법공에 대한 자각 여부로 판가름하는 것이 한문 불교권에서만 통용되는 이론이라는 점을 알려드리기 위해서 말이 길어

●

2.3.8.

졌습니다.

그리고 "유위법이 생주멸한다."는 교리와 '법유'의 교리가 상충되는 것이 아닌가 물으셨는데 전혀 상충되는 것이 아닙니다. "유위법이 생주멸한다."는 교리는 초기불전에서 가르치는 제행무상을 좀 더 구체적으로 표현한 것이며, 법유의 가르침은 찰나적으로 존재하는 법이 매 순간순간 실재한다는 이론입니다. 그래서 법유의 가르침은 '삼세실유 법체항유三世實有 法體恒有'의 가르침으로 발전합니다. 과거, 현재, 미래는 실재하며, 각 시간대의 법들은 그 시간대에서 항유한다는 의미입니다. 예를 들어 내가 과거에 지었던 업으로 인해서 받을 '과보로서의 미래법'은 미래의 그 시간대에 법체(法體: dharma-svabhāva)로서 박혀서 항존恒存하다가, 인연이 무르익으면 법상(法相: dharma-lakṣaṇa)으로 나타난다는 가르침입니다. 과거의 법체 역시 과거의 그 시간대에 박혀 있을 뿐 현재로 오지 못합니다. '법체'들이 매 찰나 새로운 모습의 '법상'으로 나타나기에 무상한 것입니다. 다시 말해 삼세실유 법체항유三世實有 法體恒有의 가르침[법유]과 "모든 유위법은 생주멸한다."는 '제행무상의 가르침'은 상충되는 것이 아니라, 동일한 가르침에 대한 다른 표현일 뿐입니다. 다시 말해 "유위법은 생주멸한다."는 무상無常의 가르침과 '법유'의 가르침은 상충되지 않습니다.

<u>**057**</u>　유위법有爲法, 무위법無爲法은 무엇입니까?

● 　유위법有爲法, 무위법無爲法 중에서 허공이 왜 무위법인가에 대한 의문입니다. 제가 지혜가 짧아 이해를 잘 못하고 있습니다. 연기緣起하는 것이 아니고, 생멸하지 않는 것을 무위법이라 하고 허공, 열반 등이 무위법에 속한다고 알고 있습니다. 열반은 심정적으로 어느 정도 이해가 갈 듯도 하지만, 허공의 경우는 쉽게 무위법에 속한다는 것이 이해되지 않습니다. 모든 물질들의 그릇이고 토대인 허공은 결국 물질들과 연기되어질 때만 일어날 수 있는 개념이 아닌가 하는 생각이 듭니다. 물질이 없다면 허공이 있을 수 없지 않겠습니까? 토대도 토대가 되는 토대가 있어야 할 것 같고…. 너무 초보적인 질문이지만 자세한 답변 좀 부탁드리겠습니다.

○ 　생명과 세상을 이루고 있는 구성요소[elements]인 모든 법들을 유위법과 무위법으로 구분하고 무위법 속에 허공무위, 택멸무위擇滅無爲, 비非택멸무위의 세 가지를 포함시키는 것은 설일체유부 등 아비달마 이론일 뿐입니다. 유위법[saṃskṛta dharma]은 '인因과 연緣 등의 조건들이 모여 만들어진 법'을 의미하며 무위법[asaṃskṛta dharma]은 '조건이 모여 만들어진 것이 아닌 법'을 의미합

●

2.4.0.

니다.

　아비달마 이론에서는 허공을 ‘조건의 모임으로 발생한 유위법’이 아닌 ‘상주불변의 법’으로 보아 무위법에 포함시키지만 연기緣起의 궁극을 추구하는 중관학의 견지에서 보면, 질문에 쓰셨듯이 허공 역시 연기한 유위법입니다. 『중론』 제5 「관육종품觀六種品」에서 허공이 연기한 것이라는 점을 논증합니다. 참조하시기 바랍니다. 질문에 쓰셨듯이 허공은 ‘물질色이 없는 상태’이기 때문에 물질이 있어야 허공이 있을 수 있고, 물질이 없으면 허공이 있을 수 없습니다. 긴 것이 없으면 짧은 것이 없듯이, 물질이 없으면 허공 역시 있을 수 없습니다. 긴 것이라는 생각이 짧은 것이라는 생각에 의존하여 연기한 것이듯이 허공이라는 생각은 물질이라는 생각에 의존하여 연기한 것입니다. 중관학적 견지에서는 택멸무위인 ‘열반’ 역시 무위법이 아니라 ‘윤회’라는 개념에 의존하여 발생한 연기한 개념입니다.

　중관학적 견지에서는 우리의 생각에 떠오른 모든 것이 연기한 개념들입니다. 아비달마의 용어를 빌리면 모든 것이 유위법이란 말입니다. 그런데 모든 것이 유위법이라면, 무위법이 없는 꼴이 되기에, 모든 것에 대해 유위법이라는 말을 붙일 필요도 없습니다. 모든 것이 유위법이랄 것도 없다는 말입니다. “허공이 왜 무위법인가?”라는 질문은, 중관학적 견지에서 볼 때 너무나 지당한 의문입니다. 엄밀히 말하면 허공뿐만 아니라 모든 것은 무위법이랄 것도 없고 유위법이랄 것도 없습니다.

우리의 마음, 즉 식識이 있는 장소는 어디입니까?

● 　유식학唯識學에서는 유식무경唯識無境이라고 합니다. 그런데 정작 보이는 것은 우주의 삼라만상뿐인데, 식識은 어디에 존재하는 걸까요? 삼라만상이 바로 식이라는 뜻인가요, 아니면 어디엔가 뒤에 숨어서 삼라만상을 만들어낸다는 뜻인가요. 특히 폭류처럼 흐른다는 아뢰야식은 어디에서 폭류처럼 흐른다는 것인지 도무지 모르겠습니다. 식이 각 개인의 머릿속에 존재한다는 뜻은 아닌 듯한데, 더 이상 알 길이 없어 여쭤봅니다.

○ 　"모든 존재가 오직 마음일 뿐이다."[萬法唯識]라는 말이나, "오직 마음만 존재할 뿐 객관대상은 없다."[唯識無境]는 표현은, 눈에 보이는 것이든, 귀에 들리는 것이든, 생각에 떠오른 것이든 우리가 체험하는 모든 것이 다 식識이라는 점을 의미합니다. 삼라만상 이면의 어딘가에 식이 존재하는 것이 아니라, '삼라만상 자체가 바로 식'이라는 의미입니다.

'제행무상諸行無常'의 가르침에서 보듯이 '연기한 모든 것들[諸行]'이 무상하기에 '식으로서의 삼라만상'은 단 한 순간도 머무르지 않고 폭류瀑流처럼 콸콸 흘러갑니다. 안식, 이식, 비식, 설식, 신식,

2.4.2.

의식, 마나식, 아뢰야식을 모두 합하여 '식識'이라고 부르는데 이 가운데 아뢰야식이 안식, 이식, 비식, 설식, 신식의 전5식과 제6 의식, 제7 마나식 모두를 포괄합니다. 초기불전에서는 "연기한 모든 것은 무상하다."고 표현하지만 유식불교적 조망으로는 모든 것이 바로 아뢰야식에서 연기한 것이기에 제행무상의 가르침을 "아뢰야식이 폭류처럼 흘러간다."고 바꿔서 표현합니다.

우리가 체험하는 '식의 흐름'으로서의 세상만사는 분수에 비유됩니다. (이는 동국대 인도철학과에서 가르치셨던 원의범 교수님의 말씀입니다.) 분수가 계속 새로운 물줄기를 뿜어내는 것 같지만 사실은 자신이 뿜어내었던 물줄기를 다시 빨아들여 뿜어내는 것이듯이 우리가 계속 새로운 세상만사를 체험하는 것 같지만 사실은 자신이 지었던 업의 종자業種子가 성숙하여 세상만사로 꽃을 피워 그것을 체험하는 것입니다. 좀 천박하게 표현하면 "내가 싼 똥을 내가 먹고 산다."고 말할 수도 있습니다. 이론적으로 표현하면 '자업자득自業自得'이라고 말할 수도 있습니다. 우리가 체험하는 그 어떤 것도, 식識이 개입되지 않은 것은 없습니다.

서양철학자 데카르트의 경우는 우리의 영혼이 우리 뇌 속의 '송과선[Pineal Gland]'에 들어 있다고 주장한 바 있습니다. 뇌 어딘가에 영혼이 있을 것 같은데, 대뇌, 간뇌, 중뇌, 변연계, 기저핵, 소뇌 등 뇌의 모든 요소는 대부분 한 쌍으로 이루어져 있습니다. 데카르트는 '단일한 영혼'이 그렇게 한 쌍으로 된 곳에는 있을 수 없다고 생각한 후 뇌 속에서 하나만 있는 기관을 찾아보다가 단 하나뿐인 송과

선松果腺을 찾아내어 영혼의 저장소로 지목했던 것입니다. '소나무
[Pine Tree]의 열매인 솔방울' 처럼 생겼기 때문에 송과선이라고 부릅니
다. 그러나 현대의학에 비추어 보면 전혀 맞지 않은 얘기입니다. 송
과선은 뒤통수 아래쪽에 위치하며 일부 호르몬이 분비되는 곳인데,
인체는 이것을 제거해도 별 영향 없이 생존합니다.

　　그러면 우리의 마음은 어디에 있을까요? 뇌의 어디를 뒤져 모
아도 '영혼' 이나 '윤회의 주체로서의 아뢰야식' 또는 '자아' 가 있
는 곳은 발견되지 않습니다. 신경생리학의 최신 연구성과에 비추어
볼 때 '자아 개념', 즉 '나라는 생각' 은 대뇌피질 가운데 전두엽에
신경회로가 만들어져서 형성된 것일 뿐입니다. 실재하는 것이 아닙
니다. '자아' 나 '영혼' 또는 '식' 은 뇌 속 어디에도 있는 곳이 없습
니다. 그야말로 '무아無我' 입니다.

　　또 우리가 체험하는 감각과 행동 가운데 뇌를 거치지 않고 일어
나는 일은 단 하나도 없습니다. 또 뇌의 일부에 손상을 받으면 행동
이나 감각에 이상이 생깁니다. 뇌가 모두 파괴되면 행동도 불가능하
고 감각도 불가능합니다. 그러면 우리의 마음은 이런 뇌 속의 신경회
로 어딘가에 있는 것일까요? 그렇지 않습니다. '연기緣起의 이치' 에
비추어 볼 때 뇌는 우리의 갖가지 감각과 운동을 구성하는 여러 조건
가운데 하나일 뿐입니다.

　　예를 들어, 시각 정보를 담은 신경회로가 형성되는 대뇌피질의
'후두엽' 이 손상되면 아무것도 보이지 않습니다. (후두엽 피질은 우리가
체험했던 시각정보를 담은 신경회로가 형성되는 곳입니다) 또, '후두엽' 은 그

2.4.4.

대로 있는데 '눈동자'를 제거하면 아무것도 볼 수 없습니다. 또, '후두엽'과 '눈동자'는 그대로 있는데, 외부의 '빛'을 제거해서 암흑천지가 되면 아무것도 볼 수 없습니다. '뇌', '눈동자', '빛' 등은 '봄'을 만들어내는 조건들입니다.

따라서 '뇌'는 우리가 체험하는 삼라만상을 구성하는 조건[緣] 가운데 하나일 뿐입니다. 뇌가 우리가 체험하는 모든 현상의 구심점인 것은 아닙니다. 뇌가 아뢰야식의 저장소는 아니란 말입니다. 우리가 체험하는 모든 현상에 구심점은 없습니다. 뇌, 감각기관, 감각자극, 사물 등등의 조건[緣]들이 모여서 우리가 체험하는 아뢰야식으로서의 세상만사를 만들어냅니다. 연기緣起하는 것입니다. 유식학에서 말하는 아뢰야식은 뇌 속 어딘가에 숨어 있는 것이 아니라, 뇌를 포함하여 감각기관, 감각자극, 외부사물 등등 삼라만상 그 자체입니다.

유식학에서는 아뢰야식의 이런 잠재력을 대원경지大圓鏡智라고 부릅니다. 부처가 되면 우리의 아뢰야식은 모든 것을 비추는 '크고 둥근(완전한) 거울'과 같이 된다는 것입니다.

059

유식무경唯識無境이라는 가르침을 어떻게 이해해야 합니까? ❶

● 　유식무경이라는 말은 참으로 이해하기가 어렵습니다. 일체가 표상식表象識으로 존재한다는 말은 이해가 가는데 어떤 매개적인 표상이 되어 우리에게 그 실재가 알려지는 것 같은 외적外的 사물은 존재하지 않는다는 무경은 이해가 안 됩니다. 가유로서 외부 사물의 존재조차도 부정하는 것인지? 그렇다면 근根과 경境을 연하여 식이 생긴다는 가르침과 서로 모순되는 게 아닌가 하는 생각이 드는데 교수님의 명쾌한 가르침을 부탁드립니다.

○ 　유식무경唯識無境을 문자 그대로 풀면 "오직 식만 존재할 뿐 대상세계는 없다."는 뜻이 될 것입니다. 이 말의 취지는, '객관인 대상과 주관인 의식을 구분하는 이분법적 세계관'을 해체하는 것입니다. 주관과 객관이 별도로 존재한다는 분별을 타파하는 말입니다. 그런데 여기서 한 걸음 더 나아가 엄밀한 의미에서 보면 '식' 조차 존재하지 않습니다. 모든 것이 '식識'일 뿐이라면 '식이 아닌 것'이 존재하지 않기에 식도 존재할 수 없습니다. '식 아닌 것'이 존재해야 '식'이 존재할 수 있는데, '식 아닌 것'이 존재하지 않으면 '식'도 존재할 수 없기 때문입니다. 그렇다면 우리가 체험하는

2.4.6.

이 모든 현상에 대해 '식'이라고 이름 붙일 일도 없습니다. 그래서 '유식무경'보다 상위의 조망으로 '경식구민境識俱泯'을 말합니다. 객관대상이 있다거나 주관적인 의식이 있다는 생각이 모두 거짓이란 뜻입니다.

유식무경이라는 말의 취지가 모든 것을 마음으로 환원시키기 위한 것이 아니라, 마음과 대상의 이분법을 깨기 위한 것이기에, 유식무경이라는 말이 잘 이해가 되지 않으면 '유경무식有境無識'이라고 이해해도 됩니다. "오직 객관대상만 존재하고 주관적 의식은 없다."는 의미입니다. 객관대상을 우리 앞에 나타나는 '풍경風景'이라고 명명한 후 엄밀히 조망하면, 모든 것은 풍경뿐이며 마음은 없습니다. 새가 날아가는 풍경風景, 나뭇잎이 흔들리는 풍경, 눈앞의 컴퓨터 모습도 모두 풍경입니다. 이뿐만 아니라, 내 의식에 떠오르는 어떤 생각도 이런 풍경과 본질적으로 다를 게 없습니다. 나도 모르게 불쑥, 어제 먹었던 포도가 생각납니다. 창 밖에서 갑자기 참새 한 마리가 날아가듯이, 내 의식에서 갑자기 어떤 생각이 떠오릅니다. 이 모두가 풍경일 뿐입니다. 그래서 "오직 풍경만 존재할 뿐 나는 없다." [有境無識]고 이해할 수 있습니다.

유식무경이라는 말이나 유경무식이라는 말이나 그 취지는 마찬가지입니다. 엄밀히 보면 '마음이랄 것'도 없습니다. 폭류瀑流처럼 콸콸 흘러가는 현상의 흐름뿐입니다.

060

유식무경唯識無境이라는 가르침을 어떻게 이해해야 합니까? ❷

● 　　유식무경唯識無境이 결국에는 경식구민境識俱泯의 중도 진리를 말하기 위한 것인 줄은 알지만 유식무경이라는 말 자체가 그대로 진제 차원의 조망은 아니기에 어려움이 있습니다. 유식무경은 현실 경험세계를 식일원론의 입장에서 보려는 속제 차원의 조망이고 현실 경험의 세계 속에서 유식무경을 이해하기 어려운 것은 오위법 중 색법을 식일원론의 입장에서 이해하기 어려움이고, 유경무식이라 하더라도 현실 경험세계를 파악할 때는 유물론적 관점에서 해석하게 되는데, 마찬가지로 오위법 중 심왕법과 심소법, 무위법을 어떻게 유물론적 입장에서 이해해야 되는지 모르겠습니다. 유가행파는 현실 경험세계에서 인식의 대상은 그 대상의 형상을 띤 식識 바로 그것이며 그 형상은 외계 사물이 투사한 것이 아니라 식 스스로가 내부적으로 만든 표상이며, 외적인 사물은 전혀 존재하지 않는다고 주장했다고 그러는데 식의 상분을 견분이 인식을 한다 하더라도 그 식의 분화를 일으키게 하는 매개가 될 만한 어떤 사물의 존재마저도 부정하는 것을 어떻게 이해해야 할지 모르겠습니다.

○ 　　유식의 교리는 복잡다단합니다. 학파가 다양

하고 교리가 다양합니다. 앞의 질문이 짧아서 그 취지를 헛짚어, 질문한 분의 기대와 다른 답을 올린 것 같습니다. 경식구민의 교리를 모르는 분인 줄 알았습니다. 그런데 경식구민境識俱泯의 이치로 세상을 볼 수 있다면, '유경유식有境有識 → 유식무경唯識無境 또는 무식유경無識唯境 → 경식구민'으로 이어지는 조망의 향상을 쉽게 이해할 수 있을 것으로 생각됩니다.

예를 들어 내 눈에 사물이 보일 때, 안식이 생기는데 이 때 '안근'과 '색경'과 '안식'의 삼자에 선線이 그어지지 않습니다. 그저 한 덩어리의 시각현상이 나타난 것일 뿐입니다. 이 한 덩어리의 시각현상에 대해 물질이라느니, 마음이라느니 규정할 필요가 없을 겁니다. 이 한 덩어리의 시각현상에 대해 마음이라고 불러도 되고 다 물질이라고 불러도 됩니다. 기氣라고 불러도 되고, 풍경이라고 불러도 되고, 내 망막의 살이라고 불러도 됩니다. 식識 일원론이든, 유물론이든, 기氣 일원론이든 모두 마찬가지로 일원론일 뿐입니다. 경식구민, 또는 경식구망의 가르침이 시사하듯이, 더 높은 조망에서는 일원론이랄 것도 없습니다.

지금 올린 질문들 모두에 대해 속 시원하게 모두 답할 수는 없을 겁니다. 그러나 앞으로 유식학을 혼자 연구하시는데 참고가 되기를 바라는 마음에서, 유식학에서 말하는 '형상ākāra'의 의미에 대해 간략히 설명해 보겠습니다. 유식학파는 유형상유식파와 무형상유식파로 나누어진다고 합니다. 그런데 대부분의 유식학 개론서를 보면, 유형상이나 무형상에 대한 설명이 애매하게 되어 있습니다. 그런데 유有형상유식을 동同형상유식이라고 번역하고, 무無형상유식을 이離형상유식이라고 번역하면, 이 두 가지 개념을 쉽게 이해할 수 있습니다. 유형상유식이란, 외계 사물의 형상이 그대로[同] 우리의 식과 일치한다는 의미이고, 무형상유식이란, 외계 사물의 형상과 별개로[離] 우리의 식이 존재한다는 의미입니다. 진제가 소개한 구유식에서 무형상유식을 주장하고 현장이 소개한 신유식에서 유형상유식을 주장합니다.

질문하신 내용 중에 "유가행파는 현실 경험세계에서 인식의 대상은 그 대상의 형상을 띤 식 바로 그것이며 그 형상은 외계 사물이 투사한 것이 아니라 식 스스로가 내부적으로 만든 표상이며, 외적인 사물은 전혀 존재하지 않는다고 주장했다고 씌어 있는데…"라고 되어 있는데, 이는 유식의 가르침 가운데 유형상유식과 관련된 내용으로 생각됩니다. 유식의 가르침이 한 가지 종류만 있는 것이 아니라는 점을 염두에 두면서 연구하시기 바랍니다.

유식의 가르침은 언어와 분별과 개념을 축조해 가며 구성한 것이기에, 어떤 입장에서 설명해도 교리의 내적 모순에 대한 의혹은 끝나지 않을 겁니다. 개념과 생각이 무너지는 공성을 파악할 때만 모든 의심은 사라집니다. 그래서 연기 공의 가르침을 희론적멸의 가르침이라고 부르는 것입니다.

유식무경이라고 해도 나의 식識과 남의 식이 구분되기에 실재론과 다를 게 없지 않습니까?

● 대부분의 유식 관련 서적을 요약하면 (아뢰야)식識이 견분見分과 상분相分으로 나뉘고, 상분은 기세간器世間과 신체로 가현되며, 기세간은 공종자共種子의 현행現行이라는 것입니다. 따라서 공종자는 타인의 '식'과 나의 '식'이 함께 공동으로 현현하여 작출作出한 것이며, 내 신체는 나의 '식'의 상분이지만 타인의 신체는 나의 '식'과는 무관한 타인의 '식'의 상분이라고 설명하는 듯합니다.

결국 타인의 '식'이 나의 '식'과 어울려 기세간을 가현하는 것이고, 거기에 나의 '식'의 상분인 내 신체와 타인의 '식'의 상분인 타인의 신체가 공존하는 것이 세상이라는 것으로 이해됩니다.

원래 타인의 '식'은 나의 '식'과 마찬가지로 유정세간有情世間으로서 업력에 의해 윤회하는 존재이므로, 이렇게 보면 타인의 '식'과 나의 '식'의 충돌은 피할 수 없고, 공종자의 현행으로서의 기세간 또한 나의 '식'이 없더라도 성립할 것이므로 나의 '식'만으로는 어찌할 수 없는 것이 되어버립니다.

『유식삼십송』에는 세상은 꿈이고, 진여의 상태는 꿈을 깨는 것과 유사하다는 말이 나오는 것으로 아는데, 꿈이라는 것은 나의 꿈에

○
2.5.1.

타인이나 자연환경이 나타날 뿐이어서 내가 꿈을 깨고 나면 그 타인
이나 자연이 모두 없어져 버립니다. 유식에서의 '유식무경唯識無境'
이 나의 '식'만이 아니라 타인의 '식'도 포함하는 것이라면 타인의
'식'에 의해 제한된 존재로서의 나의 '식'인 이상 꿈을 깬 후, 즉 진
여의 단계에 도달하더라도 모든 것이 나의 '식'일 뿐이라고 깨달을
수는 없지 않느냐 하는 것입니다.

　요컨대, 나의 '식'과 마찬가지로 업력에 의해 유정세간을 형성
하는 타인의 '식'의 존재를 인정한다면 타인의 신체도, 기세간도 이
를 인정해야 하는 상황이니, 나 외부에 객관사물이 존재한다는 범부
들의 생각과 결과 면에서 무엇이 다른지 모르겠습니다.

　○　질문하신 내용이 길기 때문에 단락을 나누어
인용해 올리면서 답을 달아 봅니다.

**1 · 대부분의 유식관련 서적을 요약하면 (아뢰야)식識이 견분見分과 상분相分으로 나
뉘고, 상분은 기세간器世間과 신체로 가현되며, 기세간은 공종자共種子의 현행現行이
라는 것입니다. 따라서 공종자는 타인의 '식'과 나의 '식'이 함께 공동으로 현현하여
작출作出한 것이며, 내 신체는 나의 '식'의 상분이지만 타인의 신체는 나의 '식'과는
무관한 타인의 '식'의 상분이라고 설명하는 듯합니다.**

식識을 견분見分과 상분相分으로 나누는 것은 난타의 학설이라고 합
니다. 유식학을 공부할 때 '안난진호1234'라고 암기하는데, 안혜는
아뢰야식의 자증분自證分 하나만 실재한다[一分說]고 보며, 난타는

아뢰야식이 상분과 견분의 두 가지로 나누어진다[二分說]고 보며, 진나는 상분과 견분과 자증분의 세 가지로 나누어진다[三分說]고 보며, 호법은 상분, 견분, 자증분, 증자증분證自證分의 네 가지로 나누어진다[四分說]고 봅니다. 그런데 이렇게 아뢰야식을 상분, 견분 등으로 나누는 것은 상분, 견분 등이 실재한다고 주장하는 것이 아니라, 우리가 체험하는 삼라만상을 연기법緣起法에 의해 설명하기 위한 방편입니다.

말씀하신 공종자(共種子: 나와 남들이 함께 지은 업으로 만들어져 아뢰야식에 심어진 씨앗, 즉 열매)와 같은 '업의 씨앗' 또는 '과보의 열매'가 우리 마음속에서 성숙하다가 씨앗 또는 열매가 발아하여 꽃을 피우듯이 우리가 체험하는 세상만사가 나타난다고 합니다[種子生現行: 종자가 현행을 발생시킴].

그리고 우리가 체험하는 세상만사와 삼라만상에는 나의 신체는 물론이고 물리적 세계인 기세간器世間과 남의 신체가 모두 포함됩니다. 그러나 업종자가 발아하여 나타난 '나의 신체'와 '타인의 신체'의 경우 그 성격이 동일한 것은 아닙니다.

예를 들어 자동차를 타고 있을 때, 똑같은 자동차임에도 남의 자동차는 그 외관이 보이지만, 내 자동차는 내부가 보이듯이, 나에게 비친 나의 신체는 남에게 보이는 나의 신체와 전혀 다릅니다. 동일한 자동차임에도 내부와 외부가 다르듯이, 동일한 나의 신체라고 하더라도 나에게 보인 측면[aspect]과 남에게 보인 측면은 다릅니다.

2 · **결국 타인의 '식'이 나의 '식'과 어울려 기세간을 가현하는 것이고, 거기에 나의 '식'의 상분인 내 신체와 타인의 '식'의 상분인 타인의 신체가 공존하는 것이 세상이라는 것으로 이해됩니다.**

나와 타인들이 부지불식간에 함께 지어 결실한 공업(共業, 共)종자가, 과보로 변하여[異熟] 기세간으로 나타나며, 나 홀로 지었던 별업別業종자가 무르익어서 내 아뢰야식의 상분 가운데 하나인 나의 신체로 나타납니다. 타인의 신체의 '내적 모습(자동차 내부에 비교됨)'은 그의 아뢰야식의 상분의 일부이며, '외적 모습(자동차 외관에 비교됨)'은 나의 아뢰야식의 상분의 일부입니다.

3 · **원래 타인의 '식'은 나의 '식'과 마찬가지로 유정세간有情世間으로서 업력에 의해 윤회하는 존재이므로, 이렇게 보면 타인의 '식'과 나의 '식'의 충돌은 피할 수 없고….**

분명한 것은 타인의 아뢰야식과 나의 아뢰야식은 다르다는 점입니다. 그래서 내 아뢰야식의 흐름을 자상속自相續이라고 부르고, 타인의 아뢰야식의 흐름을 타상속他相續이라고 부릅니다. 예를 들어 도화선에 불을 붙이면 심지가 계속 타들어 가면서 불꽃이 이동하는 것처럼 보이지만, 사실은 매 순간 새로운 불꽃이 타오르는 것일 뿐이듯이, 모든 것이 무상하기에 우리의 몸과 마음 역시 매 순간순간 생멸하며 이어집니다[相續].

우리의 몸과 마음 가운데 그 어떤 것도 변치 않는 것은 없습니다[諸行無常]. 따라서 우리의 몸과 마음 가운데 그 어떤 것도 '변치 않는 나’일 수 없습니다[諸法無我]. ‘자상속’과 ‘타상속’은 무상無常과 무아無我의 가르침에 입각하여, 여법如法하게 ‘나’와 ‘남’을 부르기 위해 고안된 불교의 특수용어입니다.

4 · … 공종자의 현행으로서의 기세간 또한 나의 ‘식’이 없더라도 성립할 것이므로 나의 ‘식’만으로는 어찌할 수 없는 것이 되어버립니다.

이 구절에서부터 오해가 시작되는 것 같습니다. 나의 ‘식’이 없으면, 나에게 비친 ‘기세간’ 역시 존재할 수 없습니다. 긴 것이 없으면 짧은 것이 없듯이…. 눈이 없으면 시각대상이 없고, 시각대상이 없으면 눈의 존재가 무의미하듯이….

유식교학에서 ‘공종자의 현행으로서의 기세간’이라고 가르치지만, 나에게 비치는 것은 언제나 ‘내가 지은 업종자의 현행으로서의 기세간’일 뿐입니다. 공共과 별別의 구분은 내가 체험한 것이 아니라 ‘이론’일 뿐입니다. 마치 상분이랄 것도 없고, 견분이랄 것도 없는 아뢰야식을 설명의 편의상 일분, 이분, 삼분, 사분 등 측면으로 구분하듯이….

우리가 불교를 공부하면서, 신행하면서 제거해야 할 선입견 가운데 하나가, “마치 그릇 속에 과일이 들어 있듯이, 내가 이 세상 속에 들어와 산다.”고 생각하는 것입니다. ‘그릇’에서 ‘과일’을 꺼내도 ‘그릇’은 남습니다. 그러나 ‘나’와 ‘세상’의 경우 ‘나’를 제거하면 ‘세상’ 역시 사라집니다. ‘나’와 ‘세상’은 분할할 수 없습니다. 우리 신체의 어디까지가 나의 것인지 선을 그을 수 없습니다. 장기이식수술의 예에서 보듯이….

　　세상으로 보려면 모든 것이 세상입니다. 나의 몸도 세상이고 나의 뇌도 세상이고 나의 뱃속도 세상입니다.

　　나의 몸으로 보려면 모든 것이 나의 몸입니다. 내 눈에 보이는 풍경은 사실은 바깥세상의 모습이 아니라 내 눈의 망막의 모습입니다. 나의 망막의 살, 즉 나의 몸의 모습입니다. 나의 귀에 들리는 소리는 사실은 바깥의 소리가 아니라, 내 귀 속의 고막의 떨림입니다. 이 역시 내 몸의 느낌입니다. 내 사지도 내 몸이지만, 곰곰이 생각해 보니^(정혜쌍수, 지관쌍운) 눈에 보이는 풍경과 귀에 들리는 소리 등 모든 것이 다 내 몸입니다. 이렇게 나의 몸과 내가 사는 세상은 분할할 수 없는 것인데, 우리 생각의 가위가 임의로 자른 것입니다. '나의 신체'와 '내가 사는 세상' 등으로….

　　따라서 '주관'에 해당하는 '나의 식識'이 사라지면, '객관'에 해당하는 '세상' 역시 사라집니다. 내가 죽는 날, 이 세상 사람들과 이 세상은 그대로 남아 있고 나만 사라지는 것이 아닙니다. 내가 죽는 그 날은, 이 세상은 물론이고 온 우주가 폭발하는 날입니다.

　　있다고 보면 지금 이 순간에도 온 생명의 수만큼의 기세간이 있고, 없다고 보면 지금 이 순간에 세간이랄 것도 없습니다. 내가 없으면 세상이 없고, 세상이 없으면 내가 있을 수 없습니다. 긴 것이 없으면 짧은 것이 없고, 짧은 것이 없으면 긴 것이 없듯이…. 부처님께서 발견하신 연기緣起의 법칙입니다. 나의 식識이 없다면, 공共종자로서의 기세간 역시 사라집니다.

유식학을 공부하기 위해서는 먼저 독아론(獨我論: Solipsism)적 조망으로 들어가야 합니다. 철저하게 주관적 관점에서 세상을 파악해야 한다는 말입니다. 왜냐하면 확실한 것은 주관뿐이기 때문입니다. 이 세상에서 확실히 존재하는 것은 오직 '나'뿐입니다. 꿈의 예에서 보듯이 '남'이나 '세계'가 실재하는지 아닌지는 결코 확인되지 않습니다. 풍경이든 사람이든 이 세상 그 어떤 것도 나와 만났다가 헤어지게 마련입니다. 그러나 걸어가든 앉아 있든, 잠을 자든, 기절을 하든 결코 나와 헤어지지 않는 놈이 있습니다. 그것은 바로 '나'입니다. 이 세상에 나만 언제나 존재합니다. 내가 나를 파악하는 방식과 똑같은 방식으로 파악되는 남은 존재하지 않습니다. 이는 자동차에 타고 있을 때 나의 자동차는 내부가 보이지만, 남의 자동차는 그 외형만 보이는 것에 비유할 수 있습니다. 이렇게 확실하게 존재하는 것이 나뿐이라면, 나랄 것도 없습니다. 나와 남의 구분을 떠나 의식의 흐름만 있을 뿐입니다. 그리고 이렇게 의식의 흐름만 존재한다면, 다시 말해 이 모든 것이 오직 내 식의 흐름일 뿐이라면 그것에 대해 나의 의식의 흐름이라고 이름을 붙일 수도 없습니다. 왜냐하면 내 의식이 아닌 것은 전혀 없기 때문입니다. 이렇게 나와 남의 구분에서 벗어나 나에 침잠한 후 나조차 사라진 조망으로 들어갈 경우 나와 남을 포함한 세상만사가 '오직 식의 흐름'일 뿐으로 파악되며 그런 '식'조차 연기한 개념임을 알게 될 때, 이 세상만사에 대해 굳이 식이라고 이름 붙일 필요도 없다고 알게 되며, 모든 현상을 찰나 생멸하는 '법의 흐름'으로 바라볼 수 있게 됩니다. 즉 '법계法界'가 그

○
2.5.7.

모습을 드러내는 것입니다. '주관과 객관', '나와 남', '나와 세상'의 구분에서 완전히 벗어난 '법계'입니다. 이런 법계는 시간적으로는 한 찰나만 존재하는 법들의 흐름일 뿐이며 공간적으로는 한 점의 극미極微로 이루어진 법들의 흐름일 뿐입니다. 카드섹션이나 매스게임에서 한 점, 한 점의 개인들이 모여 커다란 형상의 움직임을 만들어내지만 실재하는 것은 각각의 개인일 뿐이듯이 세상은 '실체가 없는 법들의 흐름', 즉 '식으로서의 법들의 흐름'일 뿐이며 주관과 객관, 나와 남, 나와 세상 등의 구분은 모두 허구의 생각입니다. 물론, 이렇게 모든 것이 허구이기에 허구랄 것도 없습니다.

아비달마교학에서는 '법法들의 흐름'으로 세상을 설명합니다. 물리적으로 볼 때 시간적으로는 한 찰나만 존재하는 법, 공간적으로는 한 점의 극미에 불과한 법들이 한시도 쉬지 않고 흘러가는 것이 세상만사입니다. 매 순간 나의 주의력이 머무는 그런 한 점, 한 찰나의 법法만 실재합니다.

중관학에서는 그런 법들에 자성이 없다는 점, 즉 '법공法空'을 가르쳤으며 유식교학에서는 그런 법에 대해 '식識'이라고 이름을 붙였으며 불교 인식논리학인 인명학에서는 그런 법을 '현량現量'이라고 부릅니다. 나에게 파악되는 매 찰나의 현상이라고 이름 붙이긴 하지만, '인식자'와 '인식대상'과 '인식수단'이 나누어지지 않는 한 점, 한 찰나의 현상, 그것이 바로 '현량으로서의 법'입니다. 그리고 화엄학에서는 그런 한 점의 법에 대한 가장 깊이 있는 통찰을 가르칩니다. 매 순간 우리의 주의력이 머무는 한 점의 법은 온 세상을 향해 활짝 열려있습니다. 그래서『화엄경』을 요약한 의상 스님의 법성게에서 "한 점 크기의 공간 속에 온 우주가 들어있고[一微塵中含十方] 한 찰나의 시간 속에 무한한 시간이 모두 들어간다[一念卽是無量劫]"고 노래하는 것입니다. 그 어떤 곳이라고 하더라도 온 우주를 담고 있고 그 어떤 시간이라고 하더라도 모든 시간을 머금고 있기에 그 어떤 곳이라고 하더라도 '충만한 불국정토'입니다.『화엄경』에서 가르치듯이 부처님 털끝만 한 공간마다 중중무진의 무한한 불국정토가 들어 있습니다. 이렇게『화엄경』에서는 '닫힌 식識'이 아니라 '무한히 열린 식識'의 흐름으로 세계를 묘사합니다. 아비달마, 중관, 유식, 화엄 등 불교의 모든 가르침은 이렇게 한 맛[一味]입니다.

5 ·『유식삼십송』에는 세상은 꿈이고, 진여의 상태는 꿈을 깨는 것과 유사하다는 말이 나오는 것으로 아는데, 꿈이라는 것은 나의 꿈에 타인이나 자연환경이 나타날 뿐이어서 내가 꿈을 깨고 나면 그 타인이나 자연이 모두 없어져 버립니다. 유식에서의 '유식무경唯識無境'이 나의 '식'만이 아니라 타인의 '식'도 포함하는 것이라면 타인의 '식'에 의해 제한된 존재로서의 나의 '식'인 이상 꿈을 깬 후, 즉 진여의 단계에 도달하더라도 모든 것이 나의 '식'일 뿐이라고 깨달을 수는 없지 않느냐 하는 것입니다.

'모든 것이 나의 식일 뿐'이라는 유식불교의 가르침의 목적은 '식識일원론一元論'을 주입하는 데 있는 것이 아니라, '식識과 경境의 분할', 즉 '주관과 객관이 별개라는 생각'을 타파하는 데 있습니다. '오직 식뿐이며 대상은 없다.'라는 '유식무경唯識無境'의 가르침이 부담이 될 경우 거꾸로 접근하면 됩니다. '유경무식唯境無識', 즉

'오직 대상세계만 있을 뿐 식은 없다.'로 이해하면 됩니다. 다시 말해 '오직 풍경만 있을 뿐 주관은 없다.'라고 이해하면 됩니다. 내 눈에 보이는 형상들도 풍경이지만, 지금 내 머릿속에 떠오른 어제 먹었던 빵의 모습도 풍경입니다. 내 피부를 누르는 촉감도 바깥에서 일어나는 풍경입니다. 귀에 들리는 소리도 마치 풍경처럼 바깥에서 일어납니다. 창밖에서 갑자기 참새 한 마리가 날아가듯이, 내 머릿속에서 갑자기 어떤 생각이 스쳐 지나갑니다. 모든 것이 풍경처럼 일어납니다. 오직 풍경의 흐름만 있을 뿐입니다. 유경무식입니다. 그 전까지는 주관과 객관이 구분되는 줄 알았는데, 엄밀히 보니 주관과 객관 사이에 선이 그어지지 않습니다. 모든 것이 주관이라고 말할 수도 있고[唯識無境], 모든 것이 객관이라고 말할 수도 있습니다[唯境無識].

6 · 요컨대, 나의 '식'과 마찬가지로 업력에 의해 유정세간을 형성하는 타인의 '식'의 존재를 인정한다면 타인의 신체도, 기세간도 이를 인정해야 하는 상황이니, 나 외부에 객관사물이 존재한다는 범부들의 생각과 결과 면에서 무엇이 다른지 모르겠습니다.
그런데 불교를 공부할 때에는, 세상에 대한 조망이 여기서 한 걸음 더 나아가야 합니다. "모든 것이 마음이다."라는 생각에서 멈출 경우 매사에 수동적인 '유심론자'가 되고 맙니다.

한 단계 더 나아간 생각은 다음과 같습니다: "모든 것이 마음이라면, 마음이랄 것도 없습니다." 왜냐하면, '마음'이라는 말이 성립하려면 '마음이 아닌 것'이 있어야 하는데, 모든 것이 마음이기에 '마음 아닌 것'이 없어서 마음이라는 말 역시 무의미해집니다. 이런 경지를 '경식구민境識俱泯' 이라고 부릅니다. 객관대상[境]도 사라졌지만, 아울러 주관인 마음도 사라진 경지입니다. 이 역시 심오하거나 신비한 체험이 아니라, 앞에서와 같은 논리적인 생각을 통해 파악할 수 있습니다.

"모든 것이 나의 식이다."라는 조망을 통해 주관과 객관의 구분을 무너뜨린 다음에는 "모든 것이 식이라면, 식이랄 것도 없다."는 경식구민의 조망으로 향상해야 합니다. 그 때 나의 마음과 몸, 그리고 타인과 세상을 포함한 모든 것들이 '매 찰나 생멸하는 법의 흐름' 일 뿐이며, 그런 법 역시 실체가 있는 것이 아니라[空]는 조망이 생기게 됩니다.

진여眞如는 오묘하거나 신비한 어떤 경지가 아니라, ' 있는 그대로의 상태' 를 의미합니다. 진여의 범어 원어는 ' 따타따Tathata' 인데 영어로 ' 서치니스Suchness' 라고 번역합니다.

우리의 삶은 원래 아무 문제가 없다고 합니다. '실재한다고 생각했기에 나에게 무수한 고민을 야기했던 것들이 모두 마음이 만든 허깨비' 라는 사실, 즉 ' 만법유식萬法唯識' 이라는 사실을 알 경우 마음이 편안해집니다. 물론 앞에서 설명했듯이, 엄밀히 보면 마음이랄 것도 없습니다.

유식의 가르침을 통해서, 경境을 식識으로 환원시켜 해석함으로써 ' 주관과 객관의 이분법', 즉 ' 식識과 경境의 이분법' 에서 벗어나야 하지만 거기서 멈추어서는 안 됩니다. 유식의 가르침을 '식識 일원론' 으로 해석해서는 안 된다는 말입니다. 유식의 가르침은 ' 실체가 없는 법들의 흐름’으로 세상만사를 설명하기 위한 방편설일 뿐입니다.

　우리는 유식의 가르침을 통해 주관과 객관을 나누는 사고방식도 정화해야 하지만, 더 나아가 갖가지 사물에 실체가 있다는 생각도 정화해야 합니다. 그 때, 더 이상 ‘인식認識의 고통’, ‘인지認知의 고통’, 다시 말해 ‘분별의 고통’을 겪지 않을 수 있습니다. 물론 분별의 고통, 인지의 고통이 사라진 것이 ‘불교의 깨달음’은 아닙니다. 반쪽일 뿐입니다. 이와 함께 ‘감성의 정화’가 일어나야 ‘죽음을 두려워하지 않는 아라한’이 됩니다. 다시 말해 ‘탐욕과 분노와 교만’과 같은 ‘세속을 향한 갖가지 감성들’이 모두 정화되어야, ‘진정한 마음의 평화[涅槃]’를 얻게 됩니다.

2.6.2.

　　　　부처님의 법신, 보신, 화신은 무엇입니까?

●　　아미타불의 정토는 존재의 세계가 아니라 의미의 세계라고 하셨는데요. 극락세계를 묘사하는 『아미타경』과 같은 경전에 의하면 그 국토에는 산과 강이 없고 벌레도 없고 길에는 보배나무가 서 있고 바람이 불면 나무들은 법문을 설하고 집들은 서로 가까이 있고 똥을 누면 대지가 저절로 닫혀 똥을 치운다는 묘사가 있습니다. 이 모든 묘사가 존재의 세계를 묘사하는 것으로 보이지 않는지요?

○　　유식학에서 말하는 부처의 삼신설에 대비시키면, 석가모니 부처님은 화신 부처님이시고, 『화엄경』의 비로자나 부처님은 법신 부처님이시고, 아미타 부처님은 보신 부처님이시라고 합니다. 이 가운데 '존재의 세계'는 화신이신 석가모니 부처님께서 사셨던 물리적 세계, 즉 이 사바세계뿐입니다. 영적인 존재인 아미타 부처님은 정신의 세계, 영靈의 세계, 다시 말해 의미의 세계에 사신다고 보아야 할 것입니다. 꿈에 보이는 세계 모두가 존재의 세계가 아니라, 의미의 세계에 속하지만 우리가 꿈꿀 때 실재하는 것으로 알듯이, 아미타불 극락정토의 모든 모습 역시 "꿈과 같이 실재한다."고 보아야 할 것입니다.

부처님이 되지는 않았지만, 우리 모두 법, 보, 화 삼신을 갖추고

있다고 합니다. 우리가 자각하려고 노력하는 공성空性은 법신이고,
우리의 육체는 화신이며, 모든 의미를 산출하는 우리의 정신은 보신
입니다.

2.6.4.

<u>**063**</u>　　열반에 든 부처님이 색신으로 나타나실 수 있습니까?

●　　어느 유명한 스님의 책에 "부처님은 늘 열반에 들어 있으면서도 색신色身을 나타내서 중생을 구제한다." 라고 씌어 있습니다. 저자의 주장으로는 여기서 부처님은 석가모니 부처님을 포함한다고 합니다. 불교 교리적으로 이것이 가능한 일입니까? 부처님이 열반에 드실 때 제자들이 이제 부처님이 가시고 나면 누굴 의지하여 수행해야 하느냐고 물었을 때 '법등명 자등명' 이라고 답하셨는데 어떻게 위와 같은 주장이 가능합니까? 부처님이 열반 후에도 색신을 나타내 중생을 구제할 수 있다면 "걱정마라 내 죽은 후에도 색신으로 너희를 찾아와 인도하리다."라고 답했어야 옳지 않습니까? 그 유명 스님의 말씀으로는 용수 보살의 주장이라고 하는데 이것이 사실입니까?

○　　부처님께서 열반하시기 직전에, "자신의 섬에 의지하고 법의 섬에 의지하라(또는 자등명, 법등명)"고 하셨듯이 열반한 후의 부처는 다시는 윤회의 세계에 태어나지 않습니다. 우리가 기도를 올리는 부처님은 시방의 부처님, 즉 타방불입니다. 서방극락정토의 아미타 부처님이나 동방유리광세계의 약사여래 부처님과 같이 타

○

방에 계신 부처님입니다. 부처님은 일체지자, 즉 모든 것을 아는 분이기에 타방에서도 우리의 일거수일투족을 지켜보시며 우리의 기도에 감응하신다고 합니다. 그러나 열반에 든 부처님께서는 우리를 구제하지 못합니다. 적멸에 들었기 때문입니다. 다시 말해서 사라졌기 때문입니다. 그래서 보현보살의 행원에서 타방불他方佛께 기도를 올릴 때, 열반하지 마시고 이 윤회의 세계에 오래 머무시기[久住]를 바라는 것입니다.

따라서 석가모니 부처님이 열반에 들어 지금 색신을 나타낸다는 말은, '일단' 옳지 않습니다. 그런데 『화엄경』의 부처님인 비로자나 부처님의 경우는 열반에 들어 있으면서 그의 색신을 나타내어 중생을 구제하십니다. 대위광태자가 보살행으로 공덕을 쌓아 성불하면서 이 우주를 만든 순간이 열반에 든 순간이고, 이 우주 전체의 모습이 비로자나 부처님의 색신이기도 하기 때문입니다. 또 유식불교에서 가르치는 부처님의 삼신三身인 법신法身과 보신報身과 화신化身은 차례대로 각각 '공성인 진리의 몸'과 '영성인 정신적인 몸'과 '육체인 물질적 몸'을 의미하는데, 엄밀히 보면 이런 세 가지 몸은 서로 별개의 것이 아닙니다. 법신이 보신이고 보신이 화신이고 화신이 보신입니다. 『반야심경』에서 '색즉시공 … 수상행식 역부여시'라고 하는데 색色은 육체나 물질을 의미하고 공은 공성에 해당하며 수상행식受想行識은 정신에 해당합니다. 『반야심경』의 '색즉시공' 운운하는 경문에서는 물질[色]이 그대로 공성이고 정신[受想行識]이 그대로 공성이라는 점을 가르칩니다. 그런데 물질이 공성이고, 정신이 공성이라면 물질이 정신입니다. 이런 결론에 부처님의 세 가지 몸을 대입하면 '화신인 색신이 법신인 공성'이고, '보신인 정신도 법신인 공성'이며, 결국 '색신이 보신'이라는 결론이 나옵니다. 따라서 '지금 우리가 자각하는 공성인 법신'은 '석가모니 부처님의 색신'이라고 말할 수도 있습니다.

열반하시면서 "법을 보면 나를 본다."고 하신 말씀은 이렇게 "공성인 법신을 자각하면 색신인 화신을 본다."는 말이라고 해석할 수도 있습니다. 따라서 그 스님의 말씀이 전혀 허무맹랑한 것은 아닙니다. 그리고 이와 같은 가르침이 용수 보살의 말씀이라는 하셨는데, 영적인 존재인 용수 보살의 보신報身께서 그 스님의 기도에 감응하여 가르침을 준 것이라고 볼 수도 있습니다. 대승의 불보살님들은 지금 이 순간에도 허공 가득히 존재면서 우리의 기도에 감응하신다고 합니다. 그 어떤 말도 불교적으로 '해석'할 수 있고, 그 어떤 말도 불교가 아니라고 '비판'할 수 있습니다. 그런데 중요한 것은 '이런 가르침의 진위'가 아니라, '이런 가르침을 통한 나의 긍정적 변화'입니다. 나의 지혜와 자비를 증장시키면 진위를 떠나 그 어떤 가르침도 불교이고, 그렇지 못하면 심지어 아함경이나 니까야도 불교가 아니라 마구니의 설이 된다고 합니다.

여래장사상은 유아론有我論과 비슷한 점이 있지 않습니까?

●　『승만경』에 보면 여래장에 대한 많은 설명이 나옵니다. 예를 들면 제13장인 「자성청정장」에 보면 '생사자 의여래장'(生死者 依如來藏, 생과 사는 여래장에 의지한다), '여래장상주불변'如來藏常住不變, '여래장자 시법계장 법신장'如來藏者 是法界藏 法身藏 등등. 이런 경문들에 쓰인 여래장을 '부처가 될 가능성'이라고 해석하면 뜻이 통하지 않습니다. 『여래장삼부경』에 보면 허다히 많은 글에서 여래장을 부처가 될 가능성이라는 의미라기보다는 하나의 존재로서 설한다는 느낌을 지울 수 없습니다.

○　여래장 사상도 그렇지만, 대승불교 사상 중에는 우빠니샤드의 아뜨만 사상[有我論]과 유사해 보이는 사상들이 많이 있습니다. 불성, 진아眞我, 열반의 사덕四德인 상락아정常樂我淨 등등…. 질문에서 말씀하신 대로 이 모든 사상들에 대해 유아론이라고 비판할 수도 있습니다. 그러나 '말과 글로 표현된 불교사상' 가운데 절대로 비판되지 않는 사상을 제시할 수도 없는 노릇입니다. 초기불전 도처에서 부처님께서 무아無我를 설하시지만 무아조차 부정하며 침묵을 지키시는 구절도 발견됩니다. 또, 초기불교의 삼법인에서 제

●

2.6.8.

행무상을 가르치지만 『중론』에서는 "무상이랄 것도 없다."고 비판하기도 합니다. 그 어떤 불교사상이라고 하더라도 그것이 언어로 표현된 이상 양면성을 갖습니다. 모든 불교사상은 대부분 궁극적 진리로 인도하는 좋은 역할을 하지만 잘못 이해할 경우 불교와 아무 관계가 없는 도그마가 될 뿐입니다. 이와 마찬가지로 그 어떤 언어표현이라고 하더라도 상황과 교화대상에 맞게 제대로 쓰일 경우 진정한 불교로 인도하는 가르침으로 해석할 수 있습니다.

『승만경』과 같은 여래장 계통의 경전에서 유아론적인 표현을 사용하고 있지만 이 역시 해석 여부에 따라 진정한 불교로 인도하는 가르침의 역할을 할 수 있습니다. 『보리도차제론』의 저자인 티베트의 쫑카빠(Tsong kha pa: 1357~1419) 스님의 경우 그 어떤 불전의 그 어떤 사상이라고 하더라도 긍정적으로 수용하여 정법으로 해석해냅니다. 불전의 가르침을 해석하는 저의 접근 방식 역시 이와 마찬가지입니다.

여래장 사상은 무아와 공사상이 널리 퍼진 후 이에 대해 허무주의적으로 이해하는 사람들이 많아지자 이들을 제도하기 위한 목적에서 창출된 것이라고 합니다. 우빠니샤드에서도 유아론을 얘기하고 불교의 여래장 사상도 유아론과 유사하지만 우빠니샤드의 경우 만고불변 유아론만 주장하는 반면, 무아와 유아를 오가면서 이랬다, 저랬다 하는데 불교의 특징이 있습니다. 불교의 가르침은 도그마가 아니라, 방편시설이기 때문입니다. 그래서 선어록에서는 부처님께서 45년간 '횡설수설橫說竪說' 하셨다고 노래합니다. 횡으로 설하시기도

하고 수직으로 설하시기도 하셨다는 의미로 대기설법을 선가풍禪家風으로 표현한 말입니다. 무아든, 공이든 모두 대기설법, 방편시설입니다. 유아와 자성을 주장하면, 무아와 공을 설하시지만 무아와 공에 집착하면 이를 다시 파기하십니다.

여래장 사상은 무아와 공에 대한 집착으로 야기된 허무주의적 불교관을 타파하기 위한 대對-시대적時代的 방편시설로 보아야 할 것입니다. 여래장 사상을 체계적으로 설명하는 『보성론』 도입부에서도 이런 식으로 설명합니다. 여래장 사상을 방편이 아니라 어떤 실체로 이해하는 수행자를 위해서는 여래장 사상을 비판해 주는 것이 옳습니다. 그러나 허무주의적 불교관에 빠진 사람의 경우 여래장 사상은 묘약과 같이 쓰일 수 있다고 봅니다.

2.7.2.

III

생로병사와 윤리

065 선과 악, 윤리의 기준은 무엇입니까?

● 선악, 윤리의 기준은 어떻게 정할 수 있는지 궁금합니다.

○ 선악의 기준은, 오계五戒나 십선계十善戒와 같은 계목입니다. 계를 어긴 것은 악업이고, 계를 지킨 것은 선업입니다. "살생殺生, 투도(偸盜: 도둑질), 사음(邪淫: 삿된 음행), 망어(妄語: 거짓말), 악구(惡口: 험한 말), 양설(兩舌: 이간질), 기어(綺語: 꾸밈말), 탐욕(貪慾: 과도한 욕심), 진에(瞋恚: 분노), 사견(邪見: 잘못된 종교관)'을 짓지 말라."는 것이 십선계인데, 이를 저지른 것은 악업이고, 이를 저지르지 않는 것은 선업입니다. 이를 어기면 미래나 내생에 괴로운 과보를 받고, 이를 지키면 미래나 내생에 즐거운 과보를 받습니다. 십선계를 십백업도十白業道라고 부르기도 합니다.

●

2.7.4.

066

윤리적으로 살아야 하는 이유는 무엇입니까?

● 교수님 요즘에는 이마와 볼의 경계가 모호하듯이 모든 것이 안개와 같고 가치판단이 서지 않습니다. 선과 악, 지혜롭고 현명한 것과 영악하고 계산적인 것, 정직한 것과 미련한 것, 남을 위해 베푸는 것과 자기를 위한다는 것 등등…. 아니 생각하기에 따라서 모든 게 이렇게 다를 수 있구나 하는 생각이 듭니다. 교수님은 글에서 착하게 살면서 손해 보는 게 최상의 삶이라고 이야기 하셨지만 착하게 살면서 자꾸만 손해보고 은연중 세상과 인간에 대한 실망감과 분노심을 키우는 것보다는 적당히 영악하게 살면서 내 실속 챙기고 인간에 대한 자비심을 키워 가는 게 더 현명할 거라고 생각합니다. 특히나 요즘 같은 한국사회에선…. 초등학교 교사로 있는 친구가 있어서 그런데요, 아이들에게 촌지 받고 촌지 받은 아이에게 조금 더 신경 써 주는 게 받은 촌지 돌려주고 모든 아이에게 공평하게 대하는 것보다는 어쩌면 더 현명할 거라고 봅니다. 직장에서도 이왕이면 상사에게 기분 좋은 말 한마디 더하고 명절이면 선물도 보시하고 해서 내가 동료보다 먼저 출세하는 게 그냥 내가 할 일만 하고 정직하게 사는 것보다는 더 현명하고 지혜로운 게 아닌지요? 어차피 사람들은 다 이기적이고 형제간이든 친구들이든 직장에서건 사회에서

○

건 사람들의 행동 또한 결국은 따져 들어가면 자기를 위해서, 본능적인 자기만족을 위해서, 아니면 현실적인 계산 아래에서 행해진다는 것을 안 이상 어떻게 무주상보시無住相布施와 같은 마음만을 품고 이 바쁜 풍진세상을 아무런 번뇌 없이 살아갈 수 있을지요? 결국은 모든 가치판단의 기준과 경계가 모호하다는 것입니다.

ㅇ 질문 올리신 분께, 최근 공空에 대한 조망이 생기기 시작한 것 같습니다. 원래 모든 '개념'에는 테두리가 없습니다. 모든 개념은 '중심부'와 '주변부'를 갖는데, 주변부에서는 그 의미가 모호해집니다. 그런데 '아첨'인지 '애어(愛語: 사섭법 중의 하나)'인지 구분이 안 되고, '칭찬'인지 '기어(綺語: 십불선 중의 하나)'인지 구분이 안 되고 그 의미가 모호해지는, 개념의 경계부(주변부)에서는 그런 말을 하게 된 자신의 '동기'가 무엇인지에 따라서 '개념'의 의미와 그런 '행위'의 선악 여부가 판가름됩니다.

그리고 "착하게 살면서 손해 보며 사는 것이 최상의 삶이다."라든지, "마치 어머니가 다친 외아들을 돌볼 때, 착한 일 했다는 생각을 할 수 없듯이, 진정한 보시행은 자기 스스로에게도 티가 나지 않는다."는 설명은 불교적 사회윤리의 '궁극적 지향점'에 대한 설명입니다. 이런 불교의 가르침을 생활 속에서 그대로 실천하고 산다면, 그야말로 이 시대의 '성인聖人'일 겁니다. 물론 지금도 이런 '가장 이상적인 불교적 삶'을 그대로 실천하고 사는 스님들이 많이 계십니다. 그러나 세속에서 사는 사람들이 이를 그대로 실천하기는 쉽지 않을 겁니다. 재물욕이나 명예욕이나 음욕 없이 사는 '가장'은 당장 부인에게 쫓겨날 겁니다. 결혼생활을 하는 재가자가 깨달음을 얻기 힘든 이유는 이에 있습니다. 왜냐하면 '탐욕, 분노심, 종교적 어리석음, 교만심'[貪, 瞋, 痴, 慢]을 완전히 제거하는 것이 불교의 깨달음인데 결혼생활을 하는 재가자의 경우 이런 번뇌를 제거한 상태로 살아가기가 쉽지 않기 때문입니다. 그래서 재가자에게는 불교적 '최선의 삶'이 아니라, '차선의 삶'이 제시됩니다. 신라시대 원광법사의 세속오계世俗五戒와 같은 것이 그런 '차선의 지침'의 한 예입니다.

따라서 세속에서 살아갈 때에는, 자신이 감당할 수 있을 만큼 윤리적으로 살아가면 됩니다. 자신의 성품으로 감당할 수도 없으면서, 불교에서 제시하는 최고의 삶을 살아갈 경우 나중에 오히려 짜증만 나고, 화만 나고, 몸에 병이 날 수도 있습니다. '감당의 정도'는 개개인마다 다릅니다. 그러나 계를 지키고, 삼매를 닦고, 지혜를 계발하는 불교수행을 할 때 '감당할 수 있는 정도'의 양이 점점 커집니다. 따라서 감당할 만큼만 옳고 착하게 살아야 하지만, '감당할 만큼의 양'을 점점 증대시키는 불교수행 역시 게을리 하지 말아야 합니다.

불교에서 제시하는 '청빈한 삶'을 본인이 도저히 감당할 수 없다면, 그야말로 촌지도 받고, 상사에게 아첨하면서 살아도 됩니다. 그러나 '촌지 받은 아이에게 약간 잘해 주고, 다른 아이 공평하게 대하는 것'이 '촌지 안 받고 모든 아이에게 공평하게 대하는 것'보다는 '못난 삶'이라는 점을 항상 자각하고 있어야 하고 '출세를 위해서 상사에게 아부하고 선물을 보내는 삶'이 '상사라는 인간 그 자체에 대한 자비심에서 상사를 진실하게 대하고, 오해가 없도록 상사에게 세심하게 감사의 표시를 하는 것'보다는 '못난 삶'이라는 점을 항상 자각하고 있어야 합니다. (참고로, 우리나라의 교육계에 만연된 촌지 관행과 공무원 사회나 기업의 뇌물 관행은 개인의 양심에 맞길 문제가 아니라, 사회법으로 막아야 할 문제라고 생각합니다. '촌지'나 '뇌물'에 대해 무섭게 처벌하는 나라가 많다고 들었습니다.)

불교윤리의 출발은 '자발성'이 아니라 '공포심'(인과응보에 대한 공포)과 '이기심'(진정으로 나를 위하는 마음)입니다. 예를 들어 인사 잘하고 말 잘 듣는 '착한 어린아이'는 원래 그런 것이 아니라, 평소에 부모가 무섭게 가르쳤기 때문입니다. 불교윤리에서 "착하게 살라."는 지침은, 1차적으로 '가장 이기적으로 살라는 것'입니다. 한 치의 오차도 없이 냉혹하게 돌아가는 '인과응보의 법칙'이 이 세상을 지배하기에, 미래나 내생까지 길게 보아 내게 가장 이익이 되게 살려면 현재 착하게 살아야 한다는 것입니다. 해탈하고 싶은 마음에서 청정하게 살고 진정한 자비심에서 남을 돕고 사는 순수 이타적 삶은 불교 수행이 충분히 무르익었을 때나 가능한 것입니다. 우선은, "악한 일을 하면 내생에 험한 곳에 태어날 수 있다."는 공포심과 "착하게 살면 내생에 좋은 곳에 태어날 수 있다."는 이기심에서 착하게 살아야 합니다. 『보리도차제론』에서도 이와 같은 방식으로 불교윤리에 대해 설명합니다.

067

채식도 살생 아닙니까?

● 추석이라 먹을거리가 더욱 푸짐합니다. 평소에도 육식, 생선을 거의 먹지 않지만 불자로서 어떤 마음가짐으로 어떤 음식을 먹는 게 좋은지 궁금해집니다. 불자라면 으레 채식을 하는 줄 알고 있는데, 요즈음에는 절에 신도님들도 스님들이 고기 먹는 걸 당연하게 이해를 한다고 합니다. 또 어떤 이는 식물도 생명인데 생명에는 우열이 없는 게 아니냐? 어떤 기준으로 식물은 먹고 고기는 먹지 않는 거냐? 하는 반문을 하기도 합니다. 최소한의 육신을 유지하는데 종의 단계가 가장 낮은 식물을 섭취하는 게 옳다고 해야 될까요. 채식주의자들의 의견과 같이 하면 되는 걸까요? 부처님 당시에는 걸식을 하셨기 때문에 주는 대로 드셨는데, 중국으로 불교가 건너와 직접 음식을 해 먹는 과정에서 불육식 계율이 대승불교권에서 생겨났다는 이야기를 들은 적이 있습니다. 수행 차원에서는 육식, 생선까지도 좋지 않다는 것은 느끼고 있지만 이론적으로 남에게 설명을 하려니 정리가 안 됩니다. 전에 마성 스님은 《불교평론》에서 음식에 대한 분별심, 탐심 없이 공양하는 것이 중요하다고 하셨는데 식욕 없이 공양하라는 말씀이신지, 그 경지가 보통 사람으로서 가능한 건지 의문이 듭니다. 식탁에 올라온 반찬 중 의식하든 하지 않든 자기가 먹고 싶은 음식에 젓가락이 가는 게 아닐까요? 그중에 고기반찬

이 올라올 수도 있고. 멸치나 계란을 포함해서. 고기를 먹는 게 고기의 소비를 부추김으로 해서 살생에 직간접적으로 관여하게 되기 때문에 불살생의 계율에 어긋나는 것이 아닐까 하는 생각도 해 봅니다. 불자의 입장에서, 수행의 차원에서 생선, 육고기, 달걀, 김치찌개에 들어간 참치, 오신채 등등 음식을 어떤 마음가짐으로 가려 먹는 게 좋을지 논리적인 답변 부탁드립니다.

○ 불교의 계율은 절체절명의 지상명령이 아닙니다. 계율에 어긋나는 행위를 할 경우, 미래에 언젠가 괴로운 과보를 받는다는 점을 알려주는 것입니다. 따라서 계율을 어길 경우에도, 그 대상이 무엇인가에 따라, 어긴 다음의 참회 여부에 따라, 계를 어길 때의 마음가짐(삼독심의 유무) 등등에 따라 그에 대한 과보가 달라집니다.

삼귀의 후에 오계를 받는 것이 일반적인 불자 입문의식이지만, 오계를 받지 않고 삼귀의만 다짐해도 불자로 인정됩니다. 오계의 경우도 모두 받지 않고 일부만을 받을 수도 있습니다. 『우바새오계경』이나 『대지도론』에서는 수계 정도에 따라 재가불자의 수준을 다음과 같이 구분합니다.

일분행자一分行者: 오계 가운데 한 가지 계만 받고 지키고자 하는 재가불자
소분행자少分行者: 오계 가운데 두세 가지 계만 받아 지키고자 하는 재가불자

다분행자多分行者: 오계 가운데 네 가지 계만 받아서 지키고자
하는 재가불자
만행자滿行者: 오계 모두를 받아서 지키고자 하는 재가불자
단음행자斷淫行者: 오계 모두 지키면서 부부생활의 음행도 하지
않겠다고 서원한 재가불자

예를 들어 생선회집을 운영하는 분의 경우 '불살생계'를 받지 않으면 됩니다. 회사업무로 술을 마셔야 하는 분은 '불음주계'를 받지 않으면 됩니다. 장사를 하기에 거짓말을 많이 하는 분은 '불망어계'를 받지 않으면 됩니다. 수계식 때에 자신이 지킬 수 없는 계목에 대해서 복창을 하지 않으면 됩니다. 그러나 자신이 지키겠다고 서원한 계목은 철저히 지켜야 합니다. 그럴 경우, 미래나 내생 언젠가 오계 모두를 지킬 수 있는 직업이나 상황 속에서 살 수 있게 됩니다.

이상과 같은 가르침에 의거할 때, 가능하면 채식을 하면 좋겠지만, 그럴 수 없는 상황이라면 그때 그때의 상황에 맞게 원만하게 식사하시면 됩니다. 그러나 채식을 하는 것이 옳고, 미래나 내생에 언젠가 채식을 해야 하겠다는 생각은 갖고 있어야 합니다. 제 홈페이지에 링크되어 있는 '보리심의 새싹' 홈페이지로 들어가 보시면 채식에 대한 좋은 가르침을 많이 만날 수 있을 겁니다.

그리고 식물도 생명이기에 이를 먹는 것과 고기 먹는 것이 다르게 없다는 얘기를 쓰셨는데 부처님 가르침에 의거하면 식물은 중생에 속하지 않습니다. 생명과 중생이 동의어라고 할 때, 불교적 관점

에서 식물은 생명이 아닙니다. 윤회의 세계인 삼계, 육도 그 어디에도 식물의 세계는 없습니다. 구체적으로 얘기하면 식물은 DNA로 이루어진 세포 덩어리일 뿐입니다. DNA와 세포는 지地, 수水, 화火, 풍風의 사대四大로 만들어진 것일 뿐입니다. 지, 수, 화, 풍 사대에 식識이 부착되어 있어야 중생입니다. 다시 말해 '고기 덩어리'인 육체에 중음신中陰身, 또는 귀신이 오버랩 되어야 중생입니다. 통도사 극락암에 주석하셨던 경봉(鏡峰: 1892~1982) 스님께서는 식물을 우리의 손톱이나 머리칼과 같은 것이라고 가르치셨습니다.

식물이 중생에 속하지는 않지만 중생의 거주처居住處 역할을 하기에 율장에서는 풀을 함부로 베거나 나무를 함부로 잘라서는 안 된다고 합니다. 식물 속에 살고 있는 중생(벌레 등의 미물)을 해칠 수가 있고, 다른 중생의 거주처를 빼앗는 꼴(투도)이 되기 때문입니다. 또 율장을 보면 괴생종계壞生種戒라고 해서, 스님이 과일을 드시려고 할 때, 정인淨人이라는 사찰 내의 재가불자가 과일에 칼로 흠집을 낸 후 스님께 드렸다고 합니다. 과일을 미리 '죽이는' 시늉을 한 것입니다. 그러나 이는 과일이 생명이기 때문이 아니라 승가의 명예를 훼손하지 않기 위해서였습니다. 식물도 생명이라고 주장하는 자이나교도 Jaina敎徒의 비방을 받지 않기 위해서였습니다.

또 식물의 경우 음악을 틀어주면서 키울 경우 잘 자라고, 해치려고 할 경우 반응을 한다는 실험에 근거하여 식물도 생명 아닌가 묻는 분들이 계시는데 그렇지 않습니다. 광물인 '물水'의 경우도 컵에 떠 놓은 후 좋은 마음을 보내주면 질이 좋은 육각수로 변한다고 합니다. 사람의 마음가짐에 대해 식물만 반응하는 것이 아니라 광물도 반응합니다. 다시 말해 온 세상이 사람의 마음가짐에 대해 반응합니다. '모든 것이 생명'이라든지[華嚴], "그 어떤 것도 생명이랄 게 없다."[般若]는 무차별적인 조망은 '생명'과 '무생명'을 가르는 지침이 될 수 없습니다. 생명과 무생명을 가르고, 그에 의거하여 살생하지 말라는 윤리적 지침을 제시하는 것은 철저한 속제의 일이고 분별적 활동입니다. 불교윤리적으로 '분별'할 때 식물은 불교적 의미의 생명, 즉 중생이 아니기에 식물을 먹거나 해치는 것은 살생이 아닙니다.

<u>**068**</u> 석가족의 멸망 일화에서 보듯이 물고기를 잡거나 파리, 모기를 잡아도 그에 대한 과보가 그렇게 엄청날 수 있습니까?

• 부처님 말년에 석가족은 이웃 나라에 침략당해 비극적인 최후를 맞았는데 부처님에 의하면 아득한 과거 전생에 "현재 침략당해서 죽은 석가족의 일원은 작은 호수의 물고기를 죽인 사람들이었고 석가족을 침략한 이웃 종족은 죽임을 당한 물고기들이었다."고 합니다. 이렇게 인간과 물고기가 서로의 업연에 의해서 몸을 바꾸어서 인과응보를 치른다면 대체 인간과 물고기의 생명의 무게가 전혀 다르지 않다는 이야기인데 제가 가지고 있는 '은연중에 세뇌된 상식적인 인간중심주의적 사고'로써는 이해하기가 힘듭니다. 그렇다면 틈만 나면 낚시를 하는 낚시꾼은 자기가 잡은 물고기 수만큼 몸을 바꾸어서 죽임당해야 하는 것인지요? 저 역시 다른 것은 몰라도 어릴 때부터 파리나 모기를 많이 잡은 적이 있는데 이런 것은 불교의 세계관에 비추어 보자면 어떻게 보아야 할지 궁금합니다. 어느 불교 책에서는 같은 보시를 해도 동물에게 하는 것과 인간에게 하는 것, 수행자에게 하는 것, 부처님에게 하는 것이 저마다 보시의 무게가 다르다고 (즉 생명의 무게나 위계질서를 인정하는 논리) 읽은 적이 있

는데 그렇다면 위의 인간과 물고기의 무게를 동일시하는 듯한 석가족의 멸망 이야기와도 조금은 상치되는 것이 아닌지요?

○ 악행을 할 경우, 그 대상이 누구인지, 악행 당시의 마음가짐이 어떠했는지, 악행 후 진심으로 참회했는지 여부에 따라 그 과보가 달라진다고 합니다. 물고기나 모기, 파리와 같은 미물을 죽이더라도 그것이 잘못인 줄 모르고 그에 대해 참회하지 않을 경우 그 악업의 양은 기하급수적으로 점점 늘어난다고 합니다. 내가 고통에서 벗어나기 위해서 악행을 하는 경우도 있으며 이 경우 그 과보는 크지 않습니다. 정당방위의 폭력이 이에 해당합니다. 굶주린 사자의 살생도 이에 해당합니다. 그러나 내가 고통스럽지 않은데도 탐, 진, 치 삼독심으로 악행을 할 경우 그 과보가 더 크다고 합니다. 지금 인류가 저지르는 대부분의 살생은 이런 삼독심으로 유발된 것들일 것입니다. 『보리도차제론』을 보면 이에 대한 자세한 설명을 찾을 수 있습니다. 초펠 스님께서 편역하신 『깨달음으로 가는 올바른 순서』(여시아문 간)를 참조하시기 바랍니다.

그리고 석가족은 멸망했지만, 이는 이 세상 사람들의 눈에 비친 겉모습일 뿐입니다. 석가족에 소속되었던 많은 사람들은 부처님의 가르침을 통해 해탈의 길에 들어서게 됩니다. 강대국이라고 하더라도 그곳에 사는 사람들이 악행을 하면서 그 강함을 유지해야 한다면 그곳에 태어난 사람들의 내생은 모두 비참할 겁니다. 따라서 강대국은 '지옥행 대기소' 입니다. 과거의 소련이나 지금의 미국이 그러한 곳이라고 생각합니다. 약소국이라고 하더라도 그곳에 사는 사람들이 착하게 살기에 약소국이 되었다면 그곳에 태어난 사람들의 내생은 모두 행복할 겁니다. 그러한 약소국은 '극락행 대기소' 입니다. 지금 중국에 의해 침탈당한 티베트가 그러한 곳이라고 생각합니다. 석가족의 멸망에 대해 그 겉모습만으로, 행복과 불행 여부를 판단해서는 안 될 것입니다. 악한 강대국에 사는 것보다 착한 약소국에 사는 것이 진정한 행운이듯이….

살생이 나쁜 것은 알지만 농사를 짓기 때문에 어쩔 수가 없습니다. 어떻게 해야 할까요?

● 가족 부양을 위한 생업으로 인하여 수행을 못하고 있습니다. 나이는 점점 많아지는데…. 착하게 살려고 노력하며, 노약자를 도와주는 단순한 수행을 하고는 있습니다만 농사(?)를 조금 짓는 관계로 살생은 피할 수가 없답니다. 밭을 갈아엎고, 농약을 치고…. 시골에 살다보면 벌레들을 고의가 아니더라도, 많이 죽이게 됩니다. 가슴이 아프답니다. 지렁이, 딱정벌레, 개구리, 열매와 잎에 붙은 진드기 등등…. 지난여름에는 마당에 기어 다니는 뱀을 죽였답니다. 얼마나 후회하고 후회했는지 모릅니다. 인도의 자이나교도들은 상업에 종사하며 살생을 피한다지요. 잘못된 행위를 참회하면 그 행위 자체는 없어지지 않겠지만 아무래도 희석이 되어서, 옅어지지는 않을까요? 우리가 매일 먹는 밥 한 알에는 수많은 생명의 죽임과 희생이 담겨 있답니다. 시골에 사는 사람은 매일 느끼고 있습니다. 그래서 세상의 모든 모습들이 고맙고 또 고맙습니다.

○ 불자로서 살아갈 때, 참으로 마음에 걸리는 것이 많습니다. 생선회를 먹어야 할지 말아야 할지, 모기를 죽여야

○

할지 말아야 할지 등등…. 다른 종교를 믿는 분들의 경우에는 전혀 죄책감을 느끼지 못하고 모기를 죽이고, 낚시를 하고, 생선회를 먹기도 합니다. 어떤 종교에서는 오히려 양과 같은 짐승을 죽여서 신에게 제사를 지내는 풍습조차 갖고 있었습니다. 아브라함의 구약성경이 그랬고, 과거의 힌두교가 그랬습니다. 양을 죽여서 신에게 바치는 살생을 오히려 착한 행동으로 가르쳤던 것이지요. 불교에서는 이런 종교관을 '계금취견戒禁取見' 이라고 부르며 비판합니다. "양을 죽여 신에게 바치면 하늘나라에 태어난다."고 하기에 그대로 실행하며 살았는데 죽어서 다시 태어나 보니 지옥입니다. 희생제를 생천의 원인으로 생각하는, 이런 식의 종교관이 사견邪見이고, 삼독심 가운데 치심癡心입니다. 내생에 좋은 데 태어나고 싶다는 '유애(有愛: 존재하고 싶은 욕망)' 가 부수되기에 탐심이 깔려 있기도 하고요.

　　윤리적인 덕목들의 경우 그 어떤 다른 종교에서 가르치는 것보다 불교에서 가르치는 항목들이 구체적이고 엄격합니다. 살생하지 말라, 도둑질하지 말라, 삿된 음행하지 말라는 행동뿐만 아니라, 거짓말하지 말라, 욕하지 말라, 이간질하지 말라, 감언이설 하지 말라는 언어행위에다가 탐욕을 내지 말라, 화내지 말라, 잘못된 종교관을 갖지 말라는 사고방식까지 포함하기 때문입니다. 이 사바세계에서 부처님 말씀 그대로 살아가는 것은 참으로 힘든 일이 아닐 수 없습니다. 위에 열거한 십선계十善戒를 모두 잘 지키면서 살아가는 재가불자는 아마 많지 않을 겁니다. 불자들의 삶은 십선계를 어기고 뉘우치는 참으로 힘든 생활의 연속일 수도 있습니다. 다른 종교의 윤리 덕목은 단순하기 때문에 다른 종교를 믿는 분들은 마음 편하게 살생하면서 살아가는데, 불자들의 경우 세상을 살면서 신경을 쓸 일이 한두 가지가 아닙니다. 그런데 분명한 것은 죄를 지어도 그것이 죄인 줄 모르고 짓는 경우보다 죄인 줄 알고 짓는 죄의 경우 그 과보가 적다는 사실입니다. 부처님께서는 "알고 짓는 죄보다 모르고 짓는 죄의 과보가 크다."고 가르치십니다. 왜냐하면 그것이 죄인 줄 모르는 사람은 아예 구제불능이기 때문입니다. 자신의 행위가 죄인 줄 아는 사람의 경우 언젠가 그 죄에서 벗어날 가능성이 있으며, 참회의 마음을 낼 수가 있는데, 자신의 행위가 죄인 줄 모르는 사람은 그 죄에서 벗어날 가능성도 없고, 참회하지도 못합니다.

따라서 다른 종교의 가르침을 신봉하는 종교인들이, 살생 등의 죄업을 지었는데도 죄책감을 못 느끼면서 편안하게 살아가는 것이 얼마나 끔찍한 일인지 모릅니다. 그야말로 우물 속에 숨어서 꿀을 핥고 있는 형상입니다. 불교를 바르게 알고 실천하시는 모든 불자들은 그분들을 정법正法으로 인도하는 데 앞장서야 할 것입니다. 불자로서 살아가면서 가능하면 모기 한 마리도 죽이지 않으면서 생활해야 하지만, 간혹 피치 못하게 살생을 하게 됩니다. 재가불자의 경우 최선最善의 삶이 아니라, 차선次善의 삶을 살아갈 수밖에 없습니다. 재가불자의 경우 차선의 삶이 최선의 삶입니다. 원광법사의 세속오계가 재가불자를 위한 '차선의 지침'입니다. 살생유택 – 잘 가려서 살생하라. 살생이 잘못인 줄 알고, 항상 참회하면서, 힘닿는 데까지 자비를 실천하면서 살아가시는 선생님은 재가불자로서 최선의 삶을 사시는 것 같습니다.

  100만 원을 사기 당했을 때 그것을 받아내는 것이 좋을까요, 잊는 게 좋을까요?

● 불교에서 말하는 계, 정, 혜 삼학 가운데 계는 일단은 모든 부정적이고 도덕적이지 못한 행위를 끊는 가르침인 것으로 알고 있습니다. 그런데 조금 더 적극적으로 가령 내가 누구에게 100만 원 정도의 사기를 당하면 왼뺨을 맞으면 오른뺨까지 대주라고 하는 이웃종교의 가르침처럼 손해나 억울한 일을 당하더라도 무조건 그냥 참고 용서하고 넘어가는 것이 최고선인지 아니면 진위를 가려서 잃어버린 100만 원을 되찾는 것이 바른 불교적 가르침인지 알고 싶습니다. 물론 상대방을 응징하지는 않더라도…, 즉 어느 것이 불교적인 최고선인지요?

○ 100만 원을 사기 당했을 경우 상대방의 처지에 따라 그에 대한 대처가 달라질 수 있습니다. 기독교 경전에서 가르치는 '왼뺨, 오른뺨' 비유는 상대방이 나를 괴롭힐 경우에 대한 대처방법을 말하는 것이라고 생각합니다. 누가 나를 때릴 경우 "더 때려! 더 때려!"라고 외치면서 대드는 경우와 비슷합니다. 간디의 비폭력 저항의 정신이 이와 유사하며 이는 사악한 강자에 대해 비굴하지

●
2.9.0.

말라는 가르침일 겁니다. 가톨릭 선교 초기에 순교한 가톨릭교도들의 대처방식이 이와 유사했다고 볼 수 있습니다. 기독교 경전에서 겉옷을 달라면 속옷까지 벗어주라는 가르침의 경우, 상대방이 진정으로 물질적으로 궁핍할 때에는 나의 모든 것을 내어 줄 수 있을 정도로 자비로워야 한다는 가르침입니다. 딱한 처지의 사람이 100만 원을 구걸했다면 그 사람의 사정을 보아서 더 베풀어 주라는 가르침일 겁니다. '왼뺨, 오른 뺨', '겉옷, 속옷' 이야기는, 종교인이라면 정의롭고 착하게 살아야 한다는 점을 비유를 통해 설명한 '평범한 가르침'이라고 생각합니다.

100만 원을 사기 친 사람에 대해 어떻게 대처해야 하는지, 그 상황이 동일한 불전의 가르침은 생각나지 않지만 다음과 같이 대처할 경우 불교적일 수 있을 것 같습니다. 그 사람이 물질적으로 부족함이 없는 사람임에도 100만 원을 사기 쳤다면 반드시 그것을 받아내야 합니다. 다만 악업을 짓지 않는 정당하고 현명한 방법으로…. 세상일에 대해 무관심하거나 포기하라고 가르치는 것이 불교가 아닙니다. '묘관찰지妙觀察智'라는 말에서 알 수 있듯이, 매 순간 절묘한 분별을 낼 수 있는 사람이 진정한 불교인입니다. 우리의 삶 속에서 어려움이 닥칠 때 매 순간 문제를 해결하는 최고의 판단을 내릴 수 있는 지혜가 불교에서 가르치는 반야의 지혜이고 묘관찰지입니다. 공을 체득하여 생각이 열려 있는 사람은 언제 어디서나 편견 없이 최선의 판단을 내릴 수 있습니다. 그 사람이 곤궁한 사람이 아니라면 절묘한 지혜를 발휘하여 정당한 방법으로 받아내야 합니다. 그러나 그 사람이 물질적으로 곤궁한 사람이라면 받아낼 도리가 없겠지요. 그러나 사기 친 것을 방치해서는 안 되고 사과시키고 참회시켜야 합니다. 그래야 그 사람의 앞날이 밝을 수 있기 때문입니다. 그 과정에서 그 사람이 진짜 곤궁하다는 점을 알게 된다면 기독基督이 권유하듯이 속옷도 벗어줄 수 있을 겁니다.

한 가지 첨언한다면 불교적으로 볼 때 누군가가 '보시'를 요구할 때 무조건 그에 응해야 하는 것이 아닙니다. 내가 재물을 가지고 불교를 위해서 더 큰 일을 할 수 있을 때는 거절하라고 합니다. 쫑카빠 스님의 『보리도차제론』에 있는 가르침입니다. 사실 우리 주변을 보면 어렵게 사는 분들이 너무 많습니다. 남에게 보시하는 것이 무조건 옳은 것이라면, 세 끼 밥을 모두 챙겨 먹는 것 자체가 부끄러운 일일 겁니다. 신장병으로 신음하는 환자가 널려 있는데, 두 개의 신장을 갖고 사는 것 역시 부끄러운 일일 겁니다. 생존에 필요한 재산만 남겨 놓고 나의 재산을 모두 굶주리는 인간과 짐승에게 나누어 주는 것이 옳을 겁니다. 또 나의 신장 하나를 남에게 떼어 주는 것이 옳을 겁니다. 내가 나의 재산을 모두 남에게 주고, 나의 신장을 남에게 떼어 주고도 편안히 살 수 있는 사람이라면 그렇게 해도 됩니다. 그러나 우리 대부분은 그런 행위를 감당하지 못합니다. 굳은 결심으로 보시를 실행했다면, 당장은 후회하지 않겠지만, 언젠가 자신의 보시행위에 대해 깊은 회한에 빠질 수도 있습니다. 보시를 해서 자신은 칭송받았지만, 집안에는 불화를 일으킬 수도 있습니다. 그러한 보시는 하지 않는 것이 좋습니다. 내가 감당할 수 있을 만큼 보시해야 한다고 『보리도차제론』에서는 가르칩니다. 물론 '감당할 수 있는 정도'의 크기는 사람마다 천차만별일 겁니다. 부처님 가르침대로 자신의 마음을 정화하고 살아갈 경우 '감당할 수 있는 정도'의 크기는 점점 커집니다. 불교적으로 볼 때 결코 인색해서도 안 되지만, 자신이 감당 못할 정도의 무리한 보시를 하는 것도 옳은 일은 아닙니다.

     어떻게 하면 음욕을 제어할 수 있습니까?

● 질문을 올렸던 분이 나중에 질문을 삭제했기에 답변만 올립니다.

○ 남자 수행자의 경우 가장 참기 힘든 것이 음욕이라고 합니다. 어느 수행자에게 들은 애깁니다. 미얀마의 위빠사나 수행원에서 수행한 후 지도 스님과 대담하는 어느 영국인 재가자가 음욕의 괴로움에 대해 심각하게 질문하는 모습을 본 적이 있다고 합니다. 그런데 그 영국인의 나이가 근 80세 가까이 되었다고 합니다.

율장은 읽기 민망할 정도로 음행을 경계하는 내용으로 가득합니다. 오죽하면 부처님께서 그렇게까지 경계하셨을까 하는 생각을 하게 됩니다. 재물욕, 명예욕, 식욕, 수면욕, 음욕의 오욕 가운데 가장 참기 힘든 것이 음욕이라고 합니다. 음욕을 제어하는 방법 가운데 가장 중요한 것은 음욕을 일으키는 대상을 접하지 않는 것입니다. 십이연기설에서 촉觸 때문에 수受가 생기고 수 때문에 애愛가 생한다고 하는 데서 알 수 있듯이 외부대상과의 접촉과 그런 접촉으로 인한 느낌[受]이 없어야 욕망[愛]이 생하지 않습니다.

그래서 손이든 어깨든 이성의 몸에 접촉도 하지 못하게 함은 물론이고 얼굴도 보지 못하게 합니다. 나이가 많든 적든 여자 불자님들의 경우 비구 스님을 대할 때 그분들의 청정을 훼손하지 않도록 세심하게 신경을 써야 합니다. 팔짱을 껴도 안 되고 악수를 해도 안 됩니다. 절대 비구 스님의 몸에 손을 대서는 안 됩니다. 몇 년 전 티베트의 링 린포체 스님이 오셨을 때 우리나라 여자 신도 분이 자신의 어린 딸(5세 정도)을 한 번 안아 달라고 스님께 부탁하자 링 린포체 스님께서 잠시 머뭇거리다가 "비구는 여인의 몸에 손을 대지 않습니다."라고 말하며 단호하게 거절했으며 그 때 그 여자 신도 분은 실망한 것이 아니라 너무나 감동했다는 얘기를 읽은 적이 있습니다. 5세 어린 여자 아이인데도….

마하트마 간디의 경우 부인의 동의하에 36세에 브라흐마짜리야[梵行]에 들어갔다고 합니다. 성性생활을 하지 않기로 맹세한 것입니다. 남아프리카에서의 인도인 권리를 위해 사회참여활동을 하다가 밤에 집에 들어와 부인과 성관계를 할 때마다 심한 죄책감에 사로잡혔다고 합니다. 성관계는 무척 이기적인 행동이기 때문입니다. 낮에는 이타적 활동을 하는데 밤에는 지독한 이기심으로 욕망을 충족시키는 성관계를 한다는 것을 간디 자신의 양심이 허락하지 않았기 때문입니다. 그런데 그렇게 단음의 생활을 한 간디인데도, 그 전기를 보면 성욕을 참는 자신의 생활이 "마치 칼날 위를 걷는 것처럼 위태로웠다."고 고백합니다. 어느 정도 수행이 무르익기 전까지는 성욕을 제어할 수 있을 뿐이지 완전히 끊을 수 있는 것이 아니라고 생각합니다. 저 역시 경계 경계마다 항상 제어하고 살 뿐 성욕을 완전히 끊지 못한 '무명 중생'입니다. 그리고 재가자이기에 사음만 금할 뿐입니다.

072

음행에는 '플라토닉 러브'와 같은 것도 포함됩니까?

● 재가불자 가운데 "단음행자斷淫行者는 오계 모두를 지키면서 부부생활의 음행도 삼간다."는 내용을 교수님의 글에서 보았습니다. 그러면 부부생활의 음행에 대한 범위를 어떻게 설정해야 하는지 궁금합니다. 단순히 성관계만을 삼가는 것을 뜻하는 것인지 아니면 마음의 음욕마저도 일으키지 않고 음행을 삼가는 상태를 말함인지 아니면 부부관계의 형성 자체가 세속적인 사랑(애욕)이라는 전제하에서 형성된 것으로 볼 때 상대에 대한 사랑의 마음을 인정하면서 애정의 스킨십이나 포옹 같은 것은 용납되지만 성관계는 하지 않는 것으로 봐야 하는지 궁금합니다.

○ 철저한 단음행자의 경우 자신의 배우자에 대해서, 이성이라는 마음이 들어서는 안 됩니다. 염불선念佛禪을 주장하셨던 청화 스님의 법문에서는 나이가 든 불자들은 성생활을 하지 말고 자신의 배우자를 마치 '동기간' 처럼 생각하라고 하십니다. 여동생이나 누님, 오빠나 남동생과 같이 생각하라는 말씀입니다.

직접적인 성관계는 끊었지만, 포옹하면서 이성을 느끼는 경우나 바라보기만 해도 좋은 '플라토닉 러브'를 끊지 못한 사람 모두 아직 '음욕'을 끊지 못한 부류에 들어갑니다. 욕계欲界와 색계色界와 무색계無色界의 삼계 가운데 색계에 태어날 수 있는 마음이 되어야 정혜쌍수의 수행이 가능한데, 색계에 태어날 수 있는 마음은, 이성에 대한 욕망이 완전히 끊어진 마음입니다.

포옹의 욕구나, 플라토닉 러브의 마음이 남아 있는 사람은 욕계를 벗어나지 못합니다. 욕계에는 상부에 여섯 개의 하늘나라(천상)가 있는데 이를 육욕천六欲天이라고 부릅니다. 위부터 차례대로 나열하면 ①타화자재천, ②화락천, ③도솔천, ④야마천, ⑤도리천, ⑥사천왕천의 여섯 하늘나라입니다.

이 가운데 ⑤사천왕천과 ⑥도리천의 경우 지구에 가깝기 때문에 지거천地居天이라고 부르며 우리 인간과 마찬가지로 '교미'를 통해서 2세를 생산한다고 합니다.

④야마천과 ③도솔천과 ②화락천과 ①타화자재천은 지구에서 멀리 떨어진 허공에 있기에 공거천空居天이라고 부릅니다. 그런데 바로 이 네 군데의 공거천의 경우 남신과 여신이 교미하지 않고 '포옹'이나 '플라토닉 러브'를 통해 2세를 생산한다고 합니다. 이곳의 천신들은 거친 음욕인 교미의 욕망은 끊었으나, 정신적 애욕은 끊지 못했기에 색계천에 태어나지 못하고 욕계에 속하는 이곳에 태어난 것입니다.

따라서 단음행자로서 아나함(불환과의 성자)이 되고자 하는 분의 경우 '플라토닉 러브'에서도 벗어나야 합니다.

073

지범개차의 정확한 의미가 궁금합니다. 또 임진왜란 때 살생을 했던 승병들은 과보가 없을까요?

● 전에 중관학 시간에 교수님이 불교에서 율학律學이 가장 어려운 것이며 '지범개차持犯開遮'에서 '개차'의 주체는 부처님이라고 말씀한 걸로 들었는데요. 그러면 부처님이 아닌 사람들은 상황에 따라 지계의 유연성을 발휘할 수 없는 것입니까?

개차법을 잘 쓴 선지식 가운데, 백장 스님은 청규에서 비구는 일을 하지 말라는 비구계를 파하고, 하루 일을 하지 않으면 하루 먹지 않는다는 선농일치禪農一致 사상을 주창하여 천년의 총림 가풍을 일깨웠고, 서산 스님은 비구는 전쟁터에 가지 말라는 비구계를 파하고 호국불교를 했다고 하는데요. 이런 예들은 어떻게 이해해야 하나요.

또 비구 250계 비구니 348계 이중 하나의 어김도 없이 모두 지키는 스님들이 얼마나 될까요? 스님들이 잘못하고 계신다는 말을 하는 것은 절대 아닙니다. 계율에는 현대의 사회와 맞지 않는 부분도 많다고 생각되는데요. 그런 부분을 현대 사회에 맞게 고쳐야 한다는 의견도 있는 걸로 압니다. 여기에 대해서는 어떻게 생각하시는지요.

○ 세 가지로 나누어 답해 보겠습니다.

'지범개차'는 고려 시대 보조 스님의 『계초심학인문誡初心學人文』에 나오는 구절입니다. 이를 일반적으로 다음과 같이 번역합니다.

夫初心之人 須遠離惡友 親近賢善 受五戒十戒等 善知持犯開遮

但依金口聖言 莫順庸流妄說

첫 마음을 낸 사람은 모름지기 나쁜 벗을 멀리하고 어질고 착한 벗을

가까이하라. 오계와 십계 등을 받아서 지니고 범하는 일과 열고 닫는

일을 잘 알아야 한다. 다만 부처님의 성스러운 말씀에만 의지할 것이

며 용렬한 무리들의 망령된 주장에 따라서는 아니 된다.

그러나 이는 잘못된 번역입니다. 대장경에서 '지범개차'의 용례를 찾아보면, 어떤 문장에서든 '지범'은 '지키는 것과 어기는 것'을 의미하며, '개차'는 '허용되는 것과 금지하는 것'을 의미한다는 점을 알 수 있습니다. 한문 불전 어디에서도 '개차'를 '상황에 따라 내가 마음대로 계율을 열고 닫는 것'이라고 해석하지 않습니다. 불전에서는 계를 제정하고 파기하는 것은 부처님과 같이 완전한 깨달음을 얻은 분만 할 수 있다고 가르칩니다. 혹 깨달은 분이 안 계신 경우에는 승가의 대중 전체가 화합하여 결정할 수 있다고 합니다. 초기 율장의 계목이 이 시대, 이 지역의 풍토와 어울리지 않는다면 백장청규와 같이 대중의 화합을 통해 새롭게 율을 제정하면 됩니다. 그러나 일단 제정되고 나면 언제 어디서든 목숨을 걸고 지켜야 하는 것이 계율입

니다. 나 혼자 임의로 계율을 파할 수 있다는 말은 불전 그 어디에도 없습니다. 따라서 '선지지범개차善知持犯開遮'는 다음과 같이 번역해야 옳습니다.

"무엇이 지키는 것이고 무엇이 어기는 것이며, 무엇이 허용되고[開] 무엇이 금지되는지[遮] 잘 알아야 한다."

'개차'를 소위 '개차법'으로 이해하는 '자의적恣意的 계율관'은 불교를 훼손할 뿐입니다. 불전에서는 "차라리 죽을지언정, 하루라도 계를 어기지 않겠다."면서 목숨을 끊은 스님들의 일화를 많이 볼 수 있습니다.

부처님 당시보다 감각적 유혹이 많은 현대 사회이기에 수행자들이 계를 지키기가 거의 불가능합니다. 그래서 현대와 같은 시대에 불교수행을 하여 아나함이나 아라한과 같은 '성자'가 되는 것은, 웬만큼 굳은 결심을 하지 않는 이상 거의 불가능합니다.

그리고 백장청규에 대한 얘기인데, 주지하듯이 불교수행의 목표는 두 가지로 구분됩니다. 하나는 현생에 완전한 깨달음을 얻어서 다시 태어나지 않는 아라한을 목표로 삼는 것이고, 다른 하나는 무수 겁 이후의 성불을 지향하며 보살도를 사는 것입니다. 전자와 같은 불교를 소승, 후자를 대승이라고 부릅니다. 아라한의 경우 '지혜'만 완성하면 성취되지만 부처가 되기 위해서는 '지혜'와 함께 '복덕'을 쌓아야 합니다. 선원禪院의 규정집인 백장청규에서 수행자에게 노동

을 권유하는 것은 '복덕'을 쌓게 하기 위함입니다. 선불교 역시 대승
불교에 속하기 때문입니다.

2 · 육체노동은 성불을 위한 보살도의 자량이다.

대승불교권에서 성불을 지향하며 보살도를 추구하는 수행자들은 항
상 '노동'을 하고 '봉사'를 하면서 살아가야 합니다. 노동과 봉사의
삶은 성불을 위한 복덕의 자량을 쌓는 삶입니다. 육체노동으로 남에
게 이득을 줄 경우 우리의 아뢰야식에 보시의 공덕이 쌓입니다. 또
육체노동의 고통으로 인해 우리의 아뢰야식에 남아 있던 전생의 악
업종자가 줄어듭니다.

3 · 임진왜란의 승병 – '삼독심으로 인한 살생'과 '고통에서 벗어나기 위한 살생'

그리고 임진왜란 때 칼을 들었던 승병들에 대해 물었는데 이 역시 대
승보살도이기에 가능한 얘깁니다. 살생이나 살인도, 그 성격에 따라
두 가지로 구분됩니다. 첫째는 탐진치 삼독심으로 인한 살인과 살생
입니다. (임진왜란을 일으킨 일본, 대동아전쟁을 일으킨 일본, 이라크를 침공한
미군의 살인은 바로 이런 삼독심의 살인입니다). 둘째는 고통에서 벗어나기
위한 살인과 살생입니다. (정당방위의 살인이나, 배고픈 사자나 호랑이가 초
식동물을 죽이는 것 역시 '고통에서 벗어나기 위한 살생'입니다.)

　　서산대사의 참전은 정당방위와 같은 살인으로 '고통에서 벗어
나기 위한 살생'인 후자에 해당합니다. 대승보살도의 경우 이렇게
'정당방위'로서의 살생도 가능하지만, 그렇다고 해서 그런 살생의

과보를 받지 않는다는 말이 아닙니다. 정당방위라고 하더라도 그런 살인이나 살생으로 인해서 내생에 괴로움의 과보를 받습니다. 물론 삼독심으로 인한 살인이나 살생보다 과보는 훨씬 적습니다. 미래나 내생에 고통의 과보를 받을 각오하고서, 보다 큰 선을 위해서 살인을 하고 살생을 하는 것이 보살도입니다. 왜병에 의해서 많은 동포가 살해당하는 것을 보고서 그 왜병을 죽일 경우 다른 사람의 고통도 막아 주고, 왜병의 죄업도 방지해 주는 행위가 되긴 하지만 그런 살인업으로 인해서 내생에 지옥에 태어날 수 있습니다. 서산대사와 사명당의 임진왜란 참전은 '지옥에 태어날 고통을 감수할 수 있는 마음을 갖고서 계를 어기신 대大보살행' 이라고 보아야 합니다.

074

불자가 아닌 사람이 불교의 계율을 어길 경우 그에 대한 과보를 받습니까?

● 교수님께서 쓰신 논문「생명윤리에 대한 불교적 조망」에서 "과학자는 불살생계를 어기게 된다."는 문장에 관한 의문입니다. 스님은 물론이지만 불자가 되면 5계를 받게 되는데, 그 계를 불자가 아닌 사람이 어겼을 경우에도 불살생계의 적용을 받게 됩니까? 또 만약에 불자가 아닌 과학자가 생명공학실험에서 인간을 죽였다면 일반윤리에 어긋날지 몰라도 불교윤리에는 상관없는 일 아닌가 하는 생각이 들어서 여쭈어봅니다. 과보는 누구나가 받는 것이지만, 불교의 계율이 '타종교인'이나 '계를 받지 않은 자'에게도 적용이 되는지 잘 모르겠습니다.

○ 불교윤리는 계戒와 율律로 구분되는데, 계는 자율적이고 율은 타율적이라고 합니다. 선인락과善因樂果 악인고과惡因苦果를 초래하는 인과응보의 세계에서 선악을 판가름 하는 기준이 계이고, 승가에서 생활하시는 스님들의 행동 규범이 율입니다. 그대로 일치하지는 않지만 현대용어로 풀어 말하면 계는 '윤리[Ethics]나 도덕[Moral]'에 해당하고, 율은 '법[Law]'에 해당합니다. 계에서는 신身, 구口, 의意 삼업三業이 모두 문제가 되지만, 율에서는 신업身業과

구업口業만 문제로 삼습니다.

계는 부처님의 명령이 아니라 연기緣起의 세계, 인과응보의 세계에서 발견된 이법理法으로서의 윤리이며, 선악의 기준이기에 불교 신자든 아니든 계에 어긋난 행동을 할 경우 괴로움의 과보를 받게 됩니다. '남을 해치는 행동' 또는 남과는 무관하더라도 '고결하지 못한 행동'이 계에 어긋난 행동입니다.

그러나 율의 경우는 다릅니다. 비구 스님의 250계와 비구니 스님의 348계가 율의 조목들입니다. 율의 경우는 스님들에게만 해당됩니다. 타종교인은 물론이고 재가불자에게도 해당되지 않습니다. 승단의 규범집이기 때문입니다.

그러나 계는 타종교인, 재가불자는 물론이고 무종교인과 생명 있는 모든 것들이 지켜야 할 행동규범입니다. 그 어떤 종교를 믿든 계를 어길 경우 괴로운 미래가 초래되고 잘 지킬 경우 행복한 미래를 맞이합니다.

075

반야바라밀다를 체득할 경우 도덕적, 윤리적으로 어긋나는 일을 절대 하지 않을까요?

● 교수님께서 쓰신 「일상에 대한 불교적 조망」이라는 논문을 읽고 여쭈어 볼 것이 있어 이렇게 글을 쓰게 되었습니다. 우리가 경험하는 일상을 감성과 관계된 영역과 인지認知에 관계된 영역으로 나누어 인지의 영역에서 자아와 사물과 사태의 실체가 공하다는 자각이 철저하지 못하기에 호, 불호의 감정이 발생하게 된다고 하셨습니다. 그리고 인지의 영역에서 분별이 사라지면 애증의 감정 역시 사라지게 된다고 하셨습니다. 또한 모든 것이 공하다는 명제는 이론이 아니라 일상에 대한 우리의 실재론적 분별을 정화하기 위한 도구적 성격을 가지며, 인지의 해체는 감성의 정화를 수반해야 하는 것이라고 하셨습니다. 따라서 우리의 일상적 분별이 해체되면 공이라는 상념 역시 해체되어야 한다고 하셨습니다. 진정한 해체란 우리의 일상적 삶에서 출몰하는 하나하나의 분별에 깊이깊이 침잠해 들어갈 때 자연스럽게 만나게 되는 것이리라…, 라고 하셨습니다. 그리고 마지막 결론으로 우리는 인지의 차원에서 분노와 탐욕이라는 개념에 실체가 없음도 자각해야 하지만 감성의 차원에서 분노와 탐욕을 제어하는 도덕적, 윤리적 실천에도 진력해야 한다고 하셨습니다.

인식의 해체를 세계관적 인식의 해체 정도로 규정한다면 모르겠지만 반야바라밀다를 경험했다면 인식은 스스로 그러한 것으로서 무분별적 인식 그 자체일 것입니다. 그러한 인식을 체득하였다면 도덕적 윤리적 실천이란 것이 어떤 의미를 갖는지 궁금합니다. 정확히 말하면 행위는 인식의 바탕에서 오는 것인데 반야바라밀다를 체득한 경우는 결코 도덕적 윤리적 실천에 어긋나는 행위를 하지 않게 되는 것인가요?

○ 「일상에 대한 불교적 조망」(불교문화연구, 2001)이라는 논문은 몇 년 전 '일주아트하우스'에서 개설한 '예술가를 위한 철학 강의'에 사용하기 위해 만들었던 논문입니다. 청중 가운데 불교에 대한 기초 지식이 없는 분들이 많을 것 같아서 가능한 한 불교 전문용어를 쓰지 않으면서 불교를 얘기하려고 했습니다. '감성의 영역'과 '인지의 영역'은 유식교학에서 얘기하는 번뇌장煩惱障의 영역과 소지장所知障의 영역을 풀어서 말한 것입니다.

반야바라밀다의 무분별을 체험한 자에게 도덕적 윤리적 실천이 어떤 의미를 갖는지 물으셨습니다. 결론을 먼저 말씀드리면, 어떤 불교수행자가 체험한 무분별이 진정한 반야바라밀다의 무분별이라면 그의 일거수일투족은 도덕적으로도 지극히 선할 겁니다. 진정한 반야바라밀다를 체득한 분은 남이 보기에도 도덕적 윤리적 실천에 어긋나는 행동을 하지 않아야 합니다. 팔정도의 삶을 산다고 볼 수 있습니다. 부처님 당신을 포함하여 부처님 당시의 모든 수행자들이 그랬습니다.

그런데 후대의 동아시아 불교계, 또 과거의 티베트 불교계에서도 반야바라밀다를 수행하던 분들 가운데 '막행막식'의 행동을 보이는 수행자가 가끔 나타났습니다. 단적으로 말하면 이들의 행동은 반야바라밀다가 아니라, 공병(空病, 또는 惡取空, 空見)의 증상일 뿐입니다. 아공我空을 도외시하고 법공法空만을 추구할 때, 공병에 빠져 가치판단을 상실하게 됩니다. 감성적 번뇌의 정화 없이 인지적 번뇌의 정화만 추구했기 때문입니다. 이런 분의 경우 악행을 하고도 죄책감조차 못 느낄 수 있습니다. 용수 보살께서는 공空을 공부하다가 공견空見에 빠진 사람의 경우, "그 어떤 부처님께서 출현하셔도 구제불능이다."라고 말씀하십니다(『중론』, 제13장 「관행품」 제9게). 그렇게 공견, 공병, 악취공은 무섭습니다.

부처님께서도 "공견에 빠지느니 차라리 수미산 같은 아견我見을 갖는 게 낫다."고 가르치십니다(『가섭소문경』). 불교의 공사상을 잘못 공부하여 '가치판단이 상실된 막행막식의 수행자'가 될 바에야 "수미산 같은 아상我相을 갖고 잘난 체하며 선행善行을 하는 외도外道로 사는 것이 차라리 낫다."는 준엄한 가르침입니다.

반야바라밀다를 올바로 파악한 분의 경우 지극히 도덕적이고 윤리적인 사람이 됩니다. 공자님 나이 70세가 되어 겨우 체득한 '종심소욕불유구從心所慾不踰矩'의 경지가 이에 해당한다고 볼 수 있을 겁니다. "마음에서 욕구하는 바가 세속의 윤리적 잣대에 전혀 어긋나지 않는다."는 의미입니다. 너무나 착하고, 너무나 고결하기 때문에, 자신이 착하거나 고결하다는 생각조차 떠오르지 않습니다. 일거수일투족이 선善 그 자체입니다. 『금강경』의 "법도 버려야 하거늘 하물며 비법非法이랴?"라는 구절은 "선행을 하고도 선행을 했다는 생각을 내지 않아야 하는 것이 진정한 선행인데, 이런 경지를 체득한 사람이 하물며 악행을 하겠는가?"라는 의미로 풀이됩니다. 예수께서는, "오른손이 하는 일을 왼손이 몰라야 한다."고 가르치셨지만, 불교적으로 볼 때는, "오른손이 하는 일을 오른손도 몰라야 합니다." "착한 일을 하겠다."거나 "고결하게 살겠다."는 생각도 떠오르지 않을 정도로 착하고 고결해야 진정으로 착하고 고결한 사람입니다. 이는 공자님 나이 70세가 되서야 겨우 체득하신 종심從心의 경지이고, 『금강경』에서 가르치는 무주상無住相의 선행善行입니다.

반야바라밀다를 체득한 분은 '착함과 고결함과 선량함' 그 자체입니다. '결벽적 고결함이나 수동적 착함이나 나약한 선량함'이 아니라, '준엄한 고결함과 능동적인 착함과 강력한 선량함'입니다. 그의 감성과 인지에서 탐욕, 분노, 우치, 교만과 같은 번뇌들이 모두 해체되었기 때문입니다. 누군가가 반야바라밀다의 경지를 체득했다고 하는데 그에게서 이런 덕목이 보이지 않는다면, 그의 경지는 반야바라밀다와 아무 관계가 없습니다. 혹 그에게서 상식적 윤리, 도덕에 어긋나는 행위가 보인다면, 그는 공견, 악취공, 공병에 빠진 분일 뿐입니다.

불교를 옳게 신앙하고 수행하고 체득한 분들의 경우 다른 그 어떤 종교인보다 도덕적 윤리적으로 높은 수준의 삶을 살아가야 합니다. 티도 내지 않고서….

076 인간의 존엄성에 대해 불교에서는 어떻게 가르칩니까?

● 이종교배에 관련된 기사를 벗과 함께 보다가 질문을 드립니다. 문득 "왜 사람과 다른 동물과의 교배는 안 되는 거야?" 라는 생뚱맞은⁽?⁾ 생각이 났습니다. 불교적으로 볼 때 인간이 다른 동물보다 존엄한 근거가 무엇일까 하는 의문이 듭니다. 불교에서는 모든 생명이 불성이 있다고 말합니다. 또 모든 생명 있는 존재를 열반으로 이끌어야 한다고 가르친다고 알고 있습니다. 대화를 나누던 벗은 '업'을 말하였습니다. 인간으로 태어난 업이 축생과는 다르기 때문에 다르게 대우받아야 한다는 것입니다. 부처님도 살인은 (다른 동물을 죽이는) 살생보다 무겁게 여긴 걸로 알고 있습니다. 까닭이 있을 것입니다.

○ 생물학에서 종(種: Species)을 가르는 기준은 교배 가능성입니다. 자연상태에서는 인간의 정자를 침팬지의 난자에 수정시키려 해도 수정되지 않습니다. 개의 난자에 닭의 정자를 수정시키려 해도 수정되지 않습니다. 종이 다르기 때문입니다. 다른 동물과 인간의 교배를 포함하여, 이질적인 종種 간의 교배는 생물학적으로 불가능합니다.

그리고 ‘인간의 존엄성’은 원래 서구에서 만들어진 개념입니다. 중세 기독교가 지배하던 암흑시대의 신본주의神本主義에 대립되는 말입니다. 인본주의人本主義 즉 휴머니즘은 신과 비교할 때 인간이 존엄하다는 뜻으로 르네상스 이후 형성된 사상입니다.

불전佛典에서는 서구적 의미에서의 ‘인간 존엄성’을 말하지는 않습니다. 질문에서 쓰셨듯이 인간뿐만 아니라 모든 생명이 존엄하기 때문입니다. ‘일체중생 개유불성一切衆生 皆有佛性’이라는 『열반경』의 경문에서 보듯이 모든 생명체에게 불성이 있기 때문입니다. 그리고 생명체 즉, 중생의 범위 속에는 짐승이나 인간뿐만 아니라, 하늘나라에 사는 천신, 아수라, 지옥중생, 귀신인 아귀 등이 모두 포함됩니다. 특별히 인간만이 더 존엄한 것은 아닙니다. 살아 있는 모든 것은 존엄합니다.

불전에서 인간만의 존엄성을 말하지는 않지만, 인간계의 소중함에 대해서는 도처에서 강조합니다. 그 이유는 인간계에서만 부처님이 배출될 수 있기 때문입니다. 인간계보다 괴로운 삼악도에서는 수행할 여가가 없어서 성불하는 중생이 있을 수 없고 인간계보다 행복한 하늘나라, 천상에서는 너무 행복하기 때문에 수행할 마음을 내지 않는다고 합니다.

그래서 천신이 아니라 인간 중에서만 부처님이 탄생할 수 있다고 합니다. 낙樂만 있는 하늘나라보다, 고苦와 낙樂이 적절히 섞여 있는 인간계가 더 소중한 곳입니다. 티베트 쫑카빠(Tsong kha pa: 1357~1419) 스님의 『보리도차제론』에서는 인간계를 ‘가만暇滿’ 또는

‘유가구족有暇具足’이라고 묘사합니다. ‘한가함이 가득한 곳’, 또는 ‘한가함을 갖추고 있는 곳’이란 의미입니다.

그런 한가함을 이용하여 불교수행을 할 수 있는 유일한 곳이 윤회의 세계 중에서 인간계뿐입니다. 그런데 대부분의 인간들은 그런 ‘소중한 한가함’의 대부분을 놀고, 먹고, 마시고, 잡담하는 데 허비합니다. 그러다가 귀하게 얻은 인간으로서의 생을 마칩니다. 그 후 다시 인간의 몸을 받는 것은 마치 눈 먼 바다거북이 태평양과 같은 큰 바다 밑을 헤엄치다가 100년에 한 번 숨을 쉬기 위해 물 밖으로 목을 내미는데 그 때 우연히 그곳에 떠 있던 나무판자의 구멍에 목이 끼는 정도의 확률 밖에 안 된다고 합니다. 우리 인간은 죽은 후 거의 대부분 축생 이하의 삼악도에 태어납니다. 고결하게 사시는 스님들 이외에는 세속에서 아귀다툼하며 살아가는 인간이 죽은 후 인간으로 다시 태어나는 것은 거의 불가능하다는 부처님의 가르침입니다.

뇌사자의 장기기증에 대해 어떻게 이해해야 할까요?

　　● 불행한 일이지만 최요삼(프로복싱 WBC 전 챔피언으로 2007년 12월 25일 경기 직후 뇌출혈로 쓰러졌다. 병원으로 옮겨졌지만 의식을 회복하지 못하고 2008년 1월 2일 결국 숨졌다- 편집자주) 선수가 불의의 사고로 뇌사판정을 받고 장기를 기증하기로 하였다는 보도를 보았습니다. 이를 불교적으로 어떻게 해석하고 이해해야 하는지요. 사람들은 장기기증을 활성화시키기 위해 혹은 경제적 이유로 혹은 무의미한 삶을 연장시킴에 반대하여 뇌사판정을 옹호하기도 하고 생명의 존엄함을 강조하며 혹은 회생의 가능성을 염두에 두고서 심장기능이 정지될 때가 사망이라는 보수적인 입장을 취하기도 합니다. 불교에서도 심장토대라는 것을 말하는데 이것과의 관련성은 어떻게 되는지요. 이것으로 심장사가 불교적 입장이라고 볼 수 있느냐는 것도 의문입니다. 교수님의 논문「배아연구와 생명윤리」에서는 "인식의 극한에서는 가치가 존재를 변화시킨다."거나 "일상의 한계를 벗어난 사안에서는 객관보다 주관을 중시한다."라는 구절이 있는데 필요에 따라서 혹은 윤리적으로 별 문제가 없으면 - 혹은 거부감이 없으면 - 충분히 뇌사판정과 장기기증은 가능하다고 해석됩니다. 이렇게 여쭙는 것은, 제가 뇌사판정과 장기기증을 반대한다는 의미가 아니라 (도

●

3.1.2.

리어 지지합니다만), 불교적으로 어떻게 이해해야 하는지 바른 기준을
정립하고자 하기 때문입니다.

　　　　　○　　　질문하신 내용은 다음과 같이 두 가지입니다.

1. 뇌사자의 장기이식에 대한 불교윤리적 판단
2. 불교의 '심장토대'와 뇌사의 관련성

여기에 다음과 같은 의문을 하나 더 덧붙여 답해 보겠습니다.

3. 뇌사자에게도 장기 기증의 공덕이 돌아갈까?

1 · 뇌사자의 장기이식에 대한 불교윤리적 판단

"하나가 곧 모든 것이다[一卽一切]"라거나 "하나 속에서 무한을 해석
한다[一中解無量]"는 화엄학의 가르침에 의거할 때, 우리가 사용하는
모든 개념의 외연(범위)은 무한입니다. 예를 들어 '이마[額]'라는 개
념의 경우 이마 한 가운데가 이마인 것은 분명한 것 같지만, 주변으
로 가면 그곳이 이마인지 아닌지 점점 애매해집니다. 왜냐하면 '이
마'라는 개념이 실제세계에서는 테두리를 갖지 않기 때문입니다. 이
마의 '중심부'에서는 그 의미가 분명한 것 같지만 '주변부'로 갈수
록 '이마'의 의미가 흐릿해질 뿐이지 어느 지점에서 이마의 의미가
사라진다고 할 수 없습니다. 통계학의 분포도곡선에서, Y값이 점점

작아지면서 X좌표에 근접하긴 하지만 결코 X좌표와 만나지 않듯이 '이마'라는 개념 역시 이마의 주변부로 가면서 그 선명도가 점점 옅어지기는 하지만 결코 사라지지는 않습니다. '이마'라는 개념의 범위에 대해 미리 어떤 약속을 하지 않는 이상 그렇다는 것입니다. '아침'이라는 개념도 마찬가지이고 '우주'라는 개념도 마찬가지이고, '시계'라는 개념도 마찬가지이고, 미리 약속을 해 놓지 않은 모든 개념은 그 범위가 무한입니다. 이것이 화엄학에서 가르치는 '일즉일체(一卽一切: 하나가 그대로 무한이다)'의 의미입니다.

이렇게 모든 개념들은 '무한한 외연'을 가지며, 그 범위에는 '중심부'와 '주변부'가 있습니다. '인간'이라는 개념의 경우도 이는 마찬가집니다. '어린아이, 청소년, 성인, 노인' 등등은 모두 '인간' 개념의 중심부에 속합니다. 그러나 '수정란, 배아줄기세포, 태아, 식물인간, 뇌사자' 등등은 '인간' 개념의 주변부에 속합니다.

'살인하지 말라!'는 법율 조항을 '인간' 개념의 중심부인 '어린아이 … 노인' 등에 적용하려고 할 때에, 우리는 별 혼란을 느끼지 않습니다. 그러나 '수정란'이나 '뇌사자'에 대해 그런 조항을 적용하려고 할 때에는 난감해집니다. '인간' 개념의 주변부와 관계되기 때문입니다. 수정란이나 뇌사자도 인간으로 봐야 하는지 아닌지…. 수정란이나 뇌사자가 인간이라면 '수정란을 이용한 의학기술'이나 '뇌사자의 장기를 다른 환자에게 이식하는 행위' 모두 '살인행위'가 되고 말기 때문입니다.

생명윤리와 관련한 갖가지 난제難題는 '인간' 개념의 주변부에서 발생합니다. 질문에서 거론하신 제 논문「배아연구와 생명윤리 – 불교의 생명관과 살생의 범위, 그리고 배아연구의 바람직한 방향」(불교문화연구, 2006)에서 '줄기세포연구'의 윤리성에 대해 불교적으로 모색해 보긴 했지만 '뇌사자의 장기이식'에 대해 다룬 글은 아직 발표한 적이 없기에 여기서 답해 보겠습니다.

'잠자는 사람', '식물인간', '뇌사자'는 겉보기에는 동일합니다. '잠자는 사람'의 경우 흔들어 깨울 수 있지만, '식물인간'이나 '뇌사자'는 인위적으로 깨울 수가 없습니다. 깨어나지는 못하지만, 심장도 뛰고 뇌도 계속 활동하는 환자가 식물인간입니다. 심장은 뛰지만 뇌의 활동이 완전히 정지된 경우 뇌사腦死 판정을 내립니다. 심장은 기계적으로 작동하지만, 뇌腦는 이미 사망死亡한 것입니다. 개구리를 해부하여 심장을 떼어 낸 후 적정 농도의 소금물에 담그면 몇 분 동안 심장이 계속 띕니다. 이 때 겉보기에 심장이 살아 있는 것 같지만, 사실은 '단백질 기계'일 뿐입니다. 심장은 뛰지만 뇌파는 정지된 뇌사자의 몸 역시 '단백질 기계'와 같습니다. 식물인간의 경우, 몇 달이나 몇 년 뒤에 의식이 돌아와 깨어날 수도 있지만 뇌사자의 경우는 인공호흡기 등으로 연명해도 길어야 1주일 이내에 심장 박동이 멈춘다고 합니다. 현재의 의학 기술로는 뇌사자를 소생시킬 수 없다는 것입니다. 그래서 심장이 작동하기에 아직 장기가 부패하지 않은 뇌사자의 몸을 해체하여 심장이나 간, 신장, 눈 등을 떼어내어 다른 환자에게 이식하는 것입니다.

그러나 앞으로 언젠가 의학 기술이 발달하여 뇌사자를 소생시키는 날이 올지도 모릅니다. 그 때가 되면, 장기이식을 위해서 뇌사자를 해체한 분들은 모두 '살인자'가 될 수도 있습니다. 그러면 어떻게 해야 할까요?

　　"인식의 극한에서는 주관적 가치가 존재를 변화시킨다."는 불교생명윤리의 '원칙'은 뇌사자의 장기이식에도 적용될 수 있습니다. '뇌사자'라는 개념의 경우 '인간 개념'의 극한 위치한 '개념'이기에, '인간'인지 '시체'인지 모호합니다. 즉, '인식의 극한'에 위치한 개념입니다. 이때는 뇌사자를 해체해 장기를 떼어내는 동기와 목적이 무엇인지 생각해 보아야 합니다. 고통받는 환자를 살리기 위한 자비심은 '선한 가치'입니다. 그러나 '돈을 벌기 위한 것'^(탐욕)이나 '명예를 날리기 위한 것'^(교만심)이 그 동기와 목적이라면 이는 '악한 가치'입니다.

　　따라서 순수하게 전자와 같은 목적에서 뇌사자의 장기이식을 할 경우, 그 뇌사자는 '인간'의 범위 밖으로 벗어납니다. 그러나 후자와 같은 목적에서 장기이식을 할 경우, 그 뇌사자는 '인간'의 범위 내에 들어옵니다. 즉, 그 동기에 따라 뇌사자가 '살아 있는 인간'이 되기도 하고, '죽은 시체'가 되기도 합니다. '존재의 범위'에 변화가 발생하는 것입니다.

　　이렇게 인식의 극한에서는 가치가 존재를 변화시키기에 뇌사자 장기이식의 경우도 그것에 관여한 분들 개개인의 동기와 목적에 따라 선행과 악행 여부가 각각 다르게 판가름 된다고 볼 수 있습니다.

2 · 불교의 '심장토대' 와 뇌사의 관련성

'심장토대'란 말은 'the basis of the heart[hadaya-vatthu]'란 말의 번역어입니다. 질문에 쓰셨듯이, 남방상좌부 전승의 불전 주석서에서는, "눈이 시각작용의 토대이고, 귀가 청각작용의 토대이듯이 심장이 정신활동의 육체적 토대이다."라고 가르칩니다. 심장토대[hadaya-vatthu]란, '생각과 의식의 토대인 심장'이란 의미입니다. 그런데 현대에는 의학기술이 발달하여 심장을 이식할 수 있기에, '심장토대'란 것이 단순히 '살덩어리로서의 심장'만을 의미하는 것은 아닐 것입니다.

또 심장을 마음(아뜨만)의 거주처로 보는 이론은 우빠니샤드에 기원을 둡니다. 따라서 우빠니샤드의 아뜨만 이론이 후대에 편집된 남방상좌부 전승의 불전 주석서에 혼입되어 '심장토대'라는 개념이 만들어진 것으로 짐작할 수도 있습니다. 저의 경우, 아함경이나 빠알리 삼장 등 초기불전 어디에서도 심장이 마음의 거주처가 된다는 설명을 본 적이 없습니다.

『구사론』 등 북방으로 전해진 아비달마 문헌에서는 마음의 토대, 즉 의근意根은 '앞 찰나의 육식六識'이라고 설명합니다. 안식의 토대는 안근이고, 이식의 토대가 이근이듯이, 마음과 생각인 의식의 토대는 의근인데, 의근은 '눈동자나 귀, 혀와 같이 몸으로 이루어진 색법色法'이 아니라 '심법心法'이라고 가르칩니다. 따라서 심장이나 뇌와 같은 물질 역시 의근이 될 수 없습니다. 앞 찰나의 육식이 지금 나에게 일어난 '생각'의 토대입니다. '앞 찰나에 체험한 육식의 내용'에 '지금 지각된 육경六境'을 오버랩 시켜 비교함으로써 지금 지각된 육경의 의미가 '현재 찰나의 육식'으로서 발생하는 것입니다.

예를 들어 더운 여름 동굴에 들어가면 시원한 느낌[身識]이 드는데, 이는 동굴 밖의 더운 느낌과의 비교를 통해 발생한 느낌입니다. 겨울에 동굴에 들어가면 반대로 따뜻한 느낌이 듭니다. 동굴의 온도는 한 가지인데 여름에는 시원하게 느껴지고, 겨울에는 따뜻하게 느껴지는 것은 동굴 밖 느낌에 의존하여 비교를 통해 동굴 안 느낌이 발생한 것이기 때문입니다. 즉, 앞 찰나의 느낌에 의존하여 뒤 찰나의 느낌이 발생한 것입니다. 여기서 앞 찰나의 느낌[身識]이 뒤 찰나의 느낌[身識]을 발생하게 한 의근의 역할을 한 것입니다. 이상에서 보듯이, 북방 아비달마 전승에 의거할 때 심장은 결코 마음의 거주처가 될 수 없습니다.

3 · 뇌사자에게도 장기 기증의 공덕이 돌아갈까?

뇌사자가 생전에 기증의사를 밝혔다면 분명히 장기기증의 공덕이 돌아갈 것입니다. 그러나 생전에 그런 의사를 밝히지 않은 뇌사자의 장기를 가족들이 이식용으로 기증할 경우 어떻게 될지 문제가 됩니다. 또 다른 예를 들어 돌아가신 분을 위해서 남은 가족들이 재齋를 지내는 경우, 그 공덕이 돌아가신 분에게도 돌아갈지 문제가 됩니다. 왜냐하면 자업자득이라는 인과응보의 가르침에 어긋나는 것 같기 때문입니다. 빠드마삼바바Padmasambhava 스님 역시 이런 질문을 받은 적이 있는데, "공덕이 돌아갈 수도 있고 그렇지 않을 수도 있다."고 답을 했습니다.

　　뇌사자나 돌아가신 분의 경우, 중음신이 되어 자신의 시체나 가족들을 지켜보고 있는데, 가족들이 뇌사한 자신의 몸을 남에게 기증하거나, 절에서 자신을 위해 재를 지내는 것을 보고서 그 중음신中陰身이 기쁜 마음을 내면 공덕이 그 중음신에게 돌아가고 불쾌한 마음을 내면 공덕이 돌아가지 않는다고 합니다. 이렇게 중음신이 '의업意業'을 지음으로써 공덕이 될 수도 있고 되지 않을 수도 있다고 합니다.

　중음신이 새로 태어날 때 입태는 언제
이루어집니까?

●　'중음신의 입태'에 대한 의문인데요, 황우석
교수 실험화면에서 보니 전기충격을 가하던데, 난자와 정자가 수정
되는 과정에서 중음신이 어느 단계에서 어떤 방식으로 개입하는지
궁금합니다. 그리고 '물질과 비물질, 정신과 생물'에 대하여는 좀 더
생각하고 공부도 하여 나름대로 정리해 본 다음에 다시 질문하도록
하겠습니다. 시간이 많이 걸릴지도 모르니 인연이 될지는 모르겠습
니다만….

○　불전에 의하면 정상적인 임신의 경우 정자,
난자, 중음신이 동시에 결합된다고 합니다. 부모가 성교를 할 때, 배
란기가 되어 배출된 난자에 정자가 결합하고, 마침 그곳에 적절한 중
음신이 있어서 그 수정란에 결합함으로써 입태入胎가 이루어진다고
합니다.

그러나 체외수정이나 체세포복제로 수정란을 만드는 경우, 중
음신이 언제 결합하는지 불전에서 말하고 있지 않습니다. 우선 체세
포복제 기술의 '겉모습'만 염두에 두고서, 불전의 가르침에 의거하
여 추측하면 다음과 같습니다: 난자 껍질에 체세포 핵을 주입한 후

●

전기 충격을 가하여 분열시키는 체세포복제 기술로 생명체가 태어날 경우 이런 탄생 방식은 태胎, 난卵, 습濕, 화化의 사생四生 중 습생이라고 볼 수 있습니다. 그 다음에 이런 배아를 자궁에 착상시켜 출산한다면, 태생으로 연결됩니다. 불전을 보면, 중음신이 정자인 정精과 난자인 혈血 각각을 부父와 모母로 알고 착상된다고 하는데, 난자를 이용한 체세포 복제의 경우 '혈'만 있지 '정'이 없습니다.

그러면 이런 복제수정란에 중음신이 결합하는 시기는 언제일까요? 시험관에서 배양되고 있는 복제수정란에 결합할까, 아니면 수정란이 어느 정도 성숙한 다음일까, 아니면 인공임신 기술로 자궁벽에 수정란이 부착되는 순간에 결합할까? 아니면 자궁 속에서 태아가 어느 정도 자란 다음에 결합할까? 이에 대한 답을 불전에서 찾을 수 없기에 참으로 난감합니다. 굳이 추측해 본다면 "중음신 마음 내키는 순간에 결합한다."고 말할 수 있습니다. '생명'이라는 개념의 테두리를 '저쪽'인 물질이 아니라 '이쪽'인 중음신 쪽에서 긋는 것이기 때문입니다.

중음신에게서도 수, 상, 행이 작용합니까?

● 이렇게 의문이 계속 이어질 줄은 예상 못하였습니다. 교수님의 영상강좌, 논문 등을 읽고 질문도 드리면서 공부가 많이 향상되고 있습니다. 거듭 감사드리면서 질문 드립니다. 중음신은 감각기관이 없을 것으로 생각되는데, 어떻게 '수, 상, 행受, 想, 行'이 가능한지요?

○ 『구사론』에 의하면 중음신中陰身 역시 '안眼, 이耳, 비鼻, 설舌, 신身'의 오근五根을 모두 갖추고 있다고 합니다. 따라서 수, 상, 행이 모두 일어납니다.

여기서 말하는 오근은 '보는 힘', '듣는 힘' 등을 의미하는 것이지, 나의 손에 만져지는 살덩어리인 눈알이나, 귓바퀴를 의미하는 것이 아닙니다. 살덩어리인 눈알이나 귓바퀴, 콧날 등은 엄밀한 의미에서 감각기관이 아닙니다.

불교에서는 보는 힘, 듣는 힘, 냄새 맡는 힘(또는 보는 작용, 듣는 작용, 냄새 맡는 작용) 등을 감각기관[根]이라고 합니다. 또, 중음신은 신통력이 있어서 벽을 뚫고 다닐 수도 있고, 순식간에 수만리를 이동하기도 하고, 수만리 떨어진 곳의 소리나 모양을 모두 볼 수 있다고 합니다.

　이상 모두『구사론』에 의거한 설명입니다. 이에 대한 자세한 설명은「윤회의 공간적 시간적 조망」^(불교평론, 2004)이란 제 논문을 참조하시기 바랍니다.

         중음신에게도 물질적인 몸이 있습니까?

●　　　"무색계는 물질계가 아니기에 공간적 위치를 갖지 않습니다."는 교수님의 글을 읽은 적이 있는데 삼계三界는 중생의 세계라고 알고 있습니다. 물질계가 아닌데도 중생의 세계라고 할 수 있습니까? 과학 이야기를 읽다 보면 물질과 비물질의 경계가 모호하다는 생각이 듭니다. 물질과 비물질의 경계를 정확히 구분할 수 있는지요? 죽은 후에 중음신이 물질이라면 어떤 형태로 존재하는지요?

○　　　무색계에는 공무변처천空無邊處天, 식識무변처천, 무소유無所有처천, 비상비비상非想非非想처천의 네 곳이 있다고 합니다. 공무변처는 객관대상인 허공이 무한히 펼쳐진 경지이고, 식무변처는 주관적 의식이 무한히 펼쳐진 경지이며, 무소유처는 이런 주관과 객관이 모두 없는 경지이며, 비상비비상처는 주관과 객관이 모두 없다는 생각마저 사라지긴 했지만非想, 그렇다고 해서 생각이 아예 없는 것은 아닌非非想 경지라고 합니다. 『청정도론』에서는 이런 비상비비상처천에 대해 다음과 같이 비유합니다. 누군가가 목욕을 하기 위해 "거기에 물이 있는가?"라고 물었을 때, 거기에 약간의 물만 있는 것을 본 사람이 "물이 없다"고 대답하긴 했지만, 그것은 목욕할 정도의 물이 없다는 의미이지 물이 아예 없다는 것은 아니

●

다. 이와 같이 거친 생각이 없지만, 그렇다고 해서 생각이 아예 없는 것은 아닌 경지가 비상비비상처천이란 것입니다.

이런 네 가지 무색계천은 요가수행자들이 죽은 후 태어나는 곳입니다. 평생 (지혜가 아니라) '정신적 삼매의 경지'만 추구하며 수행한 사람들은 죽은 후 그런 삼매의 경지만 즐기는 상태에 있다고 합니다. 무색계에는 타인이 없다고 볼 수 있습니다. 자신이 체득한 삼매경을 홀로 즐기는 상태의 하늘나라가 무색계입니다. 전 인류 중에 히말라야 산 동굴에서 수행하는 소수의 요가수행자만이 무색계천에 태어날 것입니다. 이런 수행자는 이성異性에 대해서 전혀 관심이 없기에 욕계에 태어나지 않습니다. 또 묘한 물질인 형상의 세계에 대해서도 관심이 없기에 색계에 태어나지도 않습니다. 자신이 추구한 것은 오직 삼매의 정신적 경지이기에 자신이 성취한 황홀한 삼매의 경지만 누리고 있는 곳이 무색계라고 볼 수 있습니다. 정신적 경지인 삼매경에 공간적 위치가 있을 수 없겠지요.

이런 무색계에 태어나면 2만겁~8만겁 동안 아래의 세계로 내려오지 못하기 때문에, 그곳에 있는 기간 동안 인간으로 태어날 기회를 잃어서 성불할 기회를 갖지 못한다고 합니다. 부처는 인간계에서만 출현하기 때문입니다. 그래서 무색계천을 '하늘나라에 있는 감옥'이라고 합니다. 참고로, 우빠니샤드에서 주장하는 최고의 경지인 '범아일여梵我一如의 경지'는 무색계천 가운데 식무변처에 불과하다고 볼 수 있습니다. 자신의 의식이 무한한 우주와 동일시된 경지입니다. 이런 상태를 우빠니샤드에서는 최고의 경지라고 보지만, 불교에서는 무색계의 식무변처천에 불과하다고 격하시킵니다. 불교의 삼계설은 타종교의 최고 경지를 비판하고 격하시키는 가르침입니다. 타종교의 최고 경지는 모두 윤회의 세계일뿐이란 것입니다. 이런 삼계에 다시는 태어나지 않는 것이 해탈이고 열반입니다.

욕계와 색계는 그것이 있는 장소도 있고 방위도 갖지만, 무색계는 물질의 세계가 아니기에 그것이 있는 공간적 좌표를 얘기할 수 없습니다. 평소에 삼매만 추구하다 어떤 경지를 성취한 사람은 죽은 후 그 경지 속에 머물러 있게 되는데 그것이 무색계입니다. 그러나 시간이 흘러 삼매력이 다하면 다시 무색계 아래의 세계로 추락한다고 합니다.

부처님께서 성도하시기 전에 알라라 깔라마에게서 배웠던 무소유처삼매와 웃다까 라마뿟따에게서 배워 체득하셨던 비상비비상처삼매 모두를 버리신 이유가 이에 있습니다. 무색계가 정신적 경지의 세계, 단일한 의미의 세계이긴 하지만 이 역시 윤회의 세계일뿐입니다.

이상은 무색계에 대한 교학적 설명입니다. 그러면 세부적인 질문들에 대해 다시 답해보겠습니다.

1 · 삼계(욕계, 색계, 무색계)**는 중생의 세계라고 알고 있습니다. 물질계가 아닌데도 중생이라 할 수 있습니까?**

중생의 생사유전의 법칙을 설명하는 12연기 중에 명색 지분이 있는데, 무색계 중생의 경우 '명색名色' 지분에서 '색'이 빠지고 정신인 '명'만 남습니다. 색법으로서의 몸이 없기 때문입니다(전거:『아비달마대비바사론』)

2 · 과학 이야기를 읽다 보면 물질과 비물질의 경계가 모호하다는 생각이 듭니다. 물질과 비물질의 경계를 정확히 구분할 수 있는지요?

여기서 말하는 비물질이 무엇인지요? 이 질문만으로는 생물을 의미하는지, 정신을 의미하는지 모르겠네요. 정신을 의미한다는 가정 아래 답하면 다음과 같습니다: 과학에서 정신이라고 말해도 그것이 진정한 의미의 정신이 아닐 겁니다. '정신의 세계'는 '의미의 세계'입니다.

3 · 죽은 후에 중음신이 물질이라면 어떤 형태로 존재하는지요?

중음신 역시 오음을 모두 갖추고 있습니다. 오음은 오온의 옛 번역어입니다. 죽음과 탄생의 중간 단계의 오온이 중음신입니다. 중음신 역시 색, 수, 상, 행, 식의 오온을 모두 갖추고 있는데, 중음신의 색온이 외부로 나타난 몸의 모습입니다. 수상행식受想行識은 정신에 해당합니다. 중음신의 색온은 엷은 빛과 같다고 보면 될 것입니다. 일반인의 눈에는 보이지 않지만, 중음신끼리 볼 수 있고 정안淨眼을 갖춘 자에게 보인다고 합니다.

<u>**081**</u>　　미물인 벌레가 열반에 이르기 위해서
는 어떻게 해야 하나요?

●　　『대승기신론』에서 법계일상法界一相이라고 하
는 것은 법신과 중생신이 다르지 않다는 것입니다. 그렇다면 중생신
은 육도윤회를 하는 것으로 본다면, 미물인 벌레도 동물에 속하는가
요? 속한다면, 어떻게 해야 열반에 이를 수 있을까요? 그리고 법계의
삼라만상인 돌, 나무, 물 자연 등인 무정과 유정인 중생신과의 관계
는 어찌 됩니까? 다시 말하면, 유정(중생신) + 무정(돌, 나무, 물, 풀 등) =
법계가 성립되는지요?

○　　질문은 다음과 같이 정리됩니다.

1. 미물인 벌레도 동물에 속하는지?
2. 미물인 벌레가 동물에 속한다면 어떻게 해야 열반에 이를 수 있는지?
3. 돌, 나무, 물 자연 등의 무정물과 유정인 중생의 관계는 어찌되는지?

1 · 미물인 벌레도 동물에 속하는지?

벌레도 동물에 속합니다. 아함경에서는 거미, 지네 등과 같은 벌레를
태胎, 난卵, 습濕, 화化의 사생四生 가운데 습생濕生에 포함시킵니다.

●

3.2.8.

2 · 미물인 벌레가 동물에 속한다면 어떻게 해야 열반에 이를 수 있는지?

미물인 벌레는 '축생'에 속하기에 그 몸 그대로 열반에 이를 수는 없습니다. 하늘나라에 사는 천신은 너무 행복해서 수행할 마음을 내지 않고, 축생은 너무 괴로워서 수행할 여가가 없다고 합니다. 그래서 오직 '인간계'에서만 부처님이 출현할 수 있다고 합니다. 물론 『법화경』의 용녀龍女 성불이 축생의 몸으로도 성불한 예라는 일부의 주장이 있긴 하지만 이는 불교의 일반론은 아닙니다. 따라서 미물인 벌레의 경우, 과보로서의 축생 몸을 벗어 인간으로 태어나고 불교를 만나서 출가 수행하는 스님이 되어야 열반에 이를 수 있습니다.

3 · 돌, 나무, 물 자연 등의 무정물과 유정인 중생의 관계는 어찌되는지?

불교의 모든 이론은 두 가지 관점에서 설명할 수 있습니다. 진제와 속제입니다. 먼저 속제의 관점에서 설명하면 다음과 같습니다.

『구사론』에서는 세간을 기器세간과 중생세간(유정세간)의 두 가지로 나눕니다. 기세간은 물리적 세계를 의미하고 중생세간은 그런 물리적 세계에 사는 생명체를 의미합니다. 돌, 나무, 물, 자연 등의 무정물은 기세간의 일부분이라고 볼 수 있습니다.

진제의 관점에서 설명하면 다음과 같습니다. 유식무경唯識無境이라는 용어가 시사하듯이 1차적으로는 돌, 나무, 물, 자연 모두 주관인 식識이 변화한 것이라고 볼 수 있습니다. 그러나 유식무경이라는 이론에 대해 고착할 경우, 이를 타파하면서 다시 제2의 진제가 제시됩니다. 유식무경조차 속제화시키는 것입니다. 이렇게 한 단계 더 향

상한 조망에서는 "유정이랄 것도 없고, 무정이랄 것도 없다."고 답할
수 있습니다.

3.3.0.

082

아미타불의 서방극락정토는 삼계 밖에 있습니까 안에 있습니까?

● 초기불교에서는 삼계를 설하며 하늘나라는 28군데가 있다고 합니다. 그런데 나중에 대승불교가 등장하며 무수한 불국토를 설합니다. 동방 아촉불의 정토, 서방 아미타불의 정토 등등 말입니다. 그러나 어느 경전에도 이들 정토들이 삼계에 속한다고 언급되어 있지 않습니다. 28군데의 하늘나라 어디에도 이들 정토들이 끼어들 곳이 없습니다. 그렇다면 이들 정토들은 삼계 밖에 있다는 말입니까? 이것은 모든 존재는 삼계를 윤회한다는 가르침, 즉 삼계 안에 존재한다는 불교 가르침에 모순되지 않습니까?

○ 아미타불이나 아촉불 등의 불국토에 대해서는 다음과 같이 설명할 수 있습니다. 질문에서 말씀하시듯이 삼계에 28천이 있다고 하는데 불전에서는 "수미산 하나마다 이런 삼계가 있다."고 가르칩니다. "수미산 동쪽에 해가 뜨면 수미산 서쪽에서는 해가 지고…"라는 경전의 구절로 볼 때, 수미산은 '지구'를 의미한다고 생각됩니다. 미국에서 해가 뜨면 한국에서는 해가 지듯이…. 지구라는 용어가 없기에 '큰 흙덩어리'인 '산'이란 명칭을 사용한 것으로 추측할 수도 있겠습니다.

○

　　그리고 불교의 우주론에 대해 자세히 기술하는 초기불전 가운데『기세경』이나『대루탄경』또는 후대의『구사론』등에서 "수미산 하나마다 해와 달이 딸려 있다."고 쓰고 있는데, 여기서 해는 '별'과 마찬가지이기에 별 하나마다 수미산 하나가 있다고 해석할 수 있겠습니다. 따라서 밤하늘에 보이는 별 각각에 삼계가 있다고 볼 수 있습니다.

　　불전에서는 "수미산이 천 개 모이면 하나의 소천세계가 되고, 소천세계가 천 개 모이면 하나의 중천세계가 되고, 중천세계가 천 개 모이면 삼천대천세계三千大千世界가 된다."고 합니다. 따라서 삼천대천세계에는 $1,000 \times 1,000 \times 1,000 = 10^9$ 즉 10억 개의 수미산이 있다는 것입니다. 다시 말해 삼계가 10억 개 모인 곳이 삼천대천세계입니다. 그런데 이렇게 엄청난 크기의 삼천대천세계이지만 일불국토一佛國土에 불과합니다. 부처님 한 분이 관여하는 세계란 의미입니다. 망원경을 통해 우리 눈에 보이는 우주 전체가 일불국토에 불과하다는 말입니다. 그리고 서쪽으로 이런 일불국토들을 십만 억 개 지나면 아미타 부처님의 극락정토가 있으며 동쪽으로 무한히 가면 아촉불의 유리광세계가 있다는 것입니다.

　　따라서 극락정토나 아촉불세계 등은 삼계 속에 있는 것이 아니라, 무수한 삼계를 지난 저 멀리 별도로 존재한다고 보아야 합니다. (물론 이런 정토를 존재론적으로 해석할 경우에 그렇단 말입니다.)

　　그런데 전통 교학에서는, 극락정토는 이 지구와 같은 물리적 세계가 아니라, '영적인 세계' 라고 가르칩니다. 이를 '보토報土' 라고 부릅니다. 법신 부처님이 사는 법성토法性土는 공성의 세계, 화신 부처님이 사셨던 물리적 세계인 인도 땅은 화토化土, 그리고 영적인 부처님인 아미타 부처님이나 유리광여래가 사는 영적인 세계는 보토입니다. 법신, 보신, 화신이라는 삼신이 사시는 곳이 각각 법성토, 보토, 화토입니다. 더 풀어서 말하면 '존재의 세계'가 아니라 '의미의 세계'에 있는 나라가 극락정토입니다.

통도사 조실이셨던 월하 스님이 열반하신 후 '육칠재六七齋'를 지내는데 총무원장 스님께서 조사를 낭독하시던 중 서쪽 하늘에 갑자기 구름이 몰리며 서광이 나타났습니다. 통도사 홈페이지에 들어가서, 월하 스님 배너를 클릭하면 그 때 촬영한 동영상을 보실 수 있습니다. 다비식 치른 날 밤에 빛기둥이 올라가는 모습을 촬영한 사진도 있습니다. 직접 본 분 말씀도 들은 적이 있습니다. 서쪽 하늘에 무지개 색깔의 서광이 엉기는 것을 보고 모두들 월하 스님께서 서방 극락정토에 가셨을 것이라고 얘기했다고 합니다. 그런데 천체에 대해 조금이라도 아는 사람이라면 이 얘기가 허무맹랑한 것이라고 생각할 수 있습니다. 왜냐하면 공전 궤도를 그려볼 때 해가 지는 서쪽은 계절에 따라 그 위치가 달라지기 때문입니다. 그런데도 불구하고 서쪽 하늘에서 서상瑞相이 나타났습니다. 이는 『무량수경』에서 말하는 서쪽이 물리적 방향이 아니라 의미의 세계 속의 서방이기 때문입니다. 존재가 의미를 만드는 경우가 대부분이지만, 이런 서상의 예를 볼 때 의미가 존재를 만들기도 하는 것을 알 수 있습니다. 수많은 종교적 기적들이 그 예가 되겠지요.

　　'서방극락정토'라고 할 때의 서방은, 존재의 세계, 물리적 세
계의 서쪽을 의미하는 것이 아니라 '의미의 세계'에서의 서쪽이라
고 보아야 합니다. 전통 교학에서 말하는 '보토報土' 역시 '물리적
세계에 존재하는 나라'가 아니라, '의미의 세계에 존재하는 나라'입
니다. 마치 '부피 없는 꿈' 속에 엄청난 공간이 펼쳐져 있듯이….

3.3.6.

IV.

불교와 이웃종교

083

종교는 왜 '위대한 거짓말' 이라는 말을 들을까요?

● 교수님께서는 "벨기에의 가톨릭 주교였으며 저명한 불교학자였던 고故 에띠엔느 라모뜨 교수는 이런 대승보살과 대승불전은 불교수행자가 삼매의 상태에서 만난 영적인 존재들과 그들이 구술한 가르침일 것이라고 설명합니다."라고 하셨는데, ①만약 라모뜨 주교의 말을 수용한다면 이는 대승경전은 마치 귀신의 말을 옮겨 적었다는 비판을 수용할 위험에 직면합니다. ②뿐만 아니라 대승경전에서 '여시아문' 등으로 줄기차게 주장하는 역사적 사실로서의 경전을 부정하는 말이기도 합니다. ③만약 불보살들이 대승의 수행을 해야만 나타나는 존재라면 이는 보편타당한 불법이 될 수가 없다는 비판도 가능합니다. 가톨릭 주교인 라모뜨의 이론을 빌려 불교를 설명해야 한다면 잘못하면 불교가 마설을 받아들인다고 오해받을 가능성이 너무 큽니다.

○ 대승불전이 부처님 가르침인지 여부는 대승불교 탄생 이후 계속 논란거리가 되어 온 문제이며 누구나 수긍할 수 있게끔 이에 대한 정답을 제시할 수는 없을 겁니다. 따라서 다음에 쓰는 글은 질문에 대한 정답이 아니라 대승에 대한 제 개인적 견해라

●

고 생각하시고 읽어주시기 바랍니다.

서양에서 현대불교학이 발생하면서 학자들은 진정한 부처의 가르침이 무엇이었는지 추구해 왔습니다. 그런데 '진정한 것'을 추구하는 이런 태도는 불교 연구에만 해당하는 것이 아니었습니다. 기독교 신학의 경우도 이는 마찬가지였습니다. 근 현대의 신학자들은 진정한 예수가 어떤 사람이었는지 추구해 왔습니다. 사도 바울에 의해 왜곡된 예수가 아니라, 진정한 예수를 찾는 신학이 왕성하게 연구되었는데 이를 크게 묶어서 자유주의신학이라고 부릅니다. 그런데 모든 학문에서 발견되는 이런 태도는 '이성理性'을 맹신하는 '근대성[Modernity]'에 토대를 둡니다. 그리고 이렇게 '이성'에 의해 '사실'을 추구하는 근대적 학문 방식은 기나긴 인류 역사에서 최근 백여 년간 유행하고 있는 특수한 학문방식일 뿐입니다.

기독교 신학에서 시작된 서구인들의 이런 학문 방식이 불교 연구에도 그대로 도입됩니다. 근 현대의 불교학자들은 진정한 부처님의 가르침을 발견하기 위해 초기불전 연구에 매달렸는데 결국 이들은 초기불전 속에도 부처님 가르침 아닌 것이 많이 삽입되어 있다고 주장하게 됩니다. 그리고 그것이 어떤 것인지에 대해서는 학자들마다 의견이 갈립니다. 그렇다면 무엇이 진정한 불교인지 알 수가 없습니다.

그러면 불교학 방법론에 대한 이런 조망에 토대를 두고 이제 대승불교를 포함하여 불교 전체를 어떻게 보아야 할지에 대한 제 의견을 말씀드리겠습니다.

결론적으로 말하면 불교는 마치 양파와 같습니다. 껍질을 계속 벗겨내도 정답을 발견할 수 없습니다. 포도나 바나나와 같은 과일의 경우 껍질을 벗긴 후 알맹이를 먹습니다. 그런데 양파가 이런 과일과 다른 것은 그 껍질을 먹는다는 점입니다. 알맹이를 찾으려고 양파 껍질을 계속 깐다면 결국 양파를 버리게 될 것입니다. 저는, 불교는 물론이고 모든 종교가 이런 양파와 같다고 생각합니다. 내가 접하는 가르침을 통해 나의 종교적 철학적 문제가 해결되고, 나의 심성과 인지가 변화하는 것이 중요하다는 의미입니다.

각 종교인들은 그 각각의 종교에서 가르치는 나름의 신화에 의거하여 신앙생활을 합니다. 기독교의 경우 동정녀 잉태, 부활, 기적 등등 과학적으로 설명되지 않는 많은 가르침이 등장합니다. 인도의 힌두교는 더합니다. 예를 들어 힌두교도들은 코끼리 얼굴에 사람 몸을 한 '가네샤Ganesha' 신을 가장 좋아합니다. 가네샤 기념일에는 전국에서 축제가 벌어집니다. 쉬와Śiva 신의 부인인 빠르와띠Pārvatī가 집에서 목욕을 하려다가 심황반죽으로 가네샤를 만들어 문을 지키게 했다고 합니다. 그 때 쉬와 신이 돌아왔는데, 가네샤가 저지하자 삼지창으로 가네샤의 목을 날려버렸다가 살려내라고 애원하는 아내 빠르와띠의 청으로 코끼리의 머리를 붙여 소생시켰다고 합니다. 이것이 가네샤 신화입니다.

사실 이런 종교 신화들은 모두 허구입니다. 그런데 기독교 신화는 '테레사 수녀'와 '슈바이처 박사' 등을 탄생시켰으며, 힌두 신화는 '마하트마 간디'를 탄생시켰습니다. 종교에서 가르치는 신화가 모두 거짓말이긴 하지만, 우리의 심성을 개조시키고 성자를 탄생시키는 '위대한 거짓말'입니다. 허황한 어떤 종교의 교리를 믿는 사람에게 아무리 합리적이고 과학적으로 설득해도 그는 그 종교에 대한 믿음을 버리지 않습니다. 왜냐하면, 사실이나 과학이나 이성보다 더 질긴 것이 종교이기 때문입니다. 그 종교인 스스로도 머리로는 자신이 믿는 종교의 가르침이 다 거짓말인 것을 압니다. 그러나 그 감성은 그 종교를 버리지 않습니다. 예를 들면, 〈마징가Z〉 만화영화를 본 어린아이가 보자기를 목에 두르고 뛰어다니면서 "나는 마징거 Z다!"라고 소리를 지르며, '정의의 사자' 흉내를 내는 것과 마찬가지입니다. 어린 아이도 그 만화가 거짓말인 것을 압니다. 그러나 그 만화의 주인공처럼 행동합니다.

어른의 경우도 이는 마찬가지입니다. 우리는 배우들의 연기일 뿐인 영화를 보고 울기도 하고 웃기도 합니다. 그런데 그 모두 거짓말입니다. 거짓말을 보고 울고 웃고 합니다. 어찌 보면 참으로 바보 같습니다. 그런데 저는 이것이 종교의 본질이라고 생각합니다. 철학이나 과학에서는 사실을 추구하지만, 종교는 사실이 아니라 '자신의 감성과 지성의 변화'를 목적으로 삼습니다. 부처님의 근본 가르침이 거의 그대로 담겨 있다는 초기불전에서 지혜와 자비 등등을 가르치지만, 초기불전의 경문들을 아무리 읽어도 내 심성이 크게 변화하지 않을 수 있습니다. 그런데 『법화경』이나 『화엄경』 등등 대승불전의 신화를 진심으로 가슴에 담는 사람은 강력하게 변화합니다. 아함경 등의 가르침을 아무리 읽어도 변화하지 않던 사람도, 대승신화를 통해 성인으로 개조될 수 있습니다. 이것이 대승불교의 가치이고 위력

입니다. 이런 종교의 본질을 꿰뚫어 보고 '종교적 가상'의 힘을 수행
에 적극 활용하는 종교가 바로 티베트의 밀교입니다.

3.4.2.

084

모든 종교가 동일한 '진리'를 추구하는 것 아닙니까?

● 샹까라의 '무속성無屬性의 브라흐만'은 서구의 '유치한 인격신관'을 뛰어넘을 수 있는 종교사상입니다. 불교의 연기는 어떻게 보면 "모든 게 상대적이다."라는 세계관입니다. 교수님 역시 연기법의 이치에 따라 나름대로의 세계관으로 모든 것을 보시는 것 아니겠습니까? 마치 시인의 눈에 비쳐지는 시적 상상력을 일으키는 신비한 하늘의 구름이 과학자의 눈에는 기계적인 H_2O의 조합이듯이…. 불교 내에서도 경량부가 다르고 유식이 다르지 않겠습니까? 왜 이쪽 입장에서는 브라만의 마술적 창조력이 저쪽 입장에서는 무명풍인지 그게 참 궁금했었습니다.

○ 불교의 경량부와 유식교학의 외형은 달라도 취지는 같습니다. 불교사상의 변천을 마치 서양철학의 변천사와 같이 반역의 역사로 조망하는 것은 서양불교학자들의 자의적 재단일 뿐입니다. 불교 역사에서 계속 새로운 불교사상들이 출현하는 것은 반역이 아니라 '대對-시대적 대기설법對機說法'입니다. 그 어느 시대, 어느 나라에서 탄생한 것이든 모든 불교교학의 취지는 동일합니다. 그래서 모든 불교의 가르침은 일미一味라고 말합니다. 저는 질문

○

올리신 분이 불교신도인 줄 알고 답을 했는데, 다원주의적 종교관을 가진 분 같습니다. 불교의 가르침 가운데 논리적인 얘기가 많고 반논리의 논리학인 중관학의 경우 논리의 극을 달리지만 '믿음'이 없는 사람에게는 전혀 도움이 되지 않는다고 합니다. 이는 제 답변의 경우도 마찬가집니다. 제 답변도 말로 이루어진 이상 끝없는 모순과 오류에 빠져 있습니다. 질문을 올린 분이나, 제 글을 읽는 분께서 진심으로 궁금한 것이 있고, 그에 대한 제 답을 듣기 위해 글을 올렸다면 제 글을 보시고 도움을 받을 수 있겠지만, 그렇지 않을 경우 모순만 보일 겁니다. 시비를 걸려면 한이 없습니다. 인도의 베다 성전에서는 "진리는 오직 하나지만 성자들은 여러 가지로 말한다."고 가르치지만 그렇지 않습니다. 진리는 오직 불교뿐입니다. 일반적으로, 마음이 열린 종교인들 역시 모든 종교의 목표는 같다고 가르치지만 저는 그렇게 생각하지 않습니다. 모든 종교는 그 출발은 비슷하지만 그 종착점은 전혀 다릅니다. 그야말로 털끝만 한 차이가 종국에는 하늘과 땅 사이로 벌어집니다[毫釐之差 天地懸隔]. 부처님께서 발견하고 가르치신 연기법만이 진리입니다. 불교의 종교성, 철학, 윤리, 실천 등등 모든 것이 연기법에 근거합니다. 힌두교나 기독교, 이슬람교, 유교 등이 반드시 나쁜 종교는 아니지만, 정법과는 거리가 멉니다.

085

불교의 열반과 기독교의 영혼불멸 사상을 어떻게 비교할 수 있을까요?

● 불교의 열반을 가령 플라톤이나 기독교의 영혼불멸사상과는 어떻게 비교해서 이해할 수 있을지 궁금합니다.

○ 플라톤의 경우 죽은 후 우리의 육체는 흙으로 돌아가지만, 정신 즉 영혼은 이데아의 세계로 귀환한다고 합니다. 그런데 플라톤이 말하는 이데아 세계는 '유비추리'에 근거한 재미있는 상상으로 추측됩니다. 외부의 물질들이나 우리의 육체는 무상합니다.(헤라클레이토스가 말하듯이 순간순간 사라집니다.) 그러나 우리가 생각의 도구로 사용하는 '관념[Idea]'들은 영원합니다.(이러한 그리스 철학사상은 엘레아학파에서 기원합니다.) 예를 들어 우리 집 정원에 핀 '꽃이라는 존재'는 잠깐 피었다가 시들어 사라지지만 '꽃이라는 관념'은 언제 어디서나 변치 않습니다. '관념'은 다양한 사물에서 추출된 공통성이기도 하며 이를 '일반자[general]'나 '보편[universal]'이라고 부르기도 합니다. '특수[particular]'와 대립하는 말입니다. 미국의 어느 정원에 핀 꽃은 우리 집 정원에 핀 꽃과 물질적으로는 전혀 다른 것이지만, 우리는 그것을 보고 금세 꽃인 줄 알게 됩니다. 이런 예에서 보듯이 우리가 어떤 물질을 '꽃'인 줄 알게 되는 것은 우리의 생각이

'관념[ideal]'을 사용하여 작동하기 때문입니다. '관념'은 '보편'이고 '일반자'이기에 언제 어디서나 변치 않는 것인데 이런 '관념'을 재료로 삼아서 '생각'이라는 작용을 하는 것이 우리의 '정신' 또는 '영혼'입니다. 이런 추리에 근거할 때 '관념'이란 것이 언제 어디서나 변치 않고 영원하듯이, 그런 관념을 재료로 사용하는 우리의 '정신' 또는 '영혼' 역시 영원할 것이라고 추측을 하기 쉽습니다. 그래서 플라톤은 우리가 죽으면, 무상한 육체는 흙으로 돌아가지만 영혼은 영원의 세계, 즉 이데아의 세계로 회귀한다고 주장하게 된 것입니다. 플라톤의 아카데미 학당 정문에 "기하학을 모르는 사람은 이곳에 들어오지 말라."는 표어가 붙어 있었다고 하는데 이는 플라톤이 기하학을 '이데아의 학문'이라고 보았기 때문입니다. 생각의 재료인 갖가지 '관념'들이 상주 불변하듯이, "삼각형의 내각의 합은 180도이다."라든지, "평행선은 만나지 않는다."는 등의 '기하학의 원리'도 언제 어디서나 적용되는 진리라고 생각하였기에 플라톤이 기하학을 '이데아의 학문'으로 보았던 것입니다.

　　플라톤의 '이데아 천국론'은 참으로 재미있는 유비추리이지만 이는 '플라톤의 망상'일 뿐입니다. 불교적으로 볼 때에는 '관념[idea, concept]'은 상주불변하는 그 무엇이 아니라 사회관습적 '약속'에 의해 구성된 것입니다. 불교의 진속 이제설에서 '속제'라는 것이 바로 관념의 세계입니다. 속제를 언설제[vyavahāra satya]라고도 부르는데 이는 '언어관습적 진리'라고 해석됩니다. 그리고 현대의 수학기초론에서 밝히고 있듯이, 기하학 역시 이 세계와 무관한 '약속 체계'에 의해 구성된 학문일 뿐입니다. 그리고 수학자 괴델(Gödel)이 '불완전성정리'에서 밝히듯이 모든 수학적 약속 체계에는 반드시 모순이 내재합니다.

　기하학의 경우 현대의 시간공간론에서 볼 때, 플라톤 시대의 '유클리드 기하학의 평행선 공리'는 이 세계의 참모습(실상)과 무관한 엉터리 공리입니다. 그리고 '셈족의 종교'가 '플라톤 철학'과 만나서 만들어진 것이 '기독교 신학'이기에 기독교 신학자들이 '영혼 불멸설'이라는 이론을 축조해 낸 이유도 짐작하실 수 있을 겁니다.

　말이 나온 김에 한 가지 더 적어 보겠습니다. 현재 서구인들이 '군사력의 시녀'인 과학기술을 통해 물질적으로 지금의 세계를 지배하고 있기에 그들의 모든 것이 우월해 보이지만 언어의 장벽을 넘어서 그들의 철학이나 종교 등에 깊이 천착해 보면 그야말로 한심한 내용들이 너무 많습니다.

　눈이 파랗고 머리가 노란 게르만족들이 세계를 지배한 것은 콜럼버스의 아메리카 대륙 발견 이후의 일입니다. 서구의 중세가 암흑시대인 이유는 유럽 북쪽에 사는 미개인들인 게르만족들이 훈족에 쫓겨서 남진하면서 고대 로마(머리칼이 검고 눈동자가 검음)의 문화를 파괴했기 때문입니다. 그리고 짐승들의 '먹이사슬과 피라미드'와 똑같이 운영되는 중세의 봉건사회가 시작됩니다. (일본 역시 고등 문명이 없던 곳이기에, 근대 이전까지 쇼군을 정점으로 하는 먹이사슬의 봉건사회가 계속됩니다. 서구를 숭배하는 일본의 역사학자들은 아시아에서 유일하게 일본에만 유럽과 같은 '봉건적 사회 질서'가 있었다고 자랑하지만 이는 자랑거리가 아니라 수

치입니다. 중국이나 한반도와 같이 '관료에 의해 통치하는 고급 행정제도'가 아직 성립하지 못했다는 점을 예증할 뿐입니다.)

그리고 동물적인 게르만족이 유럽을 지배하면서 종교 역시 그들의 체질에 맞는 기독교가 퍼집니다. 중세봉건사회가 동물적 약육강식의 사회이듯이 셈족의 종교에는 동물적인 가축—목자 아날로지가 강하게 배어 있습니다. 4세기 이전까지 유럽 북부의 미개인이었던 게르만족의 심성과 셈족의 종교가 궁합이 잘 맞아서 탄생한 것이 유럽 중세의 봉건사회라고 볼 수 있습니다.

고대의 위대한 이집트 문명의 주체들은 아프리카의 '흑인'들이었습니다. 페르시아와 로마 점령 이전의 피라미드 벽화의 인물들의 피부색이나 조각상의 얼굴을 보면 대부분 흑인들입니다. 또 당, 송, 명나라 때까지 문화적으로 가장 뛰어났던 곳은 동아시아였습니다(새뮤얼 헌팅턴, 『문명의 충돌』 참조). 흑인이든, 백인이든, 황인이든 모든 인류는 평등합니다.

우리가 배운 세계사의 내용 중에는 서양의 역사학자들이 교묘하게 왜곡시켜 놓은 내용이 많습니다. 유럽의 근대는 콜럼버스(1492년 아메리카 대륙 발견) 이후 시작된다고 보는 것이 옳습니다. 콜럼버스 이후 남북아메리카 대륙의 수탈을 통해 막대한 재화가 유럽에 유입되면서 '장사꾼'들의 힘이 폭발적으로 증대됩니다. 그 결과 일어난 사건이 바로 프랑스대혁명(1789년)입니다. 프랑스대혁명은 장사꾼들, 즉 부르주아지들의 힘이 경제력에서건, 무력에서건 귀족과 왕들의 힘을 능가하게 되어 일어난 것일 뿐입니다. 인류역사에서 어느 문화권이든 카스트적인 사회질서는 있었습니다. 그런데 유럽의 경우 신대륙 발견이라는 사건으로 인해 상인계급들의 힘이 폭발하면서 카스트적인 질서가 파괴되는 것입니다.

우리가 아는 유럽의 저명한 과학자, 철학자, 예술가 대부분은 콜럼버스 등의 아메리카 대륙 발견 이후에 탄생한 사람들입니다. 뉴턴(1648년생), 모차르트(1756년생), 칸트(1724년생)…. 이런 사람들의 사상과 예술이 대단하긴 하지만, 이들이 인종적으로 뛰어나거나 독특했기에 그런 문화와 과학을 창출한 것이 아니라는 점, 즉 콜럼버스 이후 아메리카 대륙을 어마어마하게 수탈함으로써 얻어진 재화의 토대 위해서 이룩된 것이라는 점을 알아야 합니다. 게르만족들이 인류 역사의 전면에 등장하기 시작한 것은 아메리카 대륙 발견과 그에 이어지는 식민지 개척 이후의 일입니다. 인류 역사상 전무후무한 인종청소[Genocide]가 아메리카 대륙에서 일어납니다. 특히 북아메리카 대륙에서….

부처님 가르침에 비추어 볼 때 서구에서 시작된 근대는 '살생과 투도와 망어' 등등의 '죄악罪惡'에 토대를 두고 있습니다. 인류 역사상 가장 잔혹한 일을 벌였던 집단의 후손들이 지금 전 세계의 헤게모니를 잡고 있는 것입니다. 뉴턴의 물리학과, 모차르트의 음악과 칸트의 철학에는 희생당한 인디언의 피가 배어 있습니다.

불교에서 말하는 범천은 타종교의 신과 같다는 생각이 드는데 이렇게 생각해도 맞는 겁니까?

● 요즘 홈페이지의 교수님의 동영상 강의를 잘 듣고 있습니다. 삼계설에 대해 듣던 중에 마왕 파순과 범천에 관한 이야기가 있었는데, 흔히 예수교나 타종교가 말하는 하나님(신)이 범천이 아닌가 하는 생각을 해보았습니다. 혹은 마왕 파순이 그들의 신이 아닌가 하는 생각도 해보았습니다. 그리고 색계에 초선천에 범천이 태어나면서 세상이 생겨난 것인데요, 색계는 물질이 있는 세계인데 왜 제2선천에 있을 때는 세상이 생겨나지 않고 초선천에 나면서 세상이 생긴 건지 잘 모르겠습니다. 제2선천에 있어도 색계이기 때문에 연기법에 의해 모든 것이 생겨야 하는 게 아닌가 하는 의문이 듭니다.

○ 학생들에게 강의할 때, 초선천의 천왕인 범천은 가톨릭의 하느님인 것 같고, 타화자재천의 천왕은 개신교의 하나님인 것 같으며, 아수라천의 아수라는 이슬람의 알라인 것 같다고(아수라 역시 천신입니다.) 농담(?)삼아 말합니다. 범천이 사는 초선천은 색계이기에 음욕을 끊어야 태어나는데, 가톨릭의 경우 신부, 수사, 수

녀님들이 독신 수행을 하기에 '옳게 신행하시는 신부, 수사, 수녀님' 들의 경우 내생에 범천의 세계에 태어날 것 같고, 범천과 제석천은 불교를 외호하는 호법신인데, 가톨릭 수도자들의 경우도 불교에 무척 호의적이며 스님들 역시 가톨릭 수도자들을 좋아하십니다. 타화자재천은 아직 음욕을 끊지 못한 사람이 태어나는 욕계천 중 가장 위에 있는 곳인데 개신교의 경우 목사님들이 결혼생활을 하기에 '바르고 착한 목사님'의 경우 내생에 타화자재천의 세계에 태어날 것 같으며, 타화자재천에 산다는 '마왕 파순'은 계속 부처님을 괴롭히던 천신인데, 우리나라의 '잘못된 개신교' 신자들과 그 행태가 너무 비슷합니다. (불교에서 말하는 마왕은 모두 하늘에 사는 천마天魔를 의미합니다.) 아수라는 페르시아에서 믿던 조로아스터교의 창조신인 아후라 마즈다의 인도적 변형입니다. 아후라를 인도어 발음에서 '아수라'로 부른 겁니다. 그런데 불전에서 가르치는 아수라천의 행태가 지금의 이슬람교 신자들과 너무 비슷합니다. 전파된 지역도 겹치고….

제2선천이 아니라 초선천이 나타날 때를 '세계창조'로 착각한 이유는 초선천이 되어야 지地, 수水, 화火, 풍風의 사대四大가 모두 나타나기 때문일 겁니다. 제4선천에는 지대地大만 있고 제3선천에는 지대와 풍대만 있고 제2선천에는 지대와 풍대와 수대만 있고 초선천에는 지대와 풍대와 수대와 화대가 모두 있습니다. (이는 『아비달마대비바사론』 등의 설명입니다.) 초선천이 되어야 비로소 우리가 보는 물질과 유사한 물질로 된 세계가 나타나기에 초선천을 세계창조로 착각했다고 볼 수 있을 겁니다.

부처님께서는 자신이 아버지와 같은[如父] 창조자라고 주장하는 대범천大梵天을 비판하시며 창조자가 있는 것이 아니라 중생의 업력業力에 의해 세계가 만들어진다고 가르치십니다.

<u>**087**</u>　아미타불이나 관세음보살은 다른 종교의 영향을 받았다고 하는데 사실입니까?

● 　어떤 학자들은 아미타불 신앙이 페르시아의 영향을 받아 생겼다고 주장합니다. 교수님은 이에 대해 어떻게 생각하시는지요? 원시불교 내지는 초기불교에 아미타신앙이 나타나지 않는 이유는 무엇입니까? 원시불교 내지는 초기불교에 관세음보살 신앙이 나타나지 않는 이유는 무엇입니까?

○ 　아미타불이나 관세음보살의 기원에 대한 학설을 말씀하셨는데, 모두 서구 학자들의 분별적 이론일 뿐입니다. 물론 불전의 내용 중에서 페르시아의 조로아스터교의 영향이 보이긴 합니다. 조로아스터교의 절대자인인 '아후라 마즈다Ahura Mazda' 가 불교의 육도윤회설에서 말하는 '아수라Asura' 입니다. 그런데 이런 아후라 마즈다에게도 '광명'과 '영생' 이라는 수식어가 붙기 때문에 무량광불(無量光佛: Amitābha) 또는 무량수불(無量壽佛: Amitāyus)로 불리는 아미타불의 원형이라고 주장하는 것입니다. 그러나 학문적으로 확실한 것은 불전이나 인도신화 속의 아수라가 아후라 마즈다의 변형이라는 점뿐이며, 그 이외의 이론은 모두 추측입니다. 그런 식으로

추측하면 대일(大日: Vairocana)여래라고 번역되는 『화엄경』의 비로자나 부처님도 조로아스터교의 영향을 받았다고 해야 할 겁니다.

조로아스터교에서는 아후라가 최고신이지만, 불교를 포함한 인도종교에서는 '악신惡神'인 아수라가 됩니다. 이와 반대로 고대인도 바라문교의 천신인 데와Deva를 조로아스터교에서는 '악신'으로 간주합니다. 상대방의 절대자를 서로 악마라고 부르는 겁니다. 기독교의 말세론과 구원론 등은 조로아스터교에서 빌려온 것이라고 합니다. 그러나 대승불교의 아미타불, 관세음보살은 조로아스터교와 무관합니다. 질문하신 내용은 크게 보면 '대승비불설大乘非佛說'과 관계됩니다. 대승불교는 부처님의 가르침이 아니라는 것입니다. 지금도 남방불교권에서는 대승불교는 불교가 아니라고 비난합니다. 대승불전에는 아미타불이나 관세음보살뿐만 아니라, 문수보살, 보현보살 등 초기불전에서는 거론되지 않던 보살들이 무수히 등장합니다. 그래서 대승불전은 불교문학일 뿐이지 부처님의 가르침이 아니라는 것입니다.

그런데 이런 비판에 대해 어떤 일본학자는 "그러면 초기불전은 부처님의 가르침 그대로인가?"라고 되묻습니다. 초기불전도 불멸 후 500년이 지나 문자로 기록되기에 부처님 가르침 그대로라고 볼 수는 없다는 것입니다. 또, 벨기에의 가톨릭 주교였으며 저명한 불교학자였던 고故 에띠엔느 라모뜨 교수는 이런 대승보살과 대승불전은 불교 수행자가 삼매의 상태에서 만난 영적인 존재들과 그들이 구술한 가르침일 것이라고 설명합니다. 이런 해명들에 근거할 때 대승불교와 대승보살에 대해 다음과 같이 두 가지로 이해하면 될 것 같습니다.

① 그 어떤 종교의 신격이라고 하더라도 이를 불교적으로 재해석하여 수용할 수 있다. 심지어 기독교의 예수도 '예수보살'로서 불교 내의 존격으로 수용될 수 있다.
② 현대에도 티베트 불교인들은 밀교수행 중에 영적인 세계에서 활동하는 수많은 불보살들을 만나는데 이와 같은 방식으로 친견한 불보살이 아미타불과 관세음보살 등이다. 이는 라모뜨 교수의 해석과 같습니다.

　　불교 이전의 윤회설과 불교의 윤회설
은 어떤 차이가 있나요?

●　　흔히들 말하기를 윤회설은 불교 이전에 이미
힌두교에 있었으므로 불교 고유의 가르침이 아니라고 합니다. 그런
데 교수님의 글 중에 다음과 같은 내용이 있습니다.

"인도종교 가운데 '윤회'에 대해 맨 먼저 가장 정확하게 조망한
종교가 불교라고 말합니다. 물론 옳은 조망입니다. 불교 이전의 베다
나 우빠니샤드에 실린 윤회관은 '신화적 윤회관'이었습니다. 그런데
윤회가 '신화'가 아니라 '사실'임을 발견한 최초의 인물이 바로 석가
모니 부처님이었습니다."

여기서 윤회에 대해서 가장 정확하게 조망하였다는 것이 무슨
뜻인지 좀 더 자세하게 설명해 주실 수 있으신지요? 신화적 윤회관
이란 무슨 뜻인지요? 우리 옆에 같이 살고 있는 개개인의 윤회 사례
가 아니라 옛 신화 속의 윤회이야기란 뜻인지요? 좀 더 자세히 설명
을 해주시면 감사하겠습니다.

○　　윤회에 대한 깊은 통찰은 불교의 발생과 함께
시작되었다는 이론은 초기불교 전문가인 영국 옥스포드 대학의 곰브
리치 교수의 주장입니다. 인도종교 문헌을 뒤져보면 윤회에 대한 체

●
3.5.6.

계적인 논의는 불교의 발생과 함께 시작합니다. 〈법보신문〉(2006년 1월 발행된 신문을 가리킴-편집자 주)을 보니까 스위스 로잔 대학의 브롱코스트 교수 역시 '윤회설의 베다, 우빠니샤드 기원' 이론을 부정하더군요. 인도철학 개론서를 보면 일반적으로 윤회설의 기원에 대해 말할 때 우빠니샤드의 5화 2도설을 들먹입니다. 사람이 죽은 후 화장하면 그 영혼은 하늘로 올라가는데 빛을 따라 천상에 태어나든가 조도에 들어가 윤회한다고 합니다. 이것이 2도道입니다. 조도에 들어가 윤회하는 경우 ① 달에 들어가[月入], ② 비가 되어 내려옴[降雨], ③ 식물(食物, 곡식)의 씨앗이 되어, ④ 남자가 먹으면 정자精子가 되고, ⑤ 여자에게 잉태되어 태어나서 자란다. 그러나 이것은 '신화적 윤회관'입니다. 불교와 공존하던 육사외도 가운데 일부 역시 윤회를 얘기하지만, 그 설명이 체계적이지는 못했습니다.

그러나 불전에서는 무아설과 업설에 근거하여 윤회를 설명합니다. 부처님께서 누군가의 모습이나 행위나 과보를 보고 이를 그의 전생과 연관시켜 설명해 주는 일화가 초기불전 도처에서 발견됩니다. 그리고 부처님께서 성도하실 때, '세 가지 신통력[三明]'이 열렸다고 하는데 삼명 중 앞의 두 가지 신통력인 '숙명통宿命通'과 '천안통天眼通'이 바로 윤회에 대한 깨달음을 의미합니다. 숙명통은 자신의 전생을 기억하는 능력이고 천안통은 다른 중생의 전생과 현생, 현생과 내생의 관계를 조망하는 능력입니다.

싯다르타 태자는 이런 두 가지 신통력을 통해 윤회가 사실임을 자각하고 무한 반복되는 윤회의 과정을 지배하는 법칙이 인과응보의 연기법임을 자각한 후 새벽에 누진통漏盡通이 열려 모든 번뇌를 끊은 부처님이 되신 겁니다. 따라서 보리수 아래서 이루어진 싯다르타 태자의 깨달음에는 '윤회'에 대한 깨달음과 '열반'에 대한 깨달음이 함께합니다.

089

불교의 윤회설과 외도의 윤회설은 어떻게 다른가요?

● 윤회에 대해 설명하실 때 상좌부 불교(?)에서 얘기하는 바왕가Bhavanga 또는 유식의 아뢰야식Ālaya識이라는 것이 정자, 난자에 착상하여 윤회가 이루어지는 것으로 이해하고 있습니다. 그리고 바왕가, 아뢰야식에 현생의 업이 고스란히 기록 혹은 집적되어 다음 생에 인과응보의 법칙에 의해 끊임없이 생사윤회하게 된다고 알고 있습니다. 그렇다고 해서 부서지지 않는 혹은 단일하고 확고한 그 무엇이 윤회하는 것은 아니고 마치 들불과 같이 '원래의 불씨가 아니라고 할 수도 없고 원래의 불씨라고도 할 수 없이' 윤회가 이루어지는 것으로 저는 이해하고 있습니다. 윤회의 묘사가 들불의 비유에서처럼 "이것이다."라거나 "이것이 아니다."라는 식으로 우리의 사유가 만들어내는 이분법적인 방식을 취하는 것은 아니라는 점은 충분히 이해합니다. 하지만 외도들이 고정불변의 아뜨만이 지속적으로 윤회한다고 주장하는 것처럼 여전히 불교에서의 윤회에 대한 묘사 또한 큰 맥락에서는 무엇인가 과보를 생성할 업이 상속하고 있다는 느낌을 지울 수가 없습니다. 들불의 비유는 윤회 방식의 문제이지 여전히 처음의 불씨든 나중의 불씨든 '불씨라는 그 불'은 상속이 되고 있지 않느냐는 것이지요. 방식이 어떠하든 무엇인가 상속되

○

어진다면 그것이 업이든 아뜨만이든 결국 똑같지 않을까? 하는 의문이 드는 것입니다. 물론 중관적 사고에 의해 분석해 보면 윤회도 없고 열반도 없겠지요. 하지만 세속적 차원에서 이해를 구할 때 우리는 윤회를 어떻게 이해해야 하나요? 어떻게 설명해야 하나요?

○ "업을 짓고 윤회하며 업에 따른 과보를 받는다."는 점은 비단 불교뿐만 아니라 인도에서 발생한 거의 모든 종교, 철학, 사상에서 동의하는 내용입니다. 인도印度의 외도들 역시 윤회를 안다는 점에서는 서양의 철학자나 종교인들, 또는 중국의 노장사상가들보다 생명의 본질에 대해 깊이 천착해 들어갔다고 볼 수 있습니다. '수행의 전통'이 있었기에 외도든 불교든 인도의 종교, 철학, 사상이 다른 어느 문화권의 그것과도 비교할 수 없는 깊이를 갖게 된 것 같습니다. 그러나 '윤회에 대한 정확한 이해'라는 점에서는 외도의 윤회관은 불교의 그것에 미치지 못합니다. '연기법'에 바탕을 두어야 '윤회에 대한 정밀한 이해'가 가능합니다. 외도들은 '불변의 아뜨만'이 계속 몸을 바꾸며 윤회한다고 설명합니다. 마치 스케이트보드를 타고 이곳저곳을 돌아다니다가, 그것이 망가지면 다른 스케이트보드로 갈아타듯이…. 그러나 질문에 쓰셨듯이 불교에서는 들불이 '실제로는' 찰나 생멸하지만 '겉보기에는' 이동하는 것처럼 보이듯이, 우리의 식識도 찰나생멸하며 윤회한다고 설명합니다. 유식불교에서는 식의 그러한 찰나생멸을 '종자생종자種子生種子'라고 표현합니다. "앞 찰나의 업종자가 다음 찰나의 업종자를 발생시킨다."

는 의미로, 아뢰야식 내에 저장된 업의 씨앗(종자)이 계속 '성숙' 해 가는 모습을 묘사한 '명제' 입니다. 성숙이라는 말을 썼지만 물론 악업의 종자의 경우는 '참회' 할 경우 '성숙' 하는 것이 아니라 '쇠퇴' 합니다. 윤회에 대한 이런 조망을 '아뢰야연기론' 이라고 부르는데, 이러한 윤회관을 포함하여 불교의 해탈론, 수행론, 윤리관, 실천론 모두 '연기론' 에 근거하여 수미일관하게 짜여 있다는 점에서 외도의 종교사상과 차별됩니다. 예를 들어 아뜨만론에 근거하여 윤회를 설명하는 '우빠니샤드적 외도' 의 경우 '아뜨만이 편재한 상태' 인 범아일여梵我一如의 상태를 해탈이라고 주장합니다. 그러나 들불의 비유에서 보듯이 '무아 윤회' 를 말하는 불교에서는 그런 범아일여의 경지는, 진정한 해탈이 아니라 삼계三界 중 무색계無色界의 경지에서 얻어지는 삼매일 뿐이라고 격하시킵니다. '우리의 주관적 의식이 우주에 편재함을 자각하는 삼매' 일 뿐이며, 그런 상태에서는 '삼독심' 과 같은 '번뇌' 가 제거되지 않는다고 비판합니다. '번뇌' 를 제거하는 최고의 해탈은 '무상, 무아를 자각한 열반' 뿐입니다. 불교의 '무아 윤회' 이론은 이렇게 '불교의 해탈론' 까지 수미일관하게 연결됩니다.

090

힌두교에도 육도윤회설이 있었나요?

● 부처님 당시 힌두교에는 육도윤회설이 없었습니까? 불교의 육도윤회론이 힌두교나 베다철학에서 온 것인가요? 아니면 힌두교가 불교의 영향을 받아 육도윤회를 수용한 것인가요?

○ 업과 과보 및 인과응보에 의해 육도윤회를 설명하는 이론이 체계화된 것은 불교 발생 이후라고 합니다. 그 후 우빠니샤드나 바라문교 육파철학 속에 불교의 윤회와 업의 이론이 스며들면서 현재 인도인들의 세계관인 업(까르마)과 인과응보, 윤회 등의 이론으로 정착한 것이라고 볼 수 있습니다.

또 서양학자들이 불교 이전에 성립했을 것이라고 주장하는 우빠니샤드의 경우도 그 내용 전체가 불교 이전부터 있었던 것이 확실하다는 증거는 없다고 합니다. 인도에서 공부한 초기불교 전공자 조준호 박사님의 주장입니다. 우빠니샤드 가운데 멋진 표현 대부분은 불교의 영향으로 삽입된 것이기 쉽다는 말입니다.

초기불전을 보면 원래 오도 윤회를 말합니다. 천상, 아수라, 인간, 아귀, 축생, 지옥 가운데 아수라가 빠져 있습니다. 그러다가 나중에 육도윤회설로 정착됩니다. 육도 가운데 아수라는 인도 옆의 페르시아에서 신봉하던 조로아스터교의 절대신인 '아후라 마즈다'에서 유래합니다. 독일 철학자 니체의 책 제목에 들어 있는 짜라투스트라가 바로 조로아스터교의 성자입니다.

이런 아수라가 오도 윤회설에 삽입되어 육도윤회설이 성립된 것입니다. 인도에서 불교가 사라졌다고 하지만, 그렇지 않습니다. 인과응보와 업의 이론, 가축을 죽이는 희생제인 '야즈냐Yajña'가 꽃과 과일, 향 등 공양물을 올리는 '뿌자Pūja'로 바뀐 것, 대승불교 사상에 토대를 두고서 샹까라Śaṅkara의 힌두신학이 체계화 된 것 등등, 힌두교 사상과 의례 내에 불교가 녹아 들어가 있습니다.

그리고 원래 '힌두교'라는 것은 없습니다. 인도 내에 각종 신을 모시는 종교행위, 각종 수행을 하는 종교행위 들이 있을 뿐인데 서양 사람들이 인도에 들어온 후 그런 종교 행위 전체에 대해 싸잡아서 '힌두교[Hinduism]'라고 이름 붙인 것일 뿐입니다. 셈족의 종교인 기독교, 이슬람교, 유태교의 경우 종교라기보다 '조직'의 성격이 강하기에 거대하게 나누어져 각각의 이름이 다른 이질적 종교조직으로서 존재합니다. 이슬람교, 개신교, 가톨릭, 유대교와 같이…. 사실 이것들은 종교라기보다 '사회조직'입니다. 보이스카우트, 라이온스클럽 등등과 같은….

반면 인도를 포함한 동양에서는 종교 간에 선을 긋지 않습니다. 그냥 각 개인의 소중한 종교생활이 있을 뿐입니다. 인도와 동아시아 등 동양에서는 자기 내면의 본성, 자성, 신성, 불성을 추구하는 것이 종교이지 어떤 조직을 만드는 것을 종교라고 보지 않았습니다. 동양의 종교에서는 어떤 교조의 가르침을 신봉한다고 해도, 다른 교조의 가르침을 배척하지 않습니다. 힌두교 신을 신봉하는 간디의 어머니가 자이나교 수행자들에게 항상 극진하게 대접했다는 일화에서 보듯이…. 사실 이것이 올바른 종교의 참된 모습입니다.

그런데 서양의 종교관, 셈족의 종교관에서 볼 때에는 이런 행위가 이해가 될 수 없습니다. '조직으로서의 종교생활'이 몸에 밴 그들의 입장에서 볼 때에는 종교와 종교는 서로 달라야 하기 때문입니다. 그래서 인도 내의 종교현상 모두에 대해 '힌두교'라고 단일한 이름을 붙인 것입니다. 자신들의 종교가 그러하듯이…. 그러나 원래 '힌두교[Hinduism]'란 것은 존재하지 않습니다.

인도인들이 불교를 대하는 태도 역시 마찬가지입니다. '다른 종교'의 가르침이 아니라 인도에서 탄생한 위대한 성자 석가모니 부처님의 가르침입니다. 불교와 다른 종교 간에도 선을 긋지 않습니다. 불교의 가르침과 인도 내의 불교 이외의 가르침이 모두 녹아 인도인들의 삶의 지침이 되는 것입니다.

앞에서 말씀드렸듯이, 윤회에 대한 불교의 가르침이 힌두교로 수용됩니다. 윤회의 가르침은 석가모니 부처님께서 정각을 이루실 때, 초야初夜의 숙명통과 중야中夜의 천안통을 통해 발견하신 내용입니다. 그리고 후야後夜, 즉 새벽에 누진통이 열려 모든 번뇌를 제거하십니다. 불전을 보면 부처님의 깨달음은 '윤회의 정확한 모습에 대한 발견'과 '번뇌의 완전한 제거'라는 두 단계로 이루어져 있습니다. 그럼에도 불구하고 학자들은 '번뇌의 완전한 제거'의 측면만 주목해 왔습니다. 부처님의 깨달음 중 '번뇌의 제거'만큼 중요한 것이

‘윤회의 발견’ 입니다. 이런 윤회의 발견이 그 이후의 인도사상 속에 그대로 반영되어 오늘날 인도인들의 윤회관, 생사관으로 정착되었다고 볼 수 있습니다.

091

샹까라 신학의 무명과 불교에서 말하는 무명은 어떻게 다른가요?

● 샹까라의 마야와 불교의 무명에 대해서 어떻게 다른지 알고 싶습니다. 어떤 인도철학자의 글에 보면 샹까라를 '가면의 불교도'라고 하더군요.

○ 질문하신 분이 샹까라ŚaṅKara의 베단따Vedānta 사상에 대해 무엇을 얼마나 알고 계신지, 전혀 알 수 없는 상태에서 답을 올리려니 난감합니다. 짧게 질문하시긴 했지만, 지금 생각나는 한도 내에서 답을 해보겠습니다. 샹까라는 불교를 비방하며 일생을 살다가 서른을 조금 넘긴 나이에 요절한 사람입니다. 힌두교에서는 역사상 최고의 사상가라고 하지요. 샹까라의 스승의 스승은 가우다빠다Gaudapāda라는 사람인데, 원래 불교도였다가 힌두교로 개종한 사람입니다. 그래서 가우다빠다는 물론이고 샹까라의 사상 속에 불교의 중관사상과 유식사상이 많이 녹아 있다고 합니다. 샹까라는 특히 불교의 진속 이제설을 수용하여 힌두교 신학을 집대성합니다. 예를 들어 인격신은 속제적 신神이고, 비인격적인 절대자는 진제적 신으로 전자를 '아빠라[非초월] 브라만', 후자를 '빠라[초월] 브라만'이라고 부르며 후자가 진정한 신, 진정한 절대자라고 주장합니다. '환

●
3.6.6.

幻이라고 번역되는 '마야Māya'가 타파되면 우리는 '빠라 브라만'과 만나게 된다고 합니다. 더 엄밀히 말하면 내가 바로 절대자임을 알게 된다고 합니다. 우빠니샤드에서 "아함 브라마 아스미(ahaṃ brāhma asmi: 내가 곧 브라만이다.)"라고 표현하는 범아일여梵我一如의 경지를 체득하게 되는 것입니다. 그 상태는 '삿-찟-아난다(sat-cit-ānanda)'의 상태라고 합니다. 영원한 존재[有]와 영원한 인식[識]과 지극한 기쁨[喜]의 경지라는 뜻입니다.

샹카라의 신학은 참으로 그럴듯하고 멋져 보이는 얘기이긴 한데, 이 모두 우리의 생각이 만들어 낸 희망사항일 뿐이며, 그 신학이 일으키는 종교적 감흥 역시 무상하게 부침하는 우리의 감정의 흐름의 한 단편일 뿐입니다. 요가를 통해 체득되는 삼매경에 불과합니다.

범아일여의 체험이 아무리 황홀하다고 해도 이는 윤회 속에서의 감흥일 뿐입니다. 샹까라의 베단따 사상에서도 무명[Avidyā]이라는 용어를 사용합니다. 무명을 타파함으로써 가탁(假託: Adhyāsa, 심리적 연합)을 풀어 버리고 마야(Māya: 幻)에서 깨어날 때 우리는 '절대'를 자각한다고 주장합니다. 비단 샹까라뿐만 아니라, 인도 내의 모든 사상가들은 우리가 어리석음에서 벗어나면 진리와 만난다고 합니다. 그러나 이들이 말하는 어리석음과 불교에서 말하는 어리석음은 그 의미가 다릅니다. 샹까라가 말하는 무명, 즉 어리석음은 '내가 브라만임을 모르는 것'인 반면 불교에서 가르치는 무명은 '연기緣起에 대한 무지'입니다. 다시 말해, '연기와 무아와 공에 대한 무지'가 불교에서 가르치는 무명입니다. '모른다'는 것을 의미한다는 점에서는 샹까라의 무명이나 불교의 무명이나 그 뜻이 같지만, '무엇을 모르는 것'이 '무명'인지에 대해 샹까라를 포함한 모든 외도들은 불교와 전혀 다르게 가르칩니다.

　한 마디 더 한다면, 우리 종교계에 널리 알려진 『나는 누구인가?』라는 책을 강설한 현대의 인도성자 라마나 마하리쉬는 샹까라를 추종하는 철저한 베단따 사상가입니다. 라마나 마하리쉬가 말하는 '나'는 우빠니샤드에서 가르치는 '아뜨만'을 의미합니다. '나는 누구인가?'라고 물어 들어가서 '범아일여'를 자각하라는 말입니다. 초기불전에서 가르치는 '무아설'은 이런 아뜨만 사상에 대한 혹독한 비판입니다.

<u>**092**</u>　우빠니샤드의 ‘범아일여梵我一如’와 원효 스님의 ‘일심一心’은 어떻게 다른가요?

●　　부처님의 말씀이 브라만의 ‘범아일여梵我一如’를 비판하신 것이며, 무아를 설하신 것이라는 내용과 관련한 것입니다. ‘범아일여’ 사상과 원효의 ‘일심一心’은 어떻게 다릅니까? 대개 저같이 불교를 잘 모르는 사람들은 불교가 ‘범아일여’ 사상과 관계된 것이라고 착각하고 있습니다. 특히, 원효 스님의 ‘일심’에 대한 가르침을 주워들은 사람들은 “나와 우주가 이미 하나이며, 모든 것은 하나로 돌아간다. 그러므로 내 안에 이미 세계가 있는 것이고, 세계가 나인 것이며, 그것이 근본적으로 하나이다.” 이런 식으로 생각할 수 있습니다. 혼자 어떻게 찾아보며 이해해 보려고 하였으나, 잘 되지 않습니다. 주변에 여쭈어 볼 불자나 스님도 계시지 않습니다. 그래서 여기에 질문을 올립니다.

○　　원효 스님 전공자는 아니지만 아는 한도 내에서 말씀드리겠습니다. 원효 스님의 일심一心 개념은 『대승기신론』에서 유래합니다. 질문자께서는 일심에 대해 “나와 우주가 이미 하나이며, 모든 것은 하나로 돌아간다. 그러므로 내 안에 이미 세계가 있

○

3.6.9.

는 것이고, 세계가 나인 것이며, 그것이 근본적으로 하나이다."라고 말씀하셨는데, 일심에 대한 '개념적 접근'에는 한계가 있을 겁니다. 원효 스님께서 저술한『무량수경종요』말미를 보면, 일심一心과 화쟁 和諍과 앙신仰信을 동치시키는 것을 볼 수 있습니다. 화쟁이란 논리를 초월한 세계입니다. 일반논리의 세계에서 우리는 동일률 모순율 등의 논리법칙에 의해 사유합니다. 화쟁의 세계는 논리의 세계 너머에 있습니다. 화쟁의 세계에 대해 언급하는 경우 원효 스님은 서로 모순된 명제를 병치하는 이율배반적 논법을 구사합니다. 이율배반적 논법은 논리를 초월한 논법입니다. 그런데『무량수경종요』에서는, "이런 화쟁적 조망이 이해되지 않는 사람은 부처님의 네 가지 지혜 [四智菩提]를 그저 우러르면서 믿기만 하라"고 권합니다. 즉, 부처님의 네 지혜를 앙신하라는 말입니다. 이것은 일심의 세계이기도 합니다. 일심의 세계는 논리를 벗어난 화쟁의 세계이기에 우빠니샤드에서 말하는 범아일여梵我一如의 경지와는 다릅니다. 범아일여는 '범' 과 '아'의 일치에 대한 체험이라고 볼 수 있습니다. 즉 '우주의 창조자인 브라만'과 '나의 참된 자아인 아뜨만'이 같다는 체험인데, 이는 '자아의 편재성'에 대한 자각으로 불교의 삼계설에서 말하는 무색계의 삼매 가운데 식무변識無邊 삼매의 경지일 뿐입니다. 삼매의 경지에서 주관인 자신의 자아가 우주에 충만한 체험을 하는데 이것이 범아일여의 체험입니다. 이런 범아일여는 요가수행을 통해 도달되긴 하지만, 이 역시 윤회의 세계 내에 있을 뿐입니다.

　　원효 스님, 또는『대승기신론』에서 말하는 '일심'에 대해 올바로 조망하기 위해서는 불교사상사의 흐름에 대한 조망이 선행해야 합니다. 대승불교에서 '일심, 여래장, 불성' 등 우빠니샤드의 '아뜨만'과 유사한 개념을 거론하긴 하지만, 이 모두 '대對–시대적 방편설법'이란 점에서 '아뜨만 이론'과 다릅니다. 우빠니샤드의 경우 탄생 이후 지금까지 수천 년 동안 계속 아뜨만의 존재를 주장하는데, 불교가 우빠니샤드와 다른 것은 "이랬다 저랬다 한다."는 점입니다. 초기불교 내에서도 무아를 말씀하시던 부처님께서 어느 때는 무아를 부정하며 침묵하시기도 하고, 대승불전에서는 무아가 아니라 진아眞我혹은 '참 나'를 얘기하기도 합니다. 선가의 명구 가운데 "부처님께서는 45년간 횡설수설 하셨다."라는 말이 있습니다. 불교의 방편성, 대기설법 등에 대한 설명입니다. 어느 때는 횡으로 설하고, 다른 때는 수직으로 설하는 것이 불교입니다. 우습게 들릴지 몰라도 횡설수설하는 것이 불교입니다.

무아, 일심, 범아일여 등등의 교리보다 중요한 것은 먼저 자기 자신의 입지를 바로 보는 것일 겁니다. 내 성격, 나의 인생관, 세계관 등을 먼저 점검한 후 그 중 나에게 고통을 주는 것이 무엇인지 찾아내고 그것을 치료할 수 있는 불교의 가르침을 찾는 것이 중요할 것으로 생각됩니다. 불교는 사람에 따라 그 외형을 달리하여 사용됩니다.

진여는 힌두교의 브라만과 마찬가지 아닌가요?

● 동국역경원에서 발간한 운허 스님의 『불교사전』을 보면 "진여란 우주 만유에 보편하는 상주불변하는 본체로서 이것은 우리의 사상 개념으로는 미칠 수 없는 진실한 경계이고 오직 성품을 증득한 사람만이 알 수 있으며 거짓이 아닌 진실이라는 뜻과 변천하지 않는 여상하다는 뜻으로 진여라 한다. 또한 진여에 대한 학설이 여러 가지가 있어서 지론종, 섭론종, 유식종의 학설이 각기 있으나 유식종에서는 진여를 절대적 실체라고 인정한다."라고 되어 있습니다. 여기서 '우주 만유에 보편하는 상주불변하는 본체'라는 표현이 문제로서 힌두교에서 브라만을 묘사할 때 '우주 만유에 보편하는 상주불변하는 본체'라고 설명하는 것과 전혀 다르지 않은 것 같습니다. 우리나라의 현존하는 최고 선승 중의 한 분도 설법 중에 진여에 대해서 위의 불교사전적 정의를 가져와 토씨하나 다르지 않게 언급하는 것을 들은 적이 있습니다(테이프 설법이 있습니다). 따라서 이 의미가 불교계 내에서 차지하는 위치를 짐작할 수 있습니다. 교수님께서는 어떠한 말이건 간에 긍정적으로 해석하는 것이 중요하다고 말씀하셨고 그 말씀에 동의합니다. 그런데 말입니다, 교수님 제가 매우 궁금한 것은 진여에 대해 위와 같은 해석을 하시는 분들은 과연

●

3.7.2.

어떤 생각으로 그러시는지입니다. 그 분들은 긍정적인 사고를 몰라서 그러는 것일까요? 아니면 제가 아직 성품을 보지 못해서 진여라는 실체를 증득하지 못한 것입니까?

○　　깨달은 분의 경우, 어떤 말씀도 할 수 있을 겁니다. 시대와 장소, 그리고 교화 대상의 근기에 맞추어 가장 알맞은 설법을 해야 하기 때문입니다. 과거와 현재의 수행자들의 말씀 역시 그 시대, 그 상황 속에서 발화된 것입니다. 그런데 그런 분들이 실제 깨달은 분일 수도 있지만, 질문에 쓰신 대로 불교를 잘못 이해하여 우빠니샤드적인 브라만 사상을 토로한 것일 수도 있습니다.

그런데 누가 제대로 이해한 분이고, 누가 잘못 이해한 분인지 판별하기는 쉽지 않습니다. 초기불전에서 가르치듯이 누군가가 깨달았는지 아닌지 판별할 수 있는 분은 부처님과 자기 자신뿐입니다. 석가모니 부처님의 경우, 제자에게 가르침을 베푸신 후 그가 어느 경지까지 올라갔는지 가르쳐 주십니다. 수다원, 사다함, 아나함, 아라한 등등…. 그러나 부처가 되지 못한 우리의 경우 어느 다른 사람이 깨달았다고 할 때, 그것이 진실인지 아닌지, 또 그의 깨달음이 불교적 깨달음인지 아닌지 판별할 수가 없습니다. 수행자의 '깨달음' 여부에 대해서 판별할 수 있는 사람은 부처님과 자기 자신입니다. 초기불전 도처에서 아라한이 된 수행자는 다음과 같은 게송을 읊습니다.

아생이진　범행이립　소작이작　자지불수후유

我生已盡 梵行已立 所作已作 自知不受後有

"나의 삶은 이미 다했다. 청정한 행동을 이미 세웠고, 할 일을 다 했으니, 내생에 다시 태어나지 않을 것을 나 스스로 아노라."라고 번역됩니다. 예불문의 오분법신五分法身, 즉 아라한과 부처님께서 완성하신 다섯 가지 덕목인 계, 정, 혜, 해탈, 해탈지견 가운데 해탈지견解脫知見이 바로 이것으로 '자신이 해탈했다는 점에 대한 자각'입니다.

해탈, 즉 깨달음이란 번뇌가 완전히 제거된 상태인데 탐貪, 진瞋, 치痴, 만慢과 같은 것이 번뇌 가운데 대표적인 것들입니다. 평소는 물론이고 꿈속에서도 나에게 성적인 욕망, 잠자고 싶은 욕망, 좋은 음식을 먹고 싶은 욕망, 재물욕, 명예욕 등 오욕락에 대한 욕망이 완전히 사라졌는지 아닌지[貪] 내가 화를 낸 적은 있는지 없는지[瞋] 인간과 우주, 삶과 죽음의 모든 문제에 대해 명약관화한 지혜를 갖고 있는지 아닌지[癡] 잘난 체하고 싶은 마음이 조금이라도 있는지 없는지[慢] 여부에 대해서 가장 잘 아는 사람은 바로 나 자신입니다.

스스로의 양심에 비추어 가면서 번뇌 하나하나를 점검해 보아 아무 번뇌도 남아 있지 않으면 이 사람은 깨달은 사람입니다. 이런 분은 죽은 후 다시 태어나지 않습니다. 마음에 맺힌 것이 없기 때문입니다. 윤회의 세계인 세속에 대해 추호의 미련도 없기 때문입니다. 이런 상태, 즉 탐, 진, 치, 만이 모두 사라진 상태를 '진여'라든지, '참나'라고 표현하면서 남을 가르칠 수도 있을 겁니다. 그런데 진여

3.7.4.

나 '참나'라는 표현을 쓰는 분이, 남이 보기에도 화를 가끔 낸다든지, 재물욕이나 명예욕에서 벗어나지 못했다면 그가 아무리 입으로 그럴 듯한 말을 하고 오도송을 쓴 분이라고 하더라도 '불교적 깨달음'과는 거리가 먼 분입니다.

진여, 상주불변의 자아 등등 우빠니샤드적인 표현으로 불교를 설명한 분들의 경우도 그 분들이 진정으로 불교적 깨달음을 얻은 분인지 아닌지는 그 분들만 아실 겁니다. 저는 그 분들이 깨달은 분인지 아닌지 모릅니다. 다만 불교의 이름 아래에서 활동했던 분들의 경우 그 행적에서 크게 문제되는 것이 없는 한 가능하면 비판하지 않고 그 분들의 말씀과 행적을 후학을 위한 가르침으로 여법如法하게 살려 내고자 할 뿐입니다.

하나 더 말씀드리면, 유물론적 세계관, 허무주의적 인생관의 폐해가 심각한 이 시대에 '참나', '진여'라는 용어로 불교를 가르치는 것은 시의적절할 수 있을 것 같습니다.

094

힌두교의 아뜨만은 공空과 같은 것 아
닙니까?

평소에 궁금했던 질문을 하나 드리려 합니다. 간단히 말씀드리면 아뜨만atman과 공은 같은 개념인가 하는 것입니다. 아주 오래 전에 모 연수원 강의를 오신 암도 스님께서 강연을 하시는 중에 "수행을 하게 되어 어느 단계에 이르면 코앞에 좁쌀만 한 흰점을 보게 된다." 고 말씀하신 기억이 납니다. 저도 그러한 일이 자주 있어 그 흰점이 어떤 의미이고 무엇이냐고 물어보고 싶었지만 청중이 많은 자리여서 질문을 하지 못하였던 일이 있습니다. 그 후에도 저는 제 앞에 나타나는 그 흰점을 아뜨만이라고 생각하고 지금도 그 생각에는 변함이 없습니다. 그러나 부처님께서는 무아anatman를 말씀하시면서 아뜨만을 부정하셨습니다. 저는 내면으로 "저렇게 분명히 존재하는 아뜨만을 부처님은 왜 부정하셨을까"하는 의문에 갈등을 겪어 오던 중 최근에 어느 분으로부터 "힌두교 성자들은 아뜨만을 공과 같은 것이라고 한다."는 말을 들었습니다. 그분의 말씀이 옳은지 그른지는 확인하기가 어려워 알 수 없지만 그분 말씀이 사실이라면 저의 고민의 상당 부분은 해소가 되는 것입니다.

아뜨만에 대한 부처님의 견해가 옳은 것입니까 아니면 아뜨만이 존재한다는 우빠니샤드 철학자나 힌두교도들이 옳은 것입니까?

3.7.6.

그렇지 않다면 같은 대상을 아뜨만과 공이라는 서로 다른 이름으로 부른 것인지요? '진공묘유眞空妙有'란 말처럼 공이란 '없는 것'이 아니라 '있는 것'이라면 아뜨만 이외의 어떤 다른 것을 말하는 것입니까? 만약 저의 생각이 잘못된 것이라면 『반야심경』에 나오는 '조견오온개공照見五蘊皆空'의 조견은 무엇이 (또는 무엇에) 비추어 오온이 공한 것을 본다는 말이며 조견의 말뜻은 무엇인지요?

○　　질문하신 내용은 다음과 같이 정리됩니다.

1. 수행 중 코앞에 나타나는 좁쌀만 한 흰 점이 아뜨만인가?

2. 힌두교 성자들은 아뜨만을 공과 같은 것으로 본다고 하는데, 부처님께서는 왜 아뜨만을 부정하셨을까?

3. 진공묘유에서 말하듯이 공은 없는 것이 아니라 있는 것인데, 이것이 아뜨만이 아니라면 무엇인가?

4. 『반야심경』에 나오는 조견오온개공의 조견은 '비추어 본다'는 말인데 무엇을 무엇에 비춘다는 말인가?

답해 보겠습니다.

1 · 수행 중 코앞에 나타나는 좁쌀만 한 흰 점이 아뜨만인가?

아뜨만을 추구하고, 아뜨만에 대해 상세히 설명하는 종교성전은 바라문교의 우빠니샤드입니다. 우빠니샤드에서는 아뜨만에 대해 "보이는 대상이 아니라 보는 자이며, 들리는 소리가 아니라 듣는 자이며…” 등등으로 묘사하기도 하고 ‘심장 속에 있는 아뜨만’이라고 설명하면서 그것이 존재하는 위치를 지목하기도 합니다. 제가 아는 한도 내에서는 아뜨만이 ‘코 앞에 좁쌀만 한 흰 점’으로 나타난다는 말은 들어보지도 읽어보지도 못했습니다. 수행 중 나타난다는 ‘코앞의 흰 점’은 우빠니샤드에서 얘기하는 아뜨만과도 아무 관계없는 개인적 체험입니다.

그리고 불전 그 어디에서도 ‘코앞에 흰 점’이 나타나는 것을 아뜨만이나 공空에 대한 체험라고 얘기하지 않습니다. 물론 불교 수행 도중에 여러 가지 특이한 체험을 할 수는 있습니다. 그러나 일상 생활에서 벗어나 좌선이라는 독특한 자세로 오래 앉아 있다 보니까, 몸과 감관에서 독특하게 일어나는 생리현상일 뿐입니다. 불교의 깨달음은 ‘그런 식의 신체적 감각적 체험’과 아무 관계가 없습니다. ‘탐욕, 분노, 교만, 종교적 어리석음[愚癡]’와 같은 번뇌가 완전히 사라지는 것이 공성에 대한 진정한 체득입니다.

물론 그런 생리현상을 고의로 일으켜서 수행에 이용하는 경우도 있습니다. 밀교 수행, 즉 금강승 수행의 경우 ‘가상[illusion]’을 만들어 낸 후 그것을 일정한 지침에 따라 운용하여 몸과 마음에 변화를 일으킵니다. 그러나 밀교 수행의 경우, 과학기술과 같은 가치중립적인 테크닉이기 때문에 ‘자비심과 이타심과 공성의 지혜’가 무르익지 않은 수행자의 경우 해서도 안 되고, 할 수도 없습니다.

‘코앞의 흰 점’ 체험에 몰두하심으로써 마음의 평안을 얻는다면 그 체험을 굳이 버릴 것은 없겠지만 그것이 어떤 높은 경지라는 생각은 하지 않으시는 것이 좋을 것입니다. 그 체험을 잘 활용하여 '탐욕, 분노, 교만, 종교적 어리석음'과 같은 번뇌들을 제거하시기 바랍니다.

2 · 힌두교 성자들은 아뜨만을 공과 같은 것으로 본다고 하는데, 부처님께서는 왜 아뜨만을 부정하셨을까?

현대 힌두교에서는 부처님을 비쉬누 신의 아홉 번째 화신으로 간주합니다. 또 현대 인도의 불교학자들은 불교를 힌두사상의 일부로 간주합니다. 일본의 불교학자인 나까무라 하지메 같은 분도 아뜨만 사상을 무아와 같은 것으로 해석한 바 있습니다.

현대 힌두교 성자 가운데, '라마나 마하리쉬'란 분이 있습니다. 우리말로 번역된 책 가운데 『나는 누구인가?』, 『진아여여』 등이 라마나 마하리쉬의 가르침을 담은 책입니다. 그런데 라마나 마하리쉬는 철저한 힌두교 수행자입니다. 힌두 신학자 가운데 9세기 초에 활동했던 샹카라의 사상을 현대적으로 풀어서 얘기하고 있을 뿐입니다. 샹카라의 힌두신학의 기원은 대승불교의 중관, 유식사상에 있습니다. 샹카라의 스승의 스승은 가우다빠다란 사람인데 불교 승려였다가 힌두교로 개종한 사람으로 대승불교 철학을 힌두신학으로 변형시켰으며, 샹카라가 이를 그대로 계승합니다. 그 후 샹카라는 자신의 신학을 구축함과 아울러, 인도 전역을 유행하면서 불교를 비방합니다. 라마나 마하리쉬가 추구하는 '나'는 '무아'가 아니라, 샹카라가 말하는 우빠니샤드의 '아뜨만'을 의미합니다.

어쨌든 힌두교에서 말하는 아뜨만은 불교의 무아와도 무관하고 공과도 무관합니다. 부처님께서 가르치신 무아는 바로 우빠니샤드에서 가르치던 아뜨만론에 대한 비판입니다. 우빠니샤드에서 말하는 '보이는 대상이 아니라 보는 자이며, 들리는 소리가 아니라 듣는 자이며 …'와 같이 묘사되는 아뜨만의 경우 불교의 유식교학에서는 제7 마나식의 발생 근원이라고 말하며 격하시킵니다. 유식학에서는 '제8 아뢰야식의 견분見分'을 자아로 간주하여 우리는 아탐, 아만 등의 이기심과 자의식을 일으킨다고 가르치는데, 제8 아뢰야식의 견분(인식작용)에 해당하는 것이 우빠니샤드에서 말하는 아뜨만입니다. 그런 아뜨만에 집착하는 것이 아니라 아상我相에서 벗어나 무아를 체득함으로써 우리는 모든 번뇌에서 벗어날 수 있습니다. 탐욕의 구심점이면서 분노의 출발점인 '자아가 있다는 착각'이 해체되기 때문입니다. 요컨대 힌두교의 아뜨만과 불교의 무아, 공은 전혀 다릅니다.

3 · 진공묘유에서 말하듯이 공은 없는 것이 아니라 있는 것인데, 이것이 아뜨만이 아니라면 무엇인가?

진공묘유에서 공은 연멸緣滅을 의미하며 묘유는 연생緣生을 의미합니다. 세상 만물은 연기한 것이기 때문에 실체가 없어서 진공이고, 그럼에도 불구하고 연기하여 가상으로 나타나 있다는 점에서 묘유입니다. 공성을 실체로 파악해서는 안 됩니다. 엄밀히 말하면 공은 작용입니다. 우리의 실체적 분별을 세척하는 작용입니다.

4 · 『반야심경』에 나오는 '조견오온개공照見五蘊皆空' 의 조견照見은 비추어 본다는 말인데 무엇을 무엇에 비춘다는 말인가?

조견은 위아와로까야띠vyavalokayati라는 범어의 번역어인데, "낱낱이 비추어 본다."는 의미입니다. 색, 수, 상, 행, 식의 오온 하나하나를 분석해 보아 모두 실체가 없고 공하다는 점을 파악한다는 의미입니다. 조견의 대상이 '색, 수, 상, 행, 식' 의 오온인 것입니다. 그런데 이런 '조견' 작용에 대해, '무엇을 무엇에 비추는가?' 라고 다시 물으셨습니다. 이 경우 '조견' 이라는 작용에 대해 다시 '조견' 해 보아야 합니다. 엄밀히 말하면 비추어질 대상도 없고 비추는 작용도 없기에, '조견' 이랄 것도 없습니다. 우리는 항상 조견하고 삽니다. 조견하지 않고 살아갈 때가 있다면 조견에 대해 특별한 의미를 부여할 수 있지만 세상만사와 나의 일거수일투족을 언제나 조견하고 살기에 조견이랄 것이 따로 없습니다. 조견도 공합니다.

질문하신 분의 불교관이 부처님 가르침에서 너무 많이 벗어나 있기에 질문하신 분께서 완전히 납득하실 수 있도록 상세히 답을 하려면 한 권의 책을 써도 부족할 것입니다. 요점만 답하려다 보니까 답변이 어려워졌습니다. 어쨌든 불교의 깨달음은 '몸과 마음에서 일어나는 어떤 신비한 체험' 이 아니라 내 마음의 번뇌인 '탐욕, 분노, 교만, 종교적 어리석음' 을 제거하는 것이라는 점을 명심하시기 바랍니다. 다시 말해 '감성적 맺힘' 과 '인지적 맺힘' 을 풀어버리는 것이 불교적 깨달음입니다. 그래서 불교의 깨달음을 누진통漏盡通이라고 명명하기도 합니다. '새어나오던 번뇌들이 다 고갈되어 버리는 신통'이라는 의미입니다. 그 동안 수행 도중 느꼈던 체험을 '번뇌 제거의 수단'으로 승화시키시기 바랍니다. 만약 그것이 힘들다면, 지금까지의 수행 모두를 버리시고 눈 밝은 수행자를 만나 불전에 의거하여 여법하게 다시 시작하시기 바랍니다.

3.8.2.

095

크리슈나무르티의 오도 체험과 불교의 깨달음은 같은 것입니까?

● 근래 두 권의 책을 읽었습니다. 한 권은 전영화 씨의 『비 그게 아니고』이고, 또 한 권은 김영호 교수의 『크리슈나무르티의 명상』입니다. 두 권 다 아래의 크리슈나무르티의 오도悟道 경험을 내세워 부처님의 깨달음과 동일하다고 주장합니다. 부처님의 가르침인 무아와 일치한다고 주장합니다. 하지만 제 소견으로는 아무리 봐도 힌두교의 범아일여梵我一如입니다. 교수님의 생각은 어떤지요?

"첫째 날 내가 그 상태에 들어 있으면서 내 주위 사물에 대해 더 의식하는 동안 나는 최초의 가장 비상한 체험을 가졌습니다. 한 남자가 길을 고치고 있었습니다. 그 사람이 나 자신이었습니다. 그가 들고 있던 곡괭이는 나 자신이었습니다. 바로 그가 깨고 있던 돌이 나 자신의 일부분이었습니다. 부드러운 풀잎이 나의 존재였고 그 사람 옆의 나무가 나 자신이었습니다. 나는 거의 길 고치는 사람들과 같이 느끼고 생각할 수 있었습니다. 그리고 나는 나무를 통과하는 바람을 느낄 수 있었고 풀잎 위에 있는 작은 개미를 느낄 수 있었습니다. 새들, 먼지 그리고 바로 그 소음은 나의 일부였습니다. 바로 그때 차 한 대가 조금 떨어져 지나가고 있었습니다. 나는 운전사, 엔진,

○

타이어였습니다. 차가 나에게서 멀어져 가면서 나는 나 자신에게서 멀어지고 있었습니다. 나는 모든 것 속에 있었습니다. 아니 모든 것이, 생물이건 무생물이건, 산 벌레 그리고 모든 숨 쉬는 것들이 내안에 있었다고 할 수 있습니다. 하루 종일 나는 이 행복한 상태 속에 들어 있었습니다. … 나는 더할 수 없이 행복했습니다. 나는 생명의 샘 원천에서 맑고 순수한 물을 마시고 나서 갈증이 해소되었습니다. 더 이상 목마를 수 없었고 더 이상 짙은 어둠 속에 있을 수 없었습니다. 나는 빛을 보았습니다. 나는 모든 슬픔과 괴로움을 치유하는 자비를 만졌습니다. 나를 위해서가 아니라 세상을 위해서입니다. … 나는 찬란한 자유의 빛을 보았습니다. 진리의 샘이 나에게 나타나서 어둠이 사라졌습니다. 영광에 가득 찬 사랑이 나의 가슴을 취하게 만들었습니다.”(Mary Lutyens, 『Krishnamurti: The Years of Awakening』, 170-171쪽)

　　　　　○　　저의 경우 현대 인도사상가 가운데 가장 좋아하는 사람이 크리슈타무르티입니다. 가장 깔끔하고 건전합니다. 대학 재학시절 크리슈나무르티의 저술 가운데 우리나라에서 최초로 번역된 『아는 것으로부터의 자유』를 읽은 이후 오랜 동안 심취한 적이 있습니다. 도스토예프스키, 조각가 권진규, 크리슈나무르티, 소설가 오영수, 청마 유치환 등등. 이런 분들이 젊은 시절 제가 심취했던 예술가, 저술가, 문인들입니다. 초기불교를 가르치는 경주 동국대 불교학과 안양규 교수님 역시 크리슈나무르티 전문가이셨습니다. 그나마 현대 인도사상가 가운데 불교와 가장 흡사한 방식으로 가르침을 펴

는 분이 크리슈나무르티라고 생각합니다.

　　제도화된 종교 모두를 부정하는 크리슈나무르티였기에 제도권 불교, 형식화된 불교수행에 대해서는 비판적이었지만 석가모니 부처님과 부처님의 가르침에 대해서는 항상 존중하고 흠모했다고 합니다. 어떤 특수한 상황에 처할 때면, "이럴 때에는 부처님께서는 어떻게 하셨는지?"라고 불교를 잘 아는 분들께 여쭙곤 했다고 합니다. '잎사귀가 다 떨어진 마른 겨울나무 가지'를 가장 아름답다고 보았던 감성의 성자 크리슈나무르티였기에 '시집'도 남겼다고 하지요. 사당동 제 서가 어딘가에 크리슈나무르티의 책들이 잔뜩 꽂혀 있을 겁니다. 불교의 묵조선의 방식과 크리슈타무르티의 방식을 비교하는 논문이 있다는 말을 들은 적이 있습니다.

　　인용하신 크리슈나무르티의 오도悟道 경험담에 대해 정답을 말할 수는 없겠지만, 짐작컨대 그 글만 보아서는 말씀대로 우빠니샤드의 범아일여의 체험과 흡사한 것 같습니다.

　　불교적으로는 삼계 가운데 무색계의 삼매인 식무변처정識無邊處定이 우빠니샤드의 범아일여에 해당한다고 볼 수 있습니다. 주관인 나의 의식識이 무한히 펼쳐진 경지無邊에 대한 체험[定: 삼매]입니다. 이는 나의 자아가 우주에 편재함을 체험한 것으로 범아일여梵我一如의 경지라고 볼 수도 있을 겁니다. 이런 체험은 삼매에서 일어나면 다시 사라지기에 윤회 내의 체험일 뿐입니다. 그러나 불교의 깨달음은 어떤 체험이 아닙니다. 범아일여의 체험, 식무변처정의 체험의 경우 그 삼매의 상태에서 나오면 그 체험은 없어지고 다시 일상 생활로 돌아옵니다. 이와 마찬가지로 크리슈나무르티의 오도 체험 역시 그 날 그 순간, 또는 다음에 분위기가 잡힌 특정한 순간에만 가능한 '체험'일 뿐입니다. 이러한 '체험'은 불교적 깨달음이 아니라, 일종의 '삼매 체험'입니다. 마치 식무변처삼매와 같은…. 또, 마치 범아일여의 삼매와 같은….

그러나 불교의 깨달음은 좌선의 상태에서 자리를 털고 일어나도 변화가 오지 않습니다. 불교의 깨달음은 탐, 진, 치, 만 등의 번뇌가 모두 사라진 것일 뿐 어떤 체험의 상태가 되는 것이 아니기 때문입니다. 고, 집, 멸, 도 사성제에서 '고'의 원인인 '집'의 번뇌가 다한 것이 '멸', 즉 열반이기 때문입니다. 탐욕과 분노와 종교적 어리석음과 교만심 등의 번뇌가 완전히 녹아 없어진 것이 불교의 깨달음입니다. 혹 어떤 특수한 체험을 불교의 깨달음으로 착각하고서 수행해 왔던 분들이 계셨다면, 크리슈나무르티의 오도 체험에 대한 문제 제기와 저의 답변을 통해 도움을 받으셨기를 바랍니다.

096

'여래장'이나 '불성'은 기독교의 하나님과 마찬가지 개념이 아닌가요?

● 여래장 계통에서 설하는 불생불멸, 상주불변하는 자성청정심 '불성佛性' 사상이 꼭 기독교에서 말하는 영원한 '하나님'과 다름이 없을 것 같다는 거친 느낌이 들어서요. 요즘에 이것 때문에 사상적 혼란이 생기고 있어서 꼭 알고 싶습니다.

『여래장경』에 "若佛出世若不出世 一切衆生如來之藏常住不變 但彼衆生煩惱覆故"[부처님이 세상에 나오건 나오지 않건, 일체중생의 여래장은 상주불변한데, 단지 저 중생들이 번뇌에 덮혀 있기 때문이다]라는 경문이 있습니다. 대승불교의 '깨달음'이라는 말에는 이미 중생은 번뇌로 둘러싸여 있음을 의미하며, 번뇌로부터 벗어나면(= 번뇌를 제거하면) 우리 안에 내재되어 있던 깨달음 즉 불성이 드러나게 된다고 보는 것이 일반적인 불성관이라고 생각됩니다. 그러나 문제는 여래장 즉 '불성'이 불생불멸, 불변의 속성으로 중생 안에서 항상 내재해 있다고 말할 경우, 또한 인도의 '브라만-아뜨만'설과 큰 차이가 없을 것이라는 생각이 듭니다. 요즘 화엄계통의 '영원불변한 불성' 사상이 도대체 납득되지 않습니다. 그러나 초기 대승경전인 반야경 등에서 말하는 '일체개공'과 후기 대승불교의 '불성', '여래장'의 가르침은 곧 궁극적으로 일치가 되어야 할 텐데, 이를 어떻게 이해해야 하는지요?

○

3.8.7.

○   기독교에서 말하는 영원한 '하나님^(하느님)'을 불교에서 가르치는 '불성'이나 '여래장'으로 해석하는 신학자가 있다면 참으로 환영할 만한 일입니다. 마음속 하느님^(또는 하나님)을, 마음속의 불성, 여래장으로 해석하는 기독교 신학자는 '올바른 종교인'입니다. 그러나 기독교 신학은 아직도 혼돈에서 벗어나지 못하고 있습니다. 한 쪽에서는 '열린 신학'을 말하는 반면, 기독교 신자임을 표방하는 분들 대부분은 지독히 배타적인 '닫힌 신학'을 주장합니다.

말만 기독교일 뿐, 기독교인임을 표방하는 분들 대부분의 생각과 삶이 예수의 가르침에서 너무나 멀리 벗어나 있습니다. 앞으로 불교인들의 사명 가운데 하나는 '닫힌 신학'에 매몰되어, '배타적이고 독선적 신앙'을 기독교로 착각하는 분들의 마음을 열어 주어 '진정한 종교인의 길'로 들어서게 도와주는 일입니다.

또, 마음속에 불성이 내재한다는 가르침은 우리에게 부처님과 같은 '자비의 싹', '지혜의 싹'이 있다는 가르침이기에, "변치 않는 아뜨만이 존재한다."는 브라만–아뜨만 신앙과는 다릅니다. 불성론, 여래장사상에서 말하는 '지혜의 싹', '자비의 싹'은 '아뜨만'과 같은 실체에서 비롯되는 것이 아니라 '무실체성', 즉 '무아無我'를 체득함으로써 발아發芽하는 것입니다. 다시 말해, '일체개공一切皆空'을 체득함으로써 구현되는 것입니다. 따라서 '브라만–아뜨만' 사상과 '여래장, 불성 사상'은 상반됩니다.

097

가톨릭 신부인 라모뜨 교수의 불교 연구는 신뢰할 수 있나요?

● 라모뜨 신부의 『인도불교사』를 읽고 있습니다. 저자 라모뜨는 가톨릭 신부인데 인도의 불교사를 썼습니다. 그것도 유명한 책을요. 라모뜨가 불교를 연구한 의도는 무엇인지 궁금합니다. 라모뜨의 저서는 어느 정도 충실하고 믿을 만한지도 궁급합니다.

○ 라모뜨(Lamotte: 1903-1983) 교수/신부는 서구의 불교학자 가운데 뿌생(Poussin: 1869-1938), 체르밧스키(Stcherbatsky: 1866-1942) 등과 함께 대가의 반열에 드는 분입니다. 라모뜨의 대표적 업적은 1944년에 시작하여 돌아가시기 직전인 1980년까지 약 40년에 걸쳐 이루어진 『대지도론大智度論』의 역주 서인 『용수의 대 지혜의 공덕 논서Le traité de la grande vertu de sagesse de Nāgārjuna (Mahāprajñāparamitāśāstra)』입니다. 총 100권으로 이루어진 『대지도론』 가운데 앞부분 30여 권에 대한 프랑스어 역주서로 미완성작입니다. 본문에 대한 번역도 좋지만, 학문적으로 그 주석을 높이 평가합니다. 원래는 벨기에 루벵대학(가톨릭 대학)에서 그리스어 담당 교수였는데 학문적 업적은 불교학/인도학 분야에 집중되어 있습니다. 우리나라 불교학자 가운데 고故 이기영 박사님이 라모뜨 교수의 제자입니다. 가톨릭 집안

○
3.8.9.

에서 태어나시어 가톨릭 교단의 지원으로 벨기에 루벵 가톨릭대학에 유학을 갔던 이기영 교수님을 독실한 불교도가 되게 만든 분이 바로 라모뜨 교수입니다. 제자가 되겠다고 찾아 온 한국의 젊은이에게 라모뜨 교수가 던진 첫 마디는 "자네 나라에 원효라는 뛰어난 사상가가 있는데 어째서 서양철학을 공부하려고 하는가?"라는 질타였다고 합니다.

라모뜨가 불교 연구에 전념할 수 있었던 것은 결혼하지 않고 평생을 라모뜨 교수를 뒷바라지한 여동생이 있었기 때문이라고 합니다. 서구에서는 인도학[Indology] 또는 남아시아학[South Asian Study] 등의 분야에 소속된 학자들 가운데 일부가 불교에 관심을 갖고 연구를 해왔습니다. 제국주의 시대에 정치, 종교적 목적에서 식민지의 지리, 언어, 종교 등을 조사하는 작업의 일환으로 국가의 지원을 받아 연구를 해왔던 것입니다. 라모뜨 교수의 연구도 그러한 큰 테두리 속에서 이루어졌습니다. 그러나 개인적으로 불교를 너무나 좋아했다고 합니다.

제가 서울 동국대 인도철학과 석사과정에 재학 중일 때 일본 교토 대학의 사사키 겐준 교수가 몇 주에 걸쳐 대학원에서 강의를 했습니다. 정태혁 교수님과의 친분으로 한국을 방문한 김에 특강을 해 주신 겁니다. 프랑스에서 교환교수를 지냈기에 라모뜨 교수와도 친분이 있는 분이었는데 정태혁 교수님 연구실에서 대여섯 명의 대학원생을 모아 놓고 강의를 하시다가 라모뜨 관련 일화를 얘기해 준 적이 있습니다. 누군가가 라모뜨 교수에게 "당신은 가톨릭의 사제인데, 왜 불교를 연구하는가?"라고 물었더니 라모뜨 교수가 화를 벌컥 내면서 "기독교 역시 불교의 한 분파分派다!"라고 대답을 했다고 합니다. 라모뜨 교수의 몸은 가톨릭 교단에 속해 있었지만, 그 분의 마음은 독실한 불자였다고 볼 수 있습니다. 이른바 '익명의 불교도 [Anonymous Buddhist]'로 볼 수 있습니다.

　종교 간에 선을 긋는 것은 서구에서 만들어진 '이상한 풍습'입니다. 서구의 종교가 종교라기보다 '조직'의 성격이 강하기에 '가톨릭', '개신교', '이슬람교', '유대교'라고 선을 긋고서 서로 잔혹한 전쟁을 벌여왔습니다. 그러나 진정한 종교라면 종교와 종교 간에 선이 그어질 수 없다고 생각합니다. 우리 마음의 불성, 신성, 자성, 본성을 추구한다는 점에서 모든 종교가 공통되기 때문입니다. 라모뜨 교수 역시 '선 긋기 종교'의 차원을 넘어서 연구생활을 했던 진정한 종교인이라고 볼 수 있습니다.

　그리고 『인도불교사』를 번역하신 호진 스님께서는 지금 인도에 가 계십니다.(이 답변은 2008년 4월 작성된 것으로 호진 스님은 2009년 다시 한국에 돌아오셨습니다. – 편집자주) 작년 10월말에 출국하셨는데 『부처님의 생애』라는 저서를 쓰기 위해 부처님 4대 성지를 돌며 한 곳에서 3개월씩 생활하고 계십니다. 근 70세가 다 된 분인데, 부처님의 삶을 직접 체험하시기 위해 그 더운 여름도 부처님 성지에서 보내겠다고 하십니다. 모든 학자들의 귀감이 되는 분입니다.

    『주역』의 음양설을 유식학이나 연기
설과 비교할 수 있을까요?

  ●   어느 법사 분께서 다음과 같이 말씀 하셨습니다.
"불교에서는 일반적으로 사고를 하는 형태를 의식이라고 합니다. 그
리고 좀 더 깊은 단계를 아마라식이라고 하지요. 아마라식은, 업과
인과의 작용을 띤 잠재적인 의식인 것입니다. 곧 영혼이라고 해도 될
것입니다. 아마라식은 잠재의식이지만 음과 양이 있는 것이며 실질
적으로 상대적인 작용을 합니다. 그리고 좀 더 깊은 의식을 두고 아
뢰야식이라고 하는 것입니다. 아뢰야식은 음양이 있기 전의 상태이
면서 모양도 꼴도 존재하지 않지만 어떤 모양으로 전이 될 수 있는
상태를 유지하는 깨어 있지 않는 상태입니다."

질문입니다.

1. 아마라식은 잘 들어보지 못하였는데 그 유래(경전 등의 근거)는 어떠
하며 어떠한 성질의 식을 말하는 것인지요? 또 이 식을 9식이라고 하
는지요?
2. 위 아마라식에는 음양이 있다고 하였는데 아마라식의 음양을 주
역의 음양과 같이 보고 8식인 아뢰야식을 주역의 태극과 같은 것으

●
3.9.2.

로 생각해도 무리가 없겠는지요?

3. 위 아마라식의 음양을 연기법의 '이것'과 '저것'으로도 생각할 수 있겠는지요?

　　　　　　　○　　질문하신 내용을 그대로 복사하여 올리고 그 아래에 답변을 쓰겠습니다.

1 · 아마라식은 잘 들어보지 못하였는데 그 유래(경전 등의 근거)는 어떠하며 어떠한 성질의 식을 말하는 것인지요? 또 이 식을 9식이라고 하는지요?

아마라식阿摩羅識에서 '아마라'는 'amala'의 음사어입니다. 더럽다는 의미를 갖는 'mala'라는 단어에 부정을 뜻하는 접두어 'a'가 붙어 만들어진 말로 '더럽지 않음無垢'을 의미합니다. 그래서 아마라식은 '무구식無垢識'이라고 번역되기도 하고, '백정식白淨識'이라고 번역되기도 합니다. 유식학에서는 일반적으로 총8식을 말하는데, 아마라식은 총8식에 들어가지 않기에 '제9 백정식'이라고 부르기도 합니다. 그리고 아뢰야식은 제8식입니다. 아뢰야식이 정화되면 제9 백정식, 즉 더러움이 없는無垢 아마라식으로 변한다는 것입니다.

　　동아시아에 유식학을 소개한 대표적인 인물이 진제 스님과 현장 스님입니다. 진제 스님이 소개한 유식학을 '구유식'이라고 부르고 현장 스님이 소개한 유식학을 '신유식'이라고 부르는데 아마라식이라는 용어는 『결정장론』이나 『삼무성론』과 같은 진제 스님이 번역한 문헌, 또는 그 영향을 받은 후대의 문헌에만 등장합니다.

2 · 위 아마라식에는 음양이 있다고 하였는데 아마라식의 음양을 주역의 음양과 같이 보고 8식인 아뢰야식을 주역의 태극과 같은 것으로 생각해도 무리가 없겠는지요?

명나라 지욱智旭 스님의 『주역선해周易禪解』(박태섭 씨가 번역해 불광출판사를 통해 2007년 국내에 소개된 바 있다-편집자 주)와 같이 중국에서 찬술된 문헌이라면 몰라도 음양에 대해 언급하는 인도불교 문헌은 없습니다. 아마 그 법사 분께서 유식학의 가르침과 『주역』의 가르침을 당신 나름대로 비교하여 설명하신 것 같습니다. 역학에서는 세상만사의 전개에 대해 다음과 같이 설명합니다.

무극無極 → 태극太極 → 음양陰陽 → 사상四象 →
팔괘八卦 → 육십사괘六十四卦

여기서 보듯이 음양 이전의 것이 태극입니다. 진제의 구유식에서 말하는 아마라식은 아뢰야식보다 더 깊은 의식입니다. 따라서 아마라식을 태극이나 그 이전의 무극에 대비시키고 아뢰야식을 보다 하위인 음양에 대비시킬 수는 있어도 아뢰야식을 태극에 대비시키고 아마라식을 음양에 대비시킬 수는 없습니다. 그 법사 분께서 아마라식과 아뢰야식의 순서에 대해 오해하고 계신 것 같습니다.

3 · 위 아마라식의 음양을 연기법의 '이것' 과 '저것' 으로도 생각할 수 있겠는지요?

비교학문이라는 것이 자칫하면 엉터리가 되기 쉽기에 조심스럽긴 하지만 음양설과 연기설은 많이 흡사합니다. 큰 방과 작은 방의 연기

관계, 긴 것과 짧은 것의 연기 관계, 삶과 죽음의 연기 관계 등에서 각 쌍 내의 대립자는 음과 양에 대비될 수도 있기 때문입니다. 이는 대승불교의 '개념 간의 연기緣起'에 대비됩니다. 즉 '구기俱起하는 법의 연기'입니다.

또 춘하추동의 계절이나 생로병사의 인생, 들숨과 날숨의 호흡의 변화에서 보듯이 양의 기운이 극에 달하면 음의 기운이 시작되고, 음의 기운이 극에 달하면 양의 기운이 시작되는데 이는 초기불교의 '제행무상의 연기'에 비견됩니다. 시간의 흐름에 따라 '계기繼起하는 사태의 연기'입니다.

그러나 '아마라식의 음양'이나, '아뢰야식의 음양' 등의 표현은 쓸 수가 없습니다. 유식학에서 음양이라는 개념 자체를 사용하지 않기 때문입니다.

099 융의 집단무의식과 아뢰야식을 비교
할 수 있을까요?

● 서양심리학에 의하면 집단무의식이 있다고
합니다. 융Jung은 임상경험에 의하여 환자가 한 번도 경험한 적이 없
는 상징이 환자의 꿈을 통하여 나타나는 것을 보고 개체가 경험하지
않은 것도 타인의 경험을 통해 나타날 수 있다고 주장하는 것으로 이
해합니다. 즉 민족이나 국가가 과거에 경험한 것이 지금의 민족 구성
원이나 국민들의 무의식을 통해 나타난다는 것입니다. 그렇다면 불
교에서는 이 집단무의식에 해낭뇌는 것이 있는지 궁금합니다. 융의
이론을 따르자면 개개인의 무의식은 타인의 무의식과 중첩되는 것으
로 보입니다. 의식 무의식을 통틀어 식이라고 하면 융의 이론은 개개
인의 식은 타인의 식과 어느 정도 중첩이 된다는 말로 이해됩니다.
불교에서 말하는 아뢰야식은 독립된 개개인의 식이 아닙니까? 이 아
뢰야식이 타인의 아뢰야식과 어느 정도 중첩이 가능한지요?

○ 제가 융 심리학을 깊이 공부해 보진 못했기에
교수님께서 원하시는 답이 될지 모르겠습니다. 융은, 히틀러 출현 이
전에 많은 환자들이 호소하던 '노란 머리의 독재자 영상', 또 다른
사람, 다른 곳에서 일어난 일을 멀리 떨어진 내가 동시에 감지하는

것 등을 예로 들어 신크로니티^(Synchronity, 동시성)란 개념을 창안했던 것으로 알고 있습니다. '서구적 의미의 인과율'로는 해명이 불가능한 증례들에 대해 깊이 천착한 결과 얻어진 개념입니다. 그리고 융은 이를 '개인적 무의식' 이전의 우리 마음 깊은 곳에 자리한 무의식, 즉 '집단무의식'이라는 개념과 연관시킵니다. '집단무의식'이란, 교수님 설명과 같이 '타인과 내가 공유하는 무의식'이라고 볼 수 있겠지요.

그런데, 융이 갖가지 신비한 심리현상에 대해, 일반적 서구 학자들과 달리 '합리성'과 '객관성'이라는 표피적 방법론을 넘어서, 깊이 천착하고자 했던 점은 높이 살 수 있어도, 그런 심리현상을 생물학적, 인류학적 기미가 강한 '집단무의식' 개념으로 해석한 것은 반드시 옳다고만은 볼 수 없을 것 같습니다.

빛이 파동적인 면과 입자적인 면을 모두 갖는다고 하는데 이는 비단 빛만 그런 것이 아닙니다. 세상만사가 '입자적 측면' 즉 '국소적局所的 측면'과, '파동적 측면' 즉 '편재적遍在的 측면'을 모두 갖습니다. 책상 위에 놓인 컵을 볼 때, 그 컵이 책상 위에 있다고 보는 것은 국소적 접근입니다. 그런데 사실 컵의 영상은 망막에 비춰진 것입니다. 컵의 영상이 이 방 안에 있는 누구에게나 보이기에 컵의 영상은 이 방 안에 꽉 차 있다고 볼 수도 있습니다. 이것은 편재적 접근입니다. 그리고 이런 편재적 접근, 파동론적 접근에 의해 이 세상을 조망하는 내용이 많이 담긴 불경이 바로 『화엄경』입니다.

컵과 같은 시각영상뿐만 아니라 내 목소리도 이 방안에 편재하고, 이 방안의 모든 물건의 영상도 이 방안에 편재합니다. 그리고 내 생각도 지금 떠올린 순간 모든 곳에 편재합니다. 마치 불빛이 편재하듯이…. 그래서 텔레파시가 가능한 것이라고 생각됩니다. 육신통 중에 타심통, 천이통 등은 이런 화엄적 '편재성'이 세상을 지배하기에 가능한 것입니다. 텔레비전, 라디오, 핸드폰 모두 이런 화엄의 이치가 이 세상을 지배하기에 발명될 수 있었다고 생각됩니다.

타인의 의식이 나에게 동시에 자각되는 것, 멀리서 일어난 일을 내가 알아채는 것 등을 융은 '집단무의식'과 연관시키지만, 불교적으로는 화엄적 편재성 때문입니다. 「화엄사상에 대한 현대적 이해」(불교문화연구, 2003)라는 제 논문은 현대의 정보통신문명과 화엄사상을 비교하기 위해 작성했던 것인데, 논문 속에 이런 편재성에 대해서도 자세히 설명해 놓았습니다.

또 "타인의 의식과 나의 의식이 어느 정도 중첩되는지?"라고 질문하셨는데, 이에 대해서는 두 가지 답을 할 수 있습니다.

하나는 지금까지 설명한 화엄의 이치에 의거한 것으로, "완전히 중첩된다."는 답입니다. 지금 이 순간에도 다른 모든 사람, 모든 생명체의 모든 의식이 나의 의식과 중첩되어 있습니다. 그러나 나의 번뇌가 마음을 어지럽히고 있어서 남의 의식을 알아채지 못합니다. 마음이 맑아지면 남의 마음을 알아채고, 멀리서 일어나는 일을 아는 예지력이 생기는데 이는 신비한 일이 아니라, 화엄의 이치로 인해 가능한 일이라고 생각됩니다. 마치 밤하늘에 떠 있는 달의 모습이 온 우주에 편재하듯이[月印千江], 모든 생명체의 의식은 온 우주에 편재합니다.

　두 번째는 유식학의 아뢰야식 이론, 업설에 의거한 것입니다. 우리가 짓는 업에는 공업共業과 별업別業이 있다고 합니다. 공업은 함께 짓는 업이고, 별업은 나만의 특수한 업입니다. 공업을 지을 경우 공업의 종자種子가 우리의 아뢰야식에 내장되고 별업을 지을 경우 별업의 종자가 우리의 아뢰야식에 내장됩니다. 그리고 시기가 무르익으면 각각의 업종자가 과보의 싹을 틔우게 되는데, 공업 종자의 과보는 우리 모두에게 함께 체험되고 별업의 과보는 나만 체험합니다. 외국에 나가 한국인으로서 받는 대접, 6.25전쟁의 상흔 등의 과보는 우리 국민이 공유하는 아뢰야식 내의 공업 종자에 기인한 것이라고 볼 수 있습니다. 그러나 같은 한국인임에도 내가 남과 다르게 받는 고락苦樂의 과보는 별업의 종자에 기인한 것이라고 볼 수 있습니다.

　과보뿐만 아니라 짓는 업도 마찬가집니다. 남과 함께 짓는 행위는 공업 종자를 형성하고, 나 홀로 하는 행위는 별업 종자를 형성합니다.

　남과 공유하는 아뢰야식이 있다고 할 때, 융이 말하는 '신비한 체험들' 뿐만 아니라, 이런 '일상체험' 역시 '공유하는 아뢰야식'의 예에 포함됩니다. 아니, 오히려 일상체험의 영역에서 '남과 공유하는 아뢰야식의 범위'가 더 크겠지요. '융의 심리학에 대한 저의 표피적인 지식'에 근거한 답이기에 '정답'이 아닐 수도 있을 겁니다. 불교적 견지에서 해석한 '화엄적 중첩'과 '아뢰야식의 중첩'만 참조하시기 바랍니다.

하나 더 얘기 드린다면, '공유'나 '중첩'이라는 개념의 사용으로 인해 아뢰야식에도 부피, 넓이가 있는 것으로 오해할 수도 있는데, 물질의 세계에는 연장(延長: extension), 즉 공간적 크기나 넓이가 있지만, 아뢰야식에는 크기나 넓이가 없습니다. 우리의 정신, 의식은 '물질의 세계'에 속하는 것이 아니라 '의미의 세계'에 속하기 때문입니다. 그리고 이런 '의미의 세계'를 변화시키는 것이 불교신앙과 수행의 목표입니다.

100 타종교의 권력 앞에서 자신의 종교심을 지키는 방법은 무엇입니까?

● 지난 (2008년) 2월 동국대가 로스쿨에 탈락했을 때 많은 학생들이 실망감과 허탈감에 사로잡혔습니다. 로스쿨 예비인가 대학에서 제외된 것이 타종교 세력의 종교탄압이라고 주장하는 분들도 있었습니다. 하지만 적자생존의 사회현실로 볼 때 모든 문제는 불교 내부에 있음을 느낍니다. 한국불교를 대표하는 조계종은 그동안 불교지도층 양성과 사회 발전을 위해 얼마나 많은 노력을 기울였는지 생각하며 진솔한 참회를 해야 한다고 생각합니다. 또한, 자신들의 자리 보존을 위해 사회를 우습게 여기고도, 사회인들이 자신들을 참 종교지도자로 바라볼 것이라 생각하고 있을 때 타종교인들은 YMCA, YWCA, 천주교청년회 등의 단체로 교세가 괄목상대할 만큼 커졌고 사회지도층 대부분을 육성해왔기에 사회영향력이 불교보다 막강해졌습니다. 지금도 사회활동을 하는 분들 중에 불교인이라는 이유에 부담감을 느끼고 굴욕적으로 타종교 단체에서 활동을 하며 인내하시다가 마지막에는 개종이라는 최악의 선택을 하는 분들도 있다고 들었습니다. 막강한 타종교의 권력 앞에서 능동적으로 자신의 종교성을 지킬 수 있는 방법을 알려 주시기를 진심으로 바랍니다.

○

○　　근현대 우리나라의 종교 판도는 철저하게 ‘정치 종속적’입니다. “하부구조가 상부구조를 결정한다.”는 격언이 그대로 적용되는 곳이 바로 이곳 한반도입니다. 다시 말해, ‘경제적, 정치적, 군사적, 물질적 토대’(하부구조)의 변화에 그대로 부응하여 ‘가치관, 인생관, 세계관’ 그리고 ‘종교’(상부구조)의 판도가 변화해 온 것입니다.

근대 이후 서구에서 우리나라로 유입된 서구의 종교는 가톨릭과 개신교입니다. 가톨릭은 한반도에 들어온 지 200년이 넘었는데, 신도가 그렇게 크게 증가하지 않았던 반면 개신교는 들어온 지 100년 정도 되었는데, 6.25사변 이후 신도가 급증하였습니다. 주지하듯이, 그 이유는 미국의 ‘군사력’이 한반도에 들어왔기 때문입니다. 개신교 국가인 미국은 ‘가장 안심하고 주둔할 수 있는 동아시아의 군사 거점’으로 이곳을 선택했습니다. 강대국 사이에 끼어 있기에 ‘제3의 힘’을 너무나 필요로 하는 나라였기 때문입니다.

그리고 냉전이 시작되자 공산주의 진영과 자본주의 진영의 ‘완충기’ 역할을 할 수 있도록, 소련과 미국은 한반도의 남과 북을 ‘분단’시킵니다. 분단을 안 시키면 두만강과 압록강에서 ‘공산권의 대부 소련, 그리고 중국’과 ‘미국’이 직접 총부리를 맞대야 하기 때문에 너무나 위험합니다. 혹 충돌이 일어나면 제3차 세계대전의 위험이 있습니다. 맥아더의 진격으로 하나의 나라를 만들 수도 있었는데 맥아더의 군복을 벗기고 1.4후퇴를 하게 한 것도, 또 그 후 ‘3.8선’ 근처에 다시 ‘휴전선’이 그어진 것도 크게 보면 한반도가 ‘완충기’

역할을 해야 한다는 점을 동서 양 진영이 자각했기 때문입니다.

분단 이후 남쪽은 철저하게 미국의 영향에 들어갑니다. 미국의 지원에 대규모 국비유학생이 선발되어 미국에서 '교육관료'와 '행정관료'로 키워져 귀국합니다. 6.25 이후 50년이 넘게 미국의 품에서 자라 온 우리이기에 과거의 정치인 가운데에는 미국을 '하나님 아버지의 나라'와 같이 생각하는 사람조차 있었습니다. YMCA, YWCA는 물론이고 우리나라의 교육시설과 병원 등이 대부분 미국에서 들어온 개신교 조직에 뿌리를 두고 있습니다. 따라서 현재 개신교인들이 사회 곳곳에 포진하고 있는 것이 당연합니다.

이렇게 우리나라가 미국의 엄청난 영향 아래 있음에도 불구하고 통계적으로 1,000만 명을 상회하는 불교신도를 유지하고 있는 것은 그야말로 '기적과 같은 일'입니다. 조계종 등 불교종단에서 '불교지도층 양성'을 위해 노력을 하지 않기 때문에 '개신교 세력'이 큰 것은 결코 아닙니다. '개신교가 싹쓸이 할 수 있는 한반도의 정치, 경제, 군사적 상황'에서 부처님의 가르침이 한반도에 퍼져 있는 이유는 오직 하나, '불교의 진리성' 때문입니다.

가톨릭의 경우 한반도 내에서 역사는 오래되었지만 신도가 그렇게 늘지 않았는데 종교인구통계조사를 보면 최근 10년 동안 40%가 늘 정도로 급성장을 했습니다. 그 이유에 대해 다양하게 분석하지만 가톨릭의 급성장 역시 '정치, 경제종속적'입니다. 해외여행이 자유롭지 못했던 20~30년 이전까지 한반도 내에서 우리가 접하는 서양사람 대부분은 미국사람이었습니다. 과거 우리에게 '서양'은 '오직 미국'일 뿐이었습니다. 그런데 프랑스인들과 합작하여 만들어진 고속철도[KTX]의 예에서 알 수 있듯이 십수 년 전부터 유럽과의 교류가 급속하게 증대되고 있습니다. 영국이나 독일 북부지방 등을 제외한 유럽 대부분은 가톨릭 국가들입니다. 해외여행 자유화 이후 유럽여행을 통해 우리 한국인들이 서구의 기독교 내에서 가톨릭도 세력이 꽤 크다는 사실을 목도하게 됩니다. 그와 함께 '개신교계 목회자의 타락에 염증을 느낀 사람', '불교계의 각종 사태에 환멸을 느낀 사람' 들이 가톨릭으로 개종을 하고, 무종교인이 '가톨릭 조직'에 입문하면서 가톨릭 인구가 급증한 것입니다. 이렇게 가톨릭의 급증은 '우리와 유럽의 만남'이 시작되었기 때문입니다.

　'부처님의 가르침'이 우리 땅에서 오래 보존되게 하기 위해서는 이상과 같은 '근대 이후 이곳 한반도의 정치종속적, 경제송속적 종교 상황'을 직시해야 합니다. 개신교가 급성장을 한 이유도, 가톨릭이 최근에 급성장을 한 이유도 '그 종교의 가르침' 때문이라기보다, 그 종교를 표방한 세력의 '정치, 경제, 군사적 힘'에 대한 '흠모' 때문입니다. '너무나 흠모하는 서양사람' 처럼 살고 싶기 때문입니다. 노골적으로 표현하면, 전부는 아니지만 일부 우리나라 사람의 뇌리에 뿌리 깊이 박혀 있는 '식민 근성' 때문입니다. 일제강점기에는 '힘이 강한 일본'을 추종하던 분들이, 해방 이후 지독하게 서구화가 되면서, 이번에는 재빠르게 그 눈초리를 미국의 개신교, 그리고 유럽의 가톨릭으로 돌린 것입니다.

　그러나 부처님의 가르침에 비추어 볼 때, 개신교든 가톨릭이든 기독교의 가르침은 '사견邪見'입니다. 그리고 개신교나 가톨릭, 이슬람교 등은 '진정한 종교'가 아니라 '사회조직'인 '유사종교'입니다.

물론 기독교 신앙이 전적으로 나쁜 것만은 아닙니다. 천성적으로 분노심이 가득하여 괴로움을 겪는 사람의 경우 '현재 유포된 기독교'의 가르침을 통해 자비관慈悲觀 수행을 할 수도 있기에 그 심성을 개선시킬 수 있습니다. 그러나 우리나라에서 '기독교의 탈'을 쓰고 유포되고 있는 '유사기독교[Pseudo-Christianity]'는 위험합니다. 구약의 이분법적 종교관에 대한 혁명적 반동이 예수의 신약이며, 기독교의 본질은 기독(예수)의 가르침이 담긴 신약성경에 있는데, 신약성경의 분량이 적기 때문에 너무나 오해되어 왔습니다. 단적으로 말해서 과거 기독교 신학의 역사는 '오해의 역사'였습니다.

또 지금 우리나라에 유포된 기독교 신앙은 예수의 가르침과 거의 관계가 없습니다. 오히려 예수의 가르침과 반대되는 신앙이 주류의 역할을 합니다. 기독교에서 말하는 '말세의 적敵그리스도'는 '현대의 기독교 근본주의자'들입니다. 지구상에서 기독의 명예에 먹칠을 하고 기독교를 사라지게 만드는 장본인들이기 때문입니다.

불전의 가르침에 비추어 보면서 해석해 내야만 기독교 경전이 '유용한 종교서적'으로 살아날 수 있습니다. 그러나 지금까지 기독교 신학자와 목회자 등이 제멋대로 해몽을 해 왔기에, 누군가가 비판하듯이 유대교, 이슬람교와 함께 기독교가 '현대의 3대 악의 축'으로 전락하고 만 것입니다.(도정일, 최재천의 『대담』 참조) '세력이 큰 것'

과 '진실한 것'은 아무 관계가 없습니다. 대학교 앞에 '책방'보다 '술집'이 더 많이 있듯이….

'진정한 종교'에서는 '내 종교'라든지, '타종교'라고 선을 그을 수 없습니다. 예를 들어 보겠습니다. 얼마 전 한국정책방송[KTV]에서, 팔레스타인 사람들의 고통을 취재하여 이스라엘 내에서 보도하는 기자들의 활동을 담은 다큐를 본 적이 있습니다. 이스라엘 사람으로 분명히 유태교 신자인데, 검문소를 지나 고생고생하며 팔레스타인 난민촌에 들어가 팔레스타인 사람들의 억울함을 취재한 후 그 내용을 잡지에 실어 이스라엘에서 발간하는 사람들이 있었습니다. 이스라엘 정부에서는 이들을 '골칫거리'로 간주하더군요. 그런데 여기서 '유태교 신자'로 하여금 '이슬람교 신자'를 돕게 만든 것은, '그들의 마음에 내재한 불성佛性입니다. 모든 사람에게는 '자비심, 연민심의 원천'인 '불성'이 있으며 이는 '제도로서의 종교'를 초월합니다.

그리고 불교에서 가르치며, 불교인들이 계발하는 것은 바로 이런 '불성'입니다. 불교인들이 이웃종교인을 접할 때에는 이슬람교, 가톨릭, 개신교 등 '사회제도나 조직으로서의 종교'를 넘어서 더 깊은 곳에 있는 그들의 '불성'을 일깨워주기 위해 노력해야 합니다. 그리고 우리가 불교인으로 사는 것은 '부처님 가르침'만이 우리를 바르게 변화시키고, 삶과 죽음의 문제를 진정으로 해결해 주기 때문입니다.

앞에서 "하부구조가 상부구조를 변화시킨다."는 마르크스의 격언을 소개한 적이 있는데, 이런 격언에 위배되는 유일한 종교가 바로 '불교'입니다. 부처님의 가르침(상부구조)은 '불교인들의 경제력이나 군사력'이 아니라, 가르침의 설득력과 진실성으로 인해 전 세계에 전파됩니다. 과거 중국에 불교가 전파될 때, 인도의 군사력이나 경제력(하부구조)을 등에 업고서 불교가 전파된 것이 아닙니다. 현재 티베트 불교가 구미 사회에 급속히 퍼지고 있는 것이, 티베트인들이 미국이나 유럽에 '병원'을 지어주고, '학교'를 지어주었기 때문이 아닙니다. 부처님의 가르침을 바르게 이해하고 바르게 실천하는 '한 분의 스님', '한 사람의 불자'가 수천, 수만 명을 교화함으로써 서구에서 불교도의 수가 급증하는 것입니다. 상부구조가 하부구조를 변화시키는 유일한 종교가 불교입니다.

우리 불자들 모두 부처님 가르침을 바르게 이해하고, 그대로 실천한다면, 마치 부처님 한 분이 그렇게 하셨듯이, 다른 모든 종교인들을 참다운 종교의 길로 들어서게 인도할 수 있습니다. 모든 불자들이 부처님 가르침대로 생각하고, 행동하게 될 때, 우리 사회는 자연히 바른 길로 들어설 것이라고 확신합니다. 모두 다 잘될 테니, '불교의 세력'에 대해서는 걱정하지 마세요. 나 스스로 부처님 가르침대로 잘 살고 있는지, 부처님 가르침을 바르게 이해하고 있는지 점검하는 것이 더 중요합니다.

그리고 한 마디 더 첨가하면, 앞으로 '종교인구통계조사 철폐운동' 역시 벌여야 합니다. 왜냐하면, 그런 통계조사를 당연시하는 종교관의 저변에는 "종교와 종교 사이에 선이 그어진다."는 '잘못된 종교관’이 깔려 있기 때문입니다. ‘진정한 종교’라면 내 종교와 남의 종교의 구분이 있을 수 없습니다. 과거 동아시아의 종교, 인도의 종교가 그랬듯이…. 그런데 ‘유사 종교’인 ‘셈족의 종교’, ‘종교의 탈을 쓴 사회조직’인 ‘개신교, 가톨릭, 이슬람교’가 ‘종교 행세’를 하면서 “내 종교와 네 종교가 다르다.”는 ‘이분법적 종교관’이 전 세계에 퍼집니다. 그리고 이런 ‘셈족의 종교관’에 근거하여 ‘종교인구 통계조사’라는 행위가 버젓이 이루어지고 있는 것입니다.

그러나 부처님께서 가르치신 ‘불성’, 예수가 얘기한 ‘신성(神性: 마음 속 하나님(개신교),또는 하느님(가톨릭))’, 유교에서 말하는 ‘본성’이나 ‘자성’이 원래 다를 수가 없습니다. 드물긴 하지만 다른 종교인 가운데에서도 이상과 같은 종교관을 추구한 분들을 간혹 볼 수 있습니다. 함석헌, 류영모 선생 같은 분들입니다.(물론 이 분들의 불교 이해에는 자의적恣意的인 내용이 많습니다.) 그러나 우리 사회 대부분의 종교인들은 ‘진정한 종교’가 아니라, ‘조직으로서의 종교’를 종교인 것으로 착각합니다. ‘종교 간의 선線 지우기 작업’ 역시 앞으로 우리 사회의 모든 종교인들이 이루어내야 할 과제입니다.